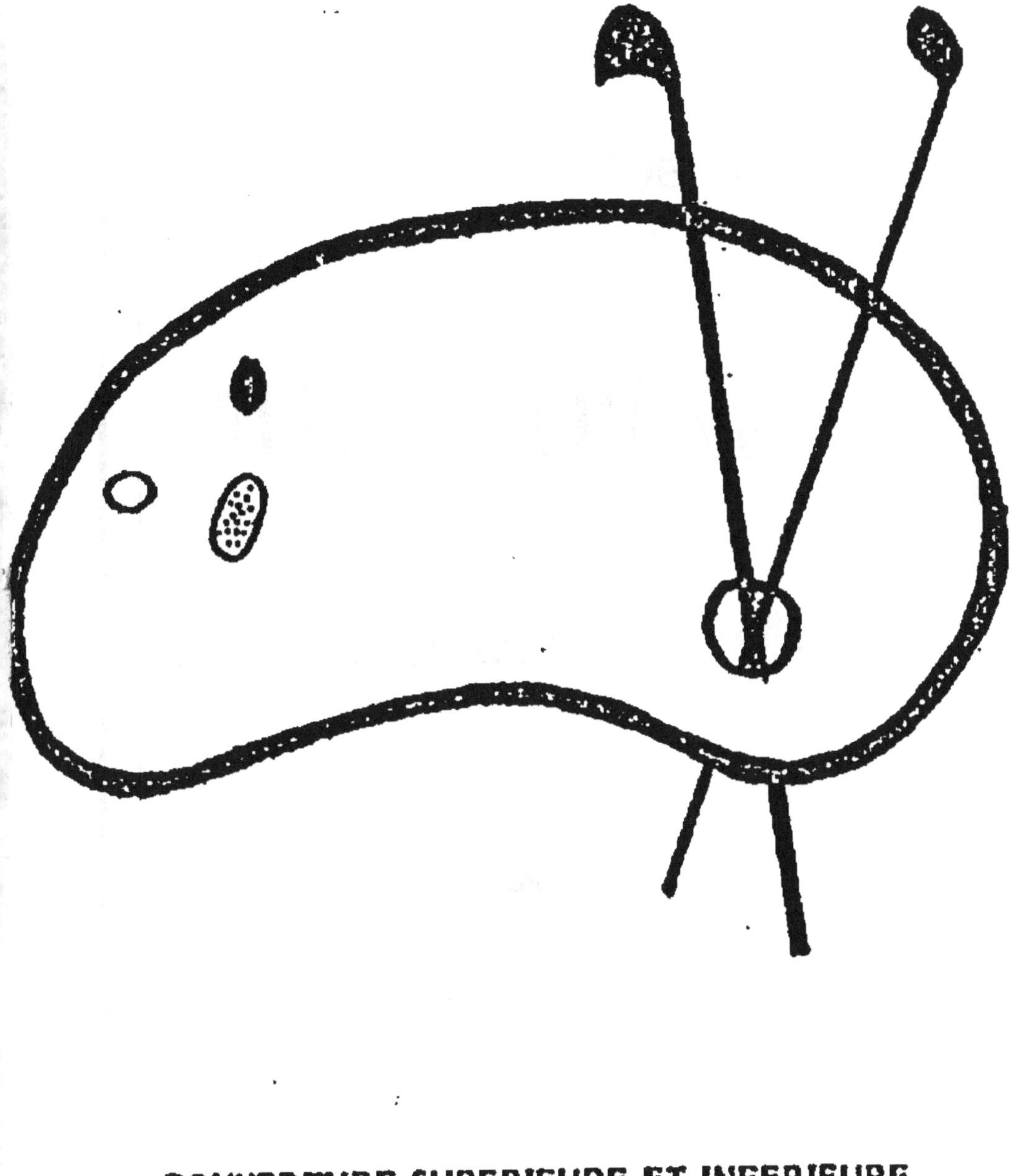

**COUVERTURE SUPERIEURE ET INFERIEURE
EN COULEUR**

GUIDE DE L'ÉTRANGER

A BORDEAUX

ET A LA

XIᶜ EXPOSITION

DE LA

SOCIÉTÉ PHILOMATHIQUE.

SE TROUVE

CHEZ P. CHAUMAS, LIBRAIRE-ÉDITEUR
34, COURS DU CHAPEAU-ROUGE, 34
Et chez les principaux Libraires.

1865

PRODUITS ALIMENTAIRES

DE L'USINE DE TIVOLI

Chocolat-Louit, Moutarde diaphane, Pâtes et Conserves alimentaires.

MAISON FONDÉE EN 1825

15 MÉDAILLES AUX EXPOSITIONS

BORDEAUX

PARIS — LONDRES

MAIS^{ons} SUCCURSALES — ENTREPÔT CENTRAL
MARSEILLE, PARIS — LONDRES VIENNE

LOUIT FRÈRES & Cie

FOURNISSEURS BREVETÉS DE S. M. L'EMPEREUR

BORDEAUX

GUIDE DE L'ÉTRANGER

A BORDEAUX

ET A LA XIe EXPOSITION

DE LA SOCIÉTÉ PHILOMATHIQUE.

Bordeaux. — Imp. G. Gounouilhou, rue Guiraude, 11.

GUIDE DE L'ÉTRANGER

A BORDEAUX

ET A LA

XIe EXPOSITION

DE LA

SOCIÉTÉ PHILOMATHIQUE.

SE TROUVE

CHEZ P. CHAUMAS, LIBRAIRE-ÉDITEUR

34, COURS DU CHAPEAU-ROUGE, 34

Et chez les principaux Libraires.

1865

TABLE DES MATIÈRES.

	Pages.
Préface	V

Ire Partie.

Notice historique sur Bordeaux	9
Notice sur les principaux monuments	15
Renseignements sur chemins de fer, bateaux et voitures	30
Vins de Bordeaux	34
Excursions	35
Arcachon	36

IIe Partie.

Notice sur la Société Philomathique	43

IIIe Partie.

Organisation de l'Exposition	48
Les expositions précédentes à Bordeaux	49
Commission d'organisation	51
Description du Palais de l'Exposition	53
Classification officielle des objets exposés	56
Règlement de la XIe Exposition	60
Séance d'ouverture de l'Exposition	63
Discours de M. Fourcand, président de la Société	64

a

Discours de M. de Forcade La Roquette............... 65
Distribution des produits dans les galeries du Palais de l'Exposition 71
Proportion dans laquelle les diverses contrées figurent à l'Exposition 74

IVe Partie.

Description de l'Exposition industrielle............... 77
    Ire Classe : Métallurgie et minéralogie........... 78
    IIe — Meunerie........................ 83
    IIIe — Agriculture...................... 84
    IVe — Mécanique appliquée à l'industrie..... 100
    V^e — Mécanique appliquée aux moyens de transport....................... 105
    VIe — Mécanique spéciale.................. 109
    VIIe — Mécanique appliquée au tissage et à la filature 118
    VIIIe — Arts de précision................... 119
    IXe — Emploi de la chaleur, de la lumière et de l'électricité 123
    X^e — Produits chimiques................. 129
    XIe — Substances alimentaires............. 141
    XIIe — Anatomie, pharmacie, chirurgie...... 160
    XIIIe — Marine, arts militaires............... 164
    XIVe — Constructions civiles................. 169
    XVe — Aciers............................. 179
    XVIe — Ouvrages en métaux 180
    XVIIe — Orfévrerie, bronzes d'art............. 184
    XVIIIe — Arts céramiques.................... 187
    XIXe — Tissus de coton 191
    XXe — Industrie des laines................. 192
    XXIe — Tissus de soie...................... 194
    XXIIe — Lin et chanvre...................... 195
    XXIIIe — Tapis et étoffes pour meubles......... 197
    XXIVe — Ameublement et décoration.......... 198

XXVe Classe :		Vêtements, objets de mode et de fantaisie..................................	205
XXVIe	—	Dessin industriel, imprimerie, photographie, reliure.....................	215
XXVIIe	—	Instruments de musique.............	222
XXVIIIe	—	Philologie.............................	224

Ve Partie.

Description de l'Exposition des objets d'art anciens et de curiosité..	225
Commission d'organisation................................	225
Manuel des origines, ou notice sur les différents arts représentés à l'Exposition................................	227
Description des objets exposés...........................	243
Liste alphabétique des Exposants nommés dans le *Guide*, avec renvoi à la page où il en est fait mention........	279

PRÉFACE

Ce livre étant destiné aux visiteurs de la XIe Exposition de la Société Philomathique, a pour but, avant tout, de donner de cette brillante exhibition une description méthodique et complète.

Il n'a la prétention ni d'offrir au lecteur une Histoire de Bordeaux, ni de donner une notice détaillée sur tous les monuments de cette ville.

Mais, sans se perdre au milieu de longs détails qu'on n'a guère le temps de lire dans un voyage rapide, il se propose, ainsi que son titre l'indique, de servir de guide à l'étranger dans une promenade à travers notre cité. Il indique donc les principaux édifices qui méritent d'être visités, et fournit à leur sujet les détails les plus essentiels. Il contient, en outre, tous les renseignements qui, dans une grande ville, peuvent être utiles à un étranger.

On y trouve une Notice sur cette bienfaisante Société Philomathique, qui, non contente de favoriser dans Bordeaux la diffusion de l'instruction première dans les classes ouvrières, poursuit avec un succès exceptionnel l'œuvre utile des expositions industrielles.

Tous les renseignements et documents qui se rapportent aux préparatifs et à l'organisation de la XIe Exposition y ont été aussi consignés avec soin.

Quant à la Revue même de la XIe Exposition, elle a été divisée en deux parties : Revue de l'Exposition industrielle et Revue de l'Exposition des objets d'art anciens.

Dans la Revue de l'Exposition industrielle, on a cherché à faciliter au visiteur le moyen d'introduire dans ses recherches un ordre qu'il ne trouve ni dans le classement des objets un peu éparpillés à travers les galeries, ni dans le *Livret* officiel. Dans ce but on a adopté, pour l'énumération et la description des produits, l'ordre même de la Classification officiellement arrêtée par la Société Philomathique, et qui est donnée à la page 56 de ce volume. Comme la Classification, cette Revue est donc divisée en 28 Classes, subdivisées elles-mêmes en un certain nombre de Sections. Chaque Classe ou chaque Section correspondant à une industrie déterminée, le *Guide* groupe ainsi naturellement tous les exposants appartenant à la même industrie et les réunit sous les yeux du lecteur. Cette méthode permet au visiteur de se rendre compte de l'importance de l'exhibition en général et de la part qu'y a prise chaque industrie en particulier. On a tâché aussi de faire ressortir pour quel contingent chaque ville, Bordeaux et Paris spécialement, entraient dans le concours.

En outre, une description exacte du Palais de l'Exposition, et une indication aussi précise que possible de la manière dont les produits ont été distribués au milieu des galeries, nefs, annexes et cours, servent de fil conducteur. Ces divers renseignements sont complétés, à la fin du volume, par une liste alphabétique des noms des exposants.

La Revue de l'Exposition des objets d'art anciens présente, croyons-nous, un intérêt particulier : outre qu'elle est la première description publiée de ces riches collections et qu'elle précède le catalogue officiel, elle a encore l'avantage d'offrir au lecteur une foule de renseignements précis sur les objets exposés et sur l'origine des arts qui leur ont donné naissance.

GUIDE DE L'ÉTRANGER
A BORDEAUX
ET A LA XIᵉ EXPOSITION

DE LA SOCIÉTÉ PHILOMATHIQUE.

PREMIÈRE PARTIE

BORDEAUX

I

L'époque de la fondation de Bordeaux n'est pas connue. Le premier écrivain qui en ait parlé est Strabon, vivant au premier siècle de notre ère, qui cite *Burdigala* comme la ville principale de Bituriges-Vivisques. Bordeaux prit rapidement de l'importance. En 268, Tetricus, gouverneur de l'Aquitaine, s'y fit couronner empereur romain. A la fin du IVᵉ siècle, un des poètes les plus célèbres de ce temps, Ausone, vivait à Bordeaux dont il a célébré la magnificence dans ses vers. En 412, les Visigoths ravagèrent cette ville et s'y établirent. Clovis s'en empara un siècle plus tard et en fit la capitale du royaume d'Aquitaine. Sous les Mérovingiens et les Carlovingiens, Bordeaux fit partie du duché d'Aquitaine, qui reconnaissait la suzeraineté des rois de France; il fut, pendant ce long espace de temps, pris et pillé à deux reprises : la première fois, par Abdérame, chef des Sarrazins d'Espagne; la seconde fois, par les pirates normands. Le dernier duc d'Aquitaine fut Guillaume IX, dont la fille et héritière, Éléonore, épousa Louis-le-Jeune, roi de France. Ce mariage fut célébré à Bordeaux en 1134. Un divorce ayant eu lieu quinze ans après, Éléonore donna sa main et ses États au duc d'Anjou, depuis roi d'Angleterre, sous le nom de Henri II. C'est ainsi que Bordeaux passa sous la domination anglaise. En 1177, il y fut établi, à l'instar de la mairie de Londres, un Corps municipal appelé Jurade. Pendant trois siècles, la Guienne demeura soumise à cette domination étrangère, et fut le théâtre de luttes presque continuelles entre la France et l'Angleterre. Les événements les plus marquants de cette période furent, en 1305, l'élévation de Bertrand de Goth, archevêque de Bordeaux, à la papauté, sous le nom de Clément V, et la captivité du roi Jean après la malheureuse bataille de Poitiers. Deux fois les Anglais avaient été expulsés de Bordeaux, mais ils y étaient toujours rentrés. Enfin, en 1453, Charles VII les défit à la bataille de Castillon, où Talbot fut tué, et quelques jours après il entra en vainqueur dans Bordeaux. Depuis cette date glorieuse, cette ville n'a point cessé d'appartenir à la France. Mais son histoire n'en a pas moins été presque continuellement troublée par de tristes événements; ce furent, entre autres : l'an 1548, une révolte suivie de la plus cruelle répression; les 3, 4 et 5 octobre 1572, le massacre de la Saint-Barthélemy; un soulèvement en 1635 à l'occasion d'un impôt; une émeute, en 1648, motivée par une exportation de blé, qui avait été autorisée par le duc d'Epernon, gouverneur de la province; en 1650, à l'instigation de la princesse de Condé, une révolte contre le cardinal de Mazarin, qui assiégea Bordeaux inutilement; en 1652, les troubles de la Fronde, connus dans ce pays sous le nom de troubles de l'*Ormée;* une grave sédition, en 1675, que le maréchal d'Albret punit très sévèrement au nom de Louis XIV. A la suite de ces derniers événements, le Gouvernement fit construire le Château-Trompette, et au sud de la ville le Fort-Louis, plus pour comprimer Bordeaux que pour le défendre contre les attaques de l'ennemi. Néanmoins, dans le courant du xviiie siècle, quelques troubles eurent encore lieu à diverses reprises; mais ils n'eurent point la gravité des précédents. Cette époque a, au contraire, été marquée par la fondation d'une foule d'institutions utiles et par les nombreux embellissements qui ont donné à Bordeaux une réputation d'élégance méritée. Un arrêt du 30 août 1701 ordonna la formation d'une Chambre de commerce composée de six membres. Les lettres-patentes qui érigèrent l'Académie de Bordeaux en Académie royale des belles-lettres, sciences et arts sont du 5 septembre 1712. C'est en 1728 que furent entrepris les premiers travaux pour l'embellissement du port; et ce fut en 1743 que, la place de la Bourse construite sur les plans du célèbre architecte Gabriel ayant été terminée, une statue équestre de Louis XV, par Le moyne, y fut inaugurée. Cette même année 1743 vit arriver à Bordeaux, en qualité d'intendant de la province, un des hommes qui ont le plus fait pour l'embellissement de cette cité et dont le nom vivra à jamais dans le souvenir des Bordelais, M. de Tourny père. C'est par cet homme de génie qu'ont successivement été exécutés, dans l'espace de quinze ans, les travaux suivants : construction de la porte et des places des Capucins, de la porte et des places d'Aquitaine, de la porte Dijeaux et de la place Dauphine, de la porte et de la place de Tourny, de la porte du Chapeau-Rouge, de la porte et de la place de Bourgogne, de la porte de la Monnaie et de la porte de Berry; formation du Jardin-Public et création du quartier qui l'entoure; formation des allées de Tourny; formation de la place Royale, de la rue Royale et du Marché-Royal; construction de la façade uniforme du port; construction de l'École d'équitation; formation des cours Saint-Jean, des cours d'Albret, de Tourny, du Jardin-Public, Saint-André; etc., etc. Le maréchal-duc de Richelieu, nommé en 1756 gouverneur de Guienne, tint à Bordeaux la cour la plus fastueuse. Ce fut à cette époque que le parlement de Bordeaux, par un arrêt du 26 mai 1762, bannit les jésuites de son ressort. Le magnifique palais archiépiscopal qui sert aujourd'hui d'Hôtel-de-Ville fut entrepris en 1771 par le cardinal de Rohan. Le Grand-Théâtre, construit sous la direction du célèbre architecte Victor Louis, date de la même période. Commencé en 1773, il fut inauguré le 8 avril 1780. Cependant la Révolution approchait, et les aspirations vers les nouvelles choses étaient aussi vives à

Bordeaux que dans les autres parties de la France. En effet, lorsque la nouvelle de la prise de la Bastille y parvint, les habitants arborèrent avec enthousiasme la cocarde nationale ; une réunion patriotique composée de plus de 30,000 personnes se tint au Jardin-Public, et les quatre-vingt-dix électeurs de la ville se constituèrent en assemblée délibérante. Malheureusement Bordeaux subit aussi le contre-coup des mesures révolutionnaires. Il prit parti pour ces orateurs éloquents : Vergniaud, Guadet, Gensonné, Grangeneuve, Ducos, Fonfrède et autres députés qui ont illustré le nom de la Gironde, et la Convention y envoya, en qualité de commissaires, quatre de ses membres : Tallien, Ysabeau, Baudot et Chaudron-Rousseau qui y firent régner le régime de la Terreur pendant près de dix mois. Les transformations successives du Gouvernement ne trouvèrent point ensuite de résistance à Bordeaux. L'Empereur Napoléon s'arrêta quelques jours dans cette ville en 1808 et il y marqua son séjour par un décret qui ordonnait, entre autres choses, la construction du pont de la Garonne et la démolition du Château-Trompette. Malgré ces mesures destinées à rallumer les sympathies des Bordelais pour l'Empire, lorsque le duc d'Angoulême, accompagné d'une colonne anglaise, se présenta devant Bordeaux, le 12 mars 1814, il trouva les autorités et les habitants tout disposés à le recevoir, et aux Cent-Jours, la duchesse d'Angoulême put essayer un moment d'y résister aux troupes du maréchal Clauzel. Lorsque la révolution de 1830 éclata, ce premier enthousiasme pour les Bourbons s'était éteint, et Bordeaux accueillit avec faveur la nouvelle royauté. Après la révolution de février, la République n'y fut pas moins bien accueillie. Enfin, on sait que c'est à la Bourse de Bordeaux, le 9 octobre 1852, que Louis-Napoléon, alors prince-président, prononça le discours célèbre, précurseur d'une nouvelle révolution, qui se terminait par ces mots : « L'Empire, c'est la paix ! »

II

Bordeaux est aujourd'hui le chef-lieu du département de la Gironde, l'un des plus beaux et des plus riches de France.

L'étendue de ce département est de plus de 900,000 hectares, et sa population, d'après le recensement de 1861, est de 667,193 habitants.

Bordeaux est en même temps siége d'un archevêché, de la 14e division militaire, d'une Académie, d'une Cour impériale, de la 29e conservation des forêts et du 4e arrondissement maritime. Sa population, depuis l'annexion de La Bastide (rive droite), est de 173,120 habitants.

Situé sur la rive gauche de la Garonne, à 100 kilomètres environ de l'embouchure du fleuve, et au point où il forme une courbe gracieuse, Bordeaux étend, sur une longueur de près de huit kilomètres, ses larges quais, qui embrassent son port comme un magnifique croissant. Le panorama que présente cette ville, vue du coteau de Cenon, ou seulement du parapet du pont, est assurément un des plus beaux qu'on puisse contempler. Quant à l'intérieur de la ville, les larges rues dont elle est percée, les cours plantés d'arbres et les nombreuses places qui la décorent, les monuments de divers âges qu'on y admire, les jolies maisons particulières bâties avec goût qu'on y rencontre presque à chaque pas, lui donnent un cachet d'élégance et de grandeur, et une physionomie coquette qui manquent rarement de séduire l'étranger.

Nous allons indiquer, autant que les limites restreintes de ce livre nous permettent de le faire, les monuments les plus dignes d'être visités.

III

Disons d'abord que Bordeaux conserve encore des traces intéressantes des enceintes gallo-romaine, féodale et moderne dans lesquelles il a successivement été renfermé.

L'enceinte primitive suivait à peu près la ligne des maisons qui forment le côté méridional des cours du Chapeau-Rouge et de l'Intendance, jusqu'à la rue de la Vieille-Tour. Elle descendait de ce point, par la rue des Remparts, jusqu'au ruisseau du Peugue, dont elle suivait ensuite le cours jusqu'à la Garonne. Les démolitions qu'on effectue en ce moment au sud de la cathédrale Saint-André pour le percement de la grande voie du Peugue ont mis à découvert d'énormes blocs de cette muraille, dont la solidité semble défier les pioches de nos ouvriers. Le premier accroissement de Bordeaux eut lieu en 1189. On construisit au midi une nouvelle enceinte partant de la Porte-Basse et suivant les fossés des Tanneurs et les fossés de Ville, aujourd'hui cours Napoléon, jusqu'à la porte des Salinières ou de Bourgogne. En 1302, second accroissement qui porta les limites de la ville, du côté nord, jusqu'au milieu de la place des Quinconces et à la place de Tourny, du côté sud jusqu'à l'église Sainte-Croix et à l'église Sainte-Eulalie, et du couchant jusqu'aux cours d'Albret et de Tourny. La porte Basse est la seule des portes de cette enceinte qui reste debout aujourd'hui. La porte située à l'extrémité de la rue Saint-James, et qu'on appelle vulgairement porte de la Grosse-Cloche, est plus ancienne. Elle fut bâtie en 1246 et appartenait à l'ancien Hôtel-de-Ville. Elle peut être regardée comme la personnification monumentale de la vieille commune de Bordeaux, car ce sont les deux belles tours de cette porte, flanquées de deux autres tours aujourd'hui démolies, qui forment les armes de la ville. La porte du Caillou, entre le quai de Bourgogne et la place du Palais, date de 1494. Elle est appelée aussi porte du Palais, parce qu'elle était située près du Palais de l'Ombrière, primitivement demeure des ducs d'Aquitaine, et ensuite siége du Parlement. Jusqu'au milieu du xviii° siècle, c'est-à-dire jusqu'à M. de Tourny, Bordeaux conserva, presque intact, autant à l'intérieur qu'à l'extérieur, l'aspect gothique qu'il avait eu sous la domination anglaise. Un des premiers soins de l'illustre intendant fut, comme nous l'avons déjà dit, de briser la ceinture qui étouffait la ville. C'est à lui qu'on doit les portes de Bourgogne, des Capucins, d'Aquitaine, Dijeaux et de la Monnaie, qui, après avoir perdu leur utilité, sont encore un ornement de la cité.

Depuis cette époque, Bordeaux s'est considérablement agrandi. De nouveaux quartiers, au-delà des portes des Capucins et Saint-Julien, sur les marais de la Chartreuse, sur l'emplacement du Château-Trompette démoli en 1818, autour du Jardin-Public et aux Chartrons, ont été créés avec une merveilleuse rapidité. Enfin, l'annexion accomplie le 1er janvier 1865 a encore beaucoup accru le territoire de cette ville, dont les limites sur la rive droite sont aujourd'hui marquées dans toute leur étendue par un magnifique boulevard de ceinture.

IV

Outre les restes bientôt disparus de la première enceinte, le seul monument dû aux Romains qui soit parvenu jusqu'à nous est l'arène connue sous le nom de *Palais-Gallien*, dont les ruines sont situées à l'extrémité de la rue qui porte ce nom. Cet édifice était de forme elliptique et entouré de six enceintes. Il n'en reste aujourd'hui que quelques portiques et un magnifique débris de la porte occidentale.

V

Parmi les édifices religieux de Bordeaux, nous citerons d'abord comme les plus anciens :

L'*église Saint-Seurin*, bâtie sur deux autres édifices, dont l'un forme aujourd'hui une crypte souterraine où les fidèles vénèrent le tombeau de Saint-Fort. On trouve dans cette église la réunion des styles successifs des architectures romane et gothique. Le joli portique qui est en face des allées d'Amour paraît être du XIII° siècle; quant à la façade principale, d'un style plus ancien, elle a été restaurée en 1829;

L'*église Sainte-Croix,* qui date du v° ou du vi° siècle, mais qui a été détruite et restaurée plusieurs fois. La partie la plus curieuse est la façade, en réparation en ce moment, et qui est le fragment le plus remarquable de l'architecture romane à Bordeaux. Elle est décorée de nombreuses et singulières sculptures qui ont fort exercé l'érudition des archéologues;

La *cathédrale Saint-André*, qui, fondée par le pape Urbain II, en 1096, ne fut achevée que vers la fin du XVI° siècle. On y remarque la grande nef d'une hardiesse étonnante, le chœur d'une élégante légèreté, le portail méridional dont les sculptures représentent les vierges sages et les vierges folles, le portail opposé dont le pilier central est orné de la statue du pape Clément V et au-dessus duquel deux magnifiques flèches, restaurées en 1810, s'élèvent à une hauteur de 86 mètres, plusieurs chapelles et tombeaux, et quelques tableaux de maîtres. A 30 mètres du chevet de cette église, se dresse la *tour Pey-Berland,* érigée en 1440 par l'archevêque qui lui a donné son nom. La hauteur de cette tour est de plus de 50 mètres. La flèche en a été rebâtie dernièrement et surmontée d'une statue de la Vierge;

L'*église Saint-Michel,* qui, commencée vers le xiᵉ ou xiiᵉ siècle, n'a été achevée aussi qu'à des époques beaucoup plus rapprochées. Elle a la forme d'une croix latine, et certaines parties, la porte du nord principalement, appartiennent à l'architecture gothique la plus pure et la plus élégante. On y remarque l'autel de Saint-Joseph, un des plus gracieux spécimens du style de la Renaissance, l'autel du Saint-Sépulcre, et des vitraux fort anciens. A quelques mètres au devant de la façade se trouve le *clocher Saint-Michel,* qui s'élevait autrefois à plus de 100 mètres, et qu'on est en train de réparer actuellement au prix de sommes folles. C'est sous ce clocher qu'était le *caveau* célèbre par sa propriété de conserver les cadavres à l'état de momies. Depuis les travaux de restauration, ces cadavres ont été transportés dans une maisonnette adossée à l'église, où on peut les visiter;

L'*église Sainte-Eulalie,* qui a été bâtie vers la fin du xiᵉ siècle. Elle renferme, dit-on, les restes mortels de plusieurs saints des premiers siècles. Les sculptures de son lutrin sont remarquables. La flèche a été restaurée récemment par M. Alaux;

L'*église Saint-Éloi,* à côté des tours de l'Hôtel-de-Ville, qui renferme les sépultures de quelques hommes célèbres;

L'*église Saint-Pierre,* rebâtie au xvᵉ siècle, où l'on remarque quelques sculptures sur bois.

Enfin, parmi les églises modernes, nommons *Saint-Bruno,* ancienne chapelle des Chartreux, remarquable par de curieuses fresques de Berinzago; *Saint-Paul,* ancienne chapelle des jésuites, qui renferme une belle statue de Saint-François-Xavier, due à Guillaume Coustou ; *Notre-Dame,* ancienne chapelle des Dominicains, décorée en 1834 par Cicéri, et dont la façade est très élégante, etc. Bordeaux possède encore de nombreuses églises et chapelles, mais elles n'ont rien qui soit digne d'attirer sérieusement l'attention.

L'église réformée y compte deux temples : l'un dans la rue du Hâ, l'autre dans la rue Notre-Dame, aux Chartrons ; deux chapelles évangéliques, rue Malbec et rue Ferrère, et une église anglicane sur le pavé des Chartrons.

La synagogue israélite, construite en 1810, est une œuvre remarquable de M. de Corcelles.

VI

Après cette rapide revue des édifices religieux, le premier monument que nous croyons devoir signaler à l'attention est l'*Hôtel-de-Ville.* Ce magnifique palais fut bâti à la fin du dernier siècle, comme nous l'avons dit plus haut, par le prince de Rohan-Guéméné, archevêque de Bordeaux, et sous la direction de deux architectes bordelais, Bonfin et Etienne. Siége du tribunal criminel pendant la révolution, hôtel de la Préfecture en 1803, palais impérial en 1808, château royal en 1815, il fut enfin consacré à l'Hôtel-de-Ville en 1835. A la suite du terrible incendie qui y éclata dans la nuit du 13 juin 1862, d'importants travaux de restauration, qui ne sont pas encore terminés, y ont été entrepris.

Avant 1835, la mairie de Bordeaux avait eu ses bureaux dans l'ancien collége de *la Madeleine*, sur le cours Napoléon, qui sert aujourd'hui de caserne à la cavalerie.

Sur les quais de Bordeaux, deux beaux monuments embrassant une élégante place, attirent les regards : ce sont la *Bourse* et la *Douane*, élevés d'après les plans de l'architecte Gabriel, et achevés par M. de Tourny. L'architecture de ces monuments est un des gracieux spécimens du style de l'époque de Louis XV. Le pavillon qui donne sur le Chapeau-Rouge a été achevé l'année dernière seulement. La grande salle de la Bourse est encore en ce moment l'objet d'une restauration complète.

Parmi les autres édifices publics de Bordeaux, nous devons mentionner la *Préfecture*, sur le cours du Chapeau-Rouge, vaste et bel hôtel construit par Louis pour M. Saige ; — et le *Palais-de-Justice*, dû à M. Thiac, ex-architecte du département, et qui a été terminé en 1846. La façade est ornée d'un péristyle d'ordre dorique, surmonté des statues de Malesherbes et de d'Aguesseau, de Montesquieu et de L'Hôpital, par M. Maggesi. La salle des pas-perdus est considérée comme un chef-d'œuvre. — Derrière le Palais de Justice se trouve la prison départementale, bâtie d'après le système cellulaire, sur l'emplacement de l'ancien fort du *Hâ*.

VII

Mais de tous les monuments de Bordeaux, le plus célèbre, et peut-être le plus remarquable, est le *Grand-Théâtre,* qui a immortalisé le nom de son architecte, Victor Louis. Commencé en 1775, il fut terminé en 1780, et coûta 3,000,000 de francs. Ses dimensions sont de 88 mètres 33 centimètres de longueur, sur 46 mètres 66 centimètres de largeur et 18 mètres 66 centimètres de hauteur. Les parties le plus admirées sont : le péristyle, formé par douze magnifiques colonnes corinthiennes ; le vestibule, d'ordre ionique, et la salle, une des plus gracieuses et des plus commodes qui existent.

Le second théâtre de Bordeaux est le *Théâtre-Français,* qui a été reconstruit en 1857 par l'architecte Lamarle. On compte encore dans la même ville plusieurs salles de spectacle : la petite salle du *Gymnase-Dramatique,* sur l'hémicycle des Quinconces ; les salles de la Laiterie et du cercle Molière, où jouent des amateurs ; la belle *salle Franklin,* particulièrement consacrée aux concerts de la Société philharmonique ; le *Cirque,* rue Saint-Sernin, très bien construit pour sa destination spéciale, etc. — Les bals publics les plus fréquentés se donnent dans les charmants établissements de la *Renaissance* et de *Bel-Orme,* au quartier de la Croix-Blanche.

VIII

Bordeaux est encore loin d'être aussi riche qu'il le devrait en édifices consacrés aux arts et aux lettres.

La riche collection de tableaux appartenant à la ville, dispersée autrefois dans diverses salles de la Mairie, et qui faillit devenir la proie des flammes lors de l'incendie de cet édifice, a été réunie aujourd'hui, en attendant la construction d'un *Musée*, dans une baraque en planches, provisoirement élevée dans le jardin de l'Hôtel-de-Ville. On ne peut que former des vœux pour que cette collection, extrêmement intéressante à visiter et qui renferme plusieurs chefs-d'œuvre des écoles anciennes et de l'école moderne, reçoive promptement un palais digne d'elle. Les étrangers peuvent la visiter tous les jours.

Le *Musée des antiques*, établi avec beaucoup d'intelligence dans une des salles de la Bibliothèque, rue J.-J. Bel, renferme un grand nombre d'objets intéressants. Il est ouvert les dimanches et les jeudis, de dix heures à trois heures.

Le *Museum d'histoire naturelle* possède plusieurs collections très importantes et classées avec ordre. Il est situé au Jardin-Public, et ouvert les dimanches et les jeudis.

La *Bibliothèque de la Ville* est une des plus riches bibliothèques publiques de France. Elle compte plus de 120,000 volumes, dont quelques-uns sont des éditions d'un grand prix, et environ 300 manuscrits.

Sa fondation est due à Jean-Jacques Bel, conseiller au Parlement, dans l'hôtel duquel elle est demeurée jusqu'à aujourd'hui.

Les *Archives départementales* sont encore déposées dans les dépendances d'un ancien couvent des Petits-Carmes, rue Sicard, aux Chartrons. Elles seront prochainement transférées dans un neuf et bel édifice, construit dans ce but spécial par M. Labbé, sur la rue d'Aviau.

Les trois *Facultés*, des Lettres, des Sciences et de Théologie ont leur siége dans un local qui touche à l'Hôtel-de-Ville, rue Montbazon.

L'*École préparatoire de Médecine et de Pharmacie,* créée en 1829, est située rue Lalande. Les cours en sont fréquentés par un grand nombre d'étudiants.

Le *Lycée* occupe le local des anciens couvents des Feuillants et des Visitandines. Sa chapelle renferme le tombeau de Michel-Montaigne. On nourrit depuis longtemps la pensée de le transférer dans un édifice plus vaste et mieux approprié. Il possède depuis quelques années une annexe, située à la campagne, et connue sous le nom de *Petit-Collége de Talence*.

Outre cet établissement universitaire, qui est le plus florissant de la contrée, Bordeaux a aussi, sans parler d'un *Grand* et d'un *Petit-Séminaire*, un important établissement d'instruction publique, dirigé par les Jésuites, et situé à *Tivoli*, tout près de la barrière du Médoc.

On y compte en outre une *Institution impériale des Sourdes-Muettes*, qui sera bientôt installée dans un magnifique édifice, construit par M. Thiac, sur la nouvelle rue Saint-Sernin; — une *École d'Hydrographie*, dont les cours ont lieu à l'Hôtel de la Marine, sur la place de Tourny; — une *École de dessin et de peinture*, dirigée par M. Gué, rue Montbazon; une *École de sculpture*, sous la direction de M. Maggesi, au Jardin-Public; — une *École de mousses*, à bord d'un navire, dans la rade, etc., etc.

IX

La générosité des habitants de Bordeaux a doté cette ville, à diverses reprises, d'un grand nombre d'établissements de bienfaisance et particulièrement d'hospices : les *Enfants-Trouvés*, la *Maternité*, les *Vieillards*, les *Incurables*. Ces diverses maisons doivent être prochainement réunies dans un vaste *Hospice général*, qui sera élevé sur le domaine de Pellegrin, hors de la ville. Il y a encore à Bordeaux un *Asile des aliénées*, et l'*Hôpital Saint-André*, au centre de la ville, sur la place d'Armes.

Ce dernier établissement, dont la fondation est due à un chanoine de Saint-André, Vital Carles, a subsisté depuis 1390 jusqu'en 1829 au nord de la Cathédrale. L'édifice actuel, construit par M. Burguet, est regardé comme un des établissements de ce genre les mieux aménagés qui existent. On peut y recevoir environ 700 malades.

X

Le nombre des monuments remarquables par leur architecture et des édifices publics que leur importance et leur utilité signalent à l'attention, est encore grand à Bordeaux.

Un de ceux qui sont le plus dignes d'admiration est le *Pont* en pierres sur la Garonne, qui unit cette ville au quartier de La Bastide. Commencé en 1810, ce pont a été ouvert à la circulation en 1821 seulement. Sa longueur est de 486 mètres, et sa largeur de 15 mètres. Il a dix-sept arches, dont les sept du milieu ont 26 mètres 49 centimètres de diamètre. Ses voûtes sont reliées par des galeries que l'on peut visiter.

En amont du pont en pierre a été construite, en 1860, une *passerelle* en fonte qui relie, par une voie ferrée, la gare du chemin de fer d'Orléans à la gare du Midi. C'est un travail très apprécié d'un habile ingénieur, M. Regnault.

La *Gare* du chemin de fer d'Orléans a sa façade vis à vis la rivière, sur le quai de Queyries, à La Bastide.

La *Gare* des chemins de fer du Midi est encore à l'état provisoire. Le débarcadère donne du côté du cours Saint-Jean ; l'embarcadère a son entrée par la rue Terre-de-Bordes.

L'*Entrepôt général*, qui appartient à la Chambre de Commerce, est situé sur la place Lainé. C'est un édifice fort vaste et commode, mais sans élégance. Il est relié depuis deux ans à la Gare du Midi par des voies de fer qui suivent les quais.

La *Banque de France*, rue Esprit-des-Lois, est ouverte tous les jours de huit heures à quatre heures.

L'*Hôtel de la Marine*, situé sur la place de Tourny, renferme tous les bureaux de la circonscription maritime.

L'*Hôtel des Postes* est situé dans la rue Porte-Dijeaux.

La *Caisse d'épargnes* est rue des Trois-Conils.

Il existe à Bordeaux une très importante *Manufacture des Tabacs*, qui occupe plus de 1,500 personnes. L'entrée en est sur la place Rodesse.

Bordeaux possède plusieurs marchés installés dans ses divers quartiers. Jusqu'à aujourd'hui, ces marchés n'ont eu d'autre abri que d'informes baraques. On a eu l'heureuse idée d'entreprendre, dernièrement, au marché des Grands-Hommes et au Grand-Marché, sur le cours Napoléon, la construction de vastes et belles halles. Elles sont actuellement en bonne voie d'exécution.

Outre ces établissements publics, il y a à Bordeaux des établissements particuliers que nous engageons vivement les étrangers à visiter. Nous voulons parler des nombreux et considérables chantiers de constructions maritimes, qui sont situés sur nos quais. Ceux de M. Arman, en Paludate et à Bacalan, où ont été construits des navires pour plusieurs puissances étrangères, sont surtout remarquables. — La fabrique de porcelaines de M. Vieillard, aux Chartrons, est aussi digne d'une visite attentive.

XI

La beauté d'une grande ville ne consiste pas uniquement dans ses monuments; elle provient aussi de la grandeur et de l'ordonnance des voies et des places dont elle est ornée.

Sous ce rapport, Bordeaux a peu à envier aux plus

belles cités. Indépendamment des quais qui étendent sur sa rade, toujours animée, leur longue et régulière façade, du nouveau boulevard qui lui sert de ceinture, de la longue ligne de cours plantés d'arbres qui se prolonge d'une extrémité à l'autre de la ville, indépendamment d'un grand nombre de rues spacieuses qui se croisent en tous sens, Bordeaux possède plusieurs places magnifiques.

C'est d'abord la place des *Quinconces*, une des plus vastes et des plus belles de l'Europe, et du haut de laquelle l'œil embrasse avec ravissement le splendide panorama de la rivière, dominée par les coteaux de Cenon et de Lormont. Elle n'est décorée que de deux colonnes rostrales, d'une superbe gerbe d'eau et des statues de Montaigne et de Montesquieu, par M. Maggesi; mais on étudie un projet général d'embellissement.

Citons ensuite la *place de Tourny*, où l'on voit une médiocre statue de l'illustre intendant ; les *allées de Tourny*, avec une statue équestre de Napoléon III, œuvre de Jean Debay ; la *place de la Comédie*, lieu le plus fréquenté de la ville ; la *place Dauphine*, la *place de la Bourse*, la *place Richelieu*, la *place d'Armes*, la *place Pey-Berland*, etc., etc.

Comme lieu de promenade, le *Jardin-Public*, dont la création remonte à M. de Tourny, mais qui a été entièrement transformé en 1859, est un des plus élégants et des plus agréables qui existent. Les dimanches et jeudis soir, aux heures où la musique du 50e de ligne y joue, la population bordelaise circule toujours en foule dans les allées sinueuses qui courent autour du lac. Ce jardin renferme de magnifiques serres et un riche *Jardin botanique* placés sous la savante direction de M. Durieu de Maisonneuve.

XII

Comme dans toutes les grandes villes, les lieux de distractions sont nombreux à Bordeaux.

Nous avons signalé en passant le Grand-Théâtre et le Théâtre-Français. On sait que la première de ces salles est ordinairement consacrée à l'opéra, et la seconde à la comédie et au drame. Les prix des places peuvent varier, mais ils sont ordinairement fixés ainsi qu'il suit :

Grand-Théâtre. — Loges à salon, galeries ou balcons et baignoires, 4 fr. 50 c.; premières, stalles d'orchestre, de balcons et de galeries, 4 fr.; secondes et parterre, 2 fr.; amphithéâtre, 1 fr. 50 c.; paradis, 1 fr.

Théâtre-Français. — Fauteuil d'orchestre, 3 fr.; stalles de parquet et premières galeries, 2 fr.; deuxième galerie, 1 fr. 25 c.; parterre, 1 fr. 25 c.; troisième galerie, 75 c.; paradis, 50 c.

Pendant toute l'année dernière, la comédie a été jouée avec beaucoup de succès au Gymnase-Dramatique, sur les Quinconces. Il est regrettable que ce joli petit théâtre soit maintenant fermé.

Le cirque de la rue Saint-Sernin est occupé en ce moment par une troupe athlétique, dirigée par Rossignol-Rollin.

A La Bastide, le café-concert de l'*Alcazar* (premières 1 fr., secondes 50 c.) est très fréquenté.

On compte à Bordeaux un grand nombre de cercles. Les plus distingués sont ceux de la *Société Philomathique*, de l'*Union*, *Philharmonique*, de la *Comédie*, du *Club Bordelais*, du *New-Club*, *Littéraire et artistique*, des *Régates*, du *Commerce*, etc.

Bordeaux possède aussi plusieurs loges maçonniques.

XIII

Nous croyons être utile aux lecteurs de ce livre en réunissant pour leur usage, dans ce paragraphe, les renseignements suivants :

HORAIRE DES CHEMINS DE FER.

SERVICE D'ÉTÉ.

ORLÉANS.		MIDI.	
Heures de départ de Bordeaux.		*Heures de départ de Bordeaux.*	
Libourne (omnibus)...	4 50 s.	Marmande (omnibus)..	8 30 m.
— (omnibus)...	9 » s.	Agen (omnibus).......	5 15 s.
Brives (omnibus)......	10 25 m.	Cette (omnibus).......	6 » m.
Périgueux (omnibus)..	6 » m.	Toulouse (omnibus)...	1 20 s.
Brives (omnibus)......	1 50 s.	Cette (express)........	7 45 m.
Limoges (omnibus)....	10 25 m.	Bayonne (omnibus)....	6 30 m.
— (omnibus)...	1 50 s.	— (express)......	8 » m.
Angoulême (omnibus)..	6 » m	— (omnibus).....	3 » s.
— (omnibus)..	7 5 s.	Irun (express).........	8 » m.
Paris (express)........	7 » m.	Bagnères (omnibus) ...	6 30 m.
— (direct)..........	8 » m.	Tarbes (omnibus)......	6 30 m.
— (direct).........	8 30 m.	— (omnibus).....	3 » s.
— (poste)..........	6 35 s.	Pau (direct)..........	6 30 m.
— (omnibus).......	12 » m.	Arcachon (omnibus)...	5 50 m.
Lyon (omnibus)........	10 25 m.	— (express).....	8 » m.
		— (direct)......	11 15 m.
		— (omnibus)...	3 » s.
		— (direct).....	5 » s.

SERVICE DES BATEAUX A VAPEUR DE LA GARONNE

(Du 1ᵉʳ Mars au 30 Septembre).

Haut de la rivière.

Pour La Réole, départ à 5 h. du matin et à 2 h. de l'après-midi.
Pour Langon (dimanches et fêtes), départ à 8 h. du matin.
Pour Béguey (tous les samedis), départ à 5 h. de l'après-midi.

Bas de la rivière.

Pour Pauillac, départ à 7 heures du matin et à 3 h. de l'après-midi.
Pour Royan, départ à 8 heures du matin.
Ce service dessert les escales de Blaye, de Pauillac et de Mortagne.
Pendant les mois d'août et septembre, un bateau part de Bordeaux tous les samedis dans l'après-midi, et repart de Royan le lundi matin.

Les localités voisines de Bordeaux sont régulièrement desservies par les voitures de la Compagnie générale des omnibus. Du bureau central, maison Gobineau, cours du XXX Juillet, 1, ces voitures partent :

Pour les Eyquems, Mérignac, Caudéran, La Tresne, La Souys, Monrepos et Bègles, *toutes les heures.*
Pour Pessac, le Bouscat et le Vigean, *toutes les demi-heures.*
Pour Saint-Médard-en-Jalles et le Haillan, à 7 h. 1/2 et 10 h. 1/2 du matin, 2 h. et 5 h. du soir.
Pour Blanquefort, à 7 h. 1/2 et 10 h. 1/4 du matin, 2 h. 1/2, 5 h. 1/4 et 7 h. du soir.

De la place extérieure d'Aquitaine, des voitures de la même Compagnie partent :

Pour Talence et le Pont-de-La-Maye, *toutes les heures.*
Pour Léognan, à 6 h. et 10 h. du matin, 4 heures et 6 h. du soir.
Pour Gradignan, à 6 h. 1/2, 9 h. 1/2, 11 h. 1/2 du matin, 1 h. 1/2, 4 h. 1/2 et 6 h. 1/2 du soir.

De la même place d'Aquitaine, 14, il part une voiture :

Pour Belin, tous les soirs à 4 h.

De La Bastide, il part aussi des voitures :

Pour Bouliac, La Souys, Cubzac et Saint-André-de-Cubzac, *toutes les heures.*
Pour Créon, à 6 h. 1/2 du matin, 3 h., 6 h. et 10 h. du soir.
Pour La Sauve, à 7 h. du matin et 3 h. du soir.
Pour Sauveterre, à 9 h. du matin.
Pour Brannes, à 2 h. du soir.
Pour Langoiran, à 4 h. du soir.

On trouve encore des voitures faisant un service quotidien :

Pour Bassens et le Carbon-Blanc, quai de la Bourse.
Pour Castelnau, à 4 h. du soir, allées de Tourny, 4.
Pour Rochefort (par Royan), correspondant avec Saintes, La Tremblade, Saujon, La Rochelle, Surgères et Niort, quai de la Douane, 3.
Pour Ludon et Macau, à 4 h. du soir, cours du XXX Juillet, 2.
Pour Jonzac, rue de la Douane, 1.

Les Messageries Kellermann et Cie, rue du Pont-de-la-Mousque, ont des services quotidiens par voie de terre :

Pour Nantes et Saintes (par Blaye), à 8 heures du matin.
Pour Lesparre et Pauillac, à 8 h. du matin et 4 h. du soir.
Pour Margaux, Lamarque, Castelnau et Saint-Laurent, à 4 h. du soir.

Il existe, en outre, à Bordeaux, des services réguliers de paquebots à vapeur :

Pour La Rochelle, Nantes et Brest ; — Le Havre, — Londres, — Liverpool, — Dublin, — Glasgow, — Rotterdam, — Hambourg, — Copenhague et Saint-Pétersbourg.

Enfin, Bordeaux est la tête d'une importante ligne de paquebots transatlantiques, reliant la France avec le Portugal, le Sénégal, le Brésil et la Plata. — Les départs ont lieu le 25 de chaque mois.

La Compagnie générale des omnibus exploite dans

l'intérieur de la ville huit lignes sur lesquelles ses voitures se croisent dans tous les sens, à des intervalles rapprochés. — Le prix des places des omnibus est : 20 centimes dans l'intérieur, 15 c. sur la banquette.

—

On compte à Bordeaux 164 fiacres et 68 citadines qui stationnent sur divers points.

Voici le tarif des fiacres et calèches, dans la ville :

De six heures du matin à minuit. — Pour chaque course, 1 fr. 75 c.; pour la 1re heure, 2 fr.; pour chacune des autres heures, 1 fr. 75.

De minuit à six heures du matin. — Pour chaque course, 2 fr. 75 c ; pour la 1re heure, 3 fr.; pour chacune des autres heures, 2 fr. 50.

Hors barrières, les prix sont ainsi fixés :

De six heures du matin à minuit. — 3 fr. la 1re heure; 2 fr. 50 c. les autres.

De minuit à six heures du matin. — 4 fr. la 1re heure ; 3 fr. les autres.

Voici le tarif des citadines ou coupés :

De six heures du matin à minuit. — Pour chaque course, 1 fr. 50 c.; pour la 1re heure, 1 fr. 75 c.; pour chacune des autres heures, 1 fr. 50 c.

De minuit à six heures du matin. — Pour chaque course, 2 fr.; pour la 1re heure, 2 fr. 50 c.; pour chacune des autres heures, 2 fr. 25 c.

Hors barrières, les prix sont ainsi fixés :

De six heures du matin à minuit. — 2 fr. 50 c. la 1re heure; 2 fr. les autres.

De minuit à six heures du matin. — 3 fr. 50 c. la 1re heure; 2 fr. 50 c. les autres.

Les cochers devront faire 8 kilomètres à l'heure au moins.

Le retour à vide sera payé moitié prix de la course d'aller.

Il y a encore en ville un assez grand nombre d'entrepreneurs particuliers qui louent des *petits coupés de remise*. Le tarif de ces voitures est :

L'heure ou la course, 2 fr. le jour et 3 fr. la nuit.

XIV

On ne peut parler de Bordeaux sans dire un mot de ces vins célèbres qui ont rendu son nom cher à tous les peuples. Le meilleur renseignement que nous puissions fournir à ce sujet sera de donner la classification des premières catégories des vins, telle qu'elle a été établie par le commerce :

Vins rouges.

Premiers crûs : Château-Margaux, à Margaux, 100 à 120 tonneaux (Aguado). — Château-Lafite, à Pauillac, 150 tonneaux (Sir S. Scott). Château-Latour, à Pauillac, 100 tonneaux (De Beaumont, de Cartivron, de Flers). — Haut-Brion, à Pessac, 90 tonneaux (A. Larrieu).

Seconds crûs : Rauzan, à Margaux, 50 à 70 tonneaux. — Mouton, à Pauillac, 120 à 140 tonneaux. — Léoville, à Saint-Julien, 80 à 100 tonneaux. — Durfort de Vivens, à Margaux, 30 à 35 tonneaux. — Branne, à Cantenac, 50 à 80 tonneaux. — Gruaud-Laroze, à Saint-Julien, 100 à 150 tonneaux. — Pichon-Longueville, à Pauillac, 100 à 120 tonneaux. — Lascombe, à Margaux, 15 à 20 tonneaux. — Cos-d'Estournel, à Saint-Estèphe, 60 à 80 tonneaux. — Montrose à Saint-Estèphe. — Pape Clément, à Pessac.

Troisièmes crûs : Chateau-d'Issan, à Cantenac, 50 à 70 tonneaux. — Kirwan, à Cantenac, 35 à 40 tonneaux. — Desmirail, à Margaux, 30 à 40 tonneaux. — Boyd, à Cantenac, 30 à 35 tonneaux. — Dubignon, à Margaux. — Malescot, à Margaux, 50 à 60 tonneaux. — Becker, à Margaux, 15 à 30 tonneaux. — Giscours, à Labarde, 80 à 100 tonneaux. — Langoa, à Saint-Julien, 100 à 120 tonneaux. — Bergeron, à Saint-Julien, 30 à 40 tonneaux. — Lagrange, à Saint-Julien, 100 à 130 tonneaux. — Calon, à Saint-Estèphe, 120 à 140 tonneaux. — Ferrière, à Margaux, 15 à 20 tonneaux. — Château-Talence, à Talence. — La Lagune, à Ludon, 30 à 40 tonneaux. — Palmer, à Cantenac, 50 à 60 tonneaux.

Quatrièmes crûs : Duluc aîné, à Saint-Julien, 50 à 60 tonneaux. — Saint-Pierre, à Saint-Julien, 80 à 100 tonneaux. — Château-Beychevelle, à Saint-Julien, 60 à 80 tonneaux. — Carnet à Saint-Laurent, 100 à 120 tonneaux. — Duhar-Milon, à Pauillac, 100 à 120 tonneaux. — De Thermes, à Margaux, 30 à 40 tonneaux. — Le Prieuré, à Cantenac, 20 à 30 tonneaux. — Poujet-Lassalle, à Cantenac, 20 à 35 tonneaux. — Poujet, à Cantenac. — Rochet, à Saint-Estèphe. — Talbot, à Saint-Julien.

Le tonneau bordelais se compose de quatre barriques contenant 228 litres chacune, soit 912 litres.

Nous ne pouvons fixer le prix de ces vins, car ils varient fréquemment. Pour en donner une idée, nous dirons cependant que la dernière vente de Château-Lafite a été faite à raison de 5,000 fr. le tonneau, et celle de Haut-Brion à raison de 4,000 fr.

Les seconds crûs sont vendus ordinairement 400 ou 500 fr. au-dessous des premiers.

Premiers crûs de vins blancs.

Yquem, à Sauternes, 240 tonneaux (De Lur-Saluces). — Pichard-Lafaurie, à Bommes, 65 tonneaux (Saint-Rieul-Dupouy). — La Tour-Blanche, à Bommes, 65 tonneaux (à divers). — Le Vigneau, à Bommes, 65 tonneaux (De Pontac). — Guiraud, à Sauternes, 60 tonneaux (Bernard). — Sudiraut, à Preignac, 120 tonneaux (Guilhot).

Les prix de ces vins blancs dépassent souvent les prix des premiers crus des vins rouges du Médoc.

XV

A l'étranger, curieux de faire une connaissance plus complète avec le département de la Gironde, des buts d'excursion intéressants s'offrent de tous les côtés autour de Bordeaux.

En remontant la rivière, soit par le chemin de fer du Midi, soit par le bateau à vapeur, il peut aller visiter

La Réole et les ruines de son vieux château-fort et de son couvent de Bénédictins. Sur tout le parcours, le paysage le plus riche, peuplé de châteaux anciens et modernes, se présente aux regards.

A peu de distance de la ligne du Midi, on peut aller saluer le château de *La Brède*, où est né Montesquieu, et où ont été écrits plusieurs chapitres de l'*Esprit des Lois*.

Au nord, *Saint-Émilion*, avec les ruines de ses nombreux monastères, son église souterraine creusée dans le rocher, ses carrières où se cachèrent les Girondins proscrits, son admirable situation, sera toujours visité avec un vif plaisir.

Enfin, aux bords de l'Océan, les villes de bains de mer attirent chaque été une foule élégante et nombreuse.

C'est d'abord *Royan*, à l'embouchure de la Gironde, en face du phare de Cordouan, éparpillant ses maisons sur une pointe de rocher entre ses conches au sable brillant.

C'est *Soulac*, à l'extrémité du Médoc, presque à la pointe du Verdon, vieille ville, ensevelie pendant de longues années sous le sable de la mer, et qui, en secouant ce triste linceul, renaît avec ses antiques églises.

C'est *Arcachon* surtout, sur le bassin de ce nom, à une heure de Bordeaux par le chemin de fer. Arcachon est vraiment la ville de plaisance des Bordelais; c'est là que presque toutes les familles aisées possèdent un chalet où elles vont fuir les chaleurs de juillet et d'août ; c'est là que le peuple afflue tous les dimanches par le train de plaisir. Il est naturel que nous en parlions avec quelques détails.

Il n'y a pas encore un siècle, la côte où s'étend aujourd'hui Arcachon était couverte de dunes ou monticules de sable sans cesse agitées et poussées par le vent de la mer. Brémontier fixa ces dunes en parvenant à semer des pins sur ce sol mouvant. Bientôt une verte forêt couvrit tous les bords du bassin. Mais le pays resta sauvage pendant de longues années ; tout au plus si une chapelle vénérée des marins de La Teste attirait à certaines fêtes les pêcheurs de la côte. Quelques personnes cependant, charmées par l'aspect intéressant de cette solitude, aimaient à en faire un but d'excursion. La construction du chemin de fer de Bordeaux à La Teste augmenta le nombre des visiteurs, et quelques maisons se répandirent peu à peu le long du rivage.

Telle était, ou à peu près, la situation d'Arcachon, lorsqu'il y a quelques années, la Compagnie des chemins de fer du Midi entreprit d'en faire une station de bains de mer, digne de rivaliser avec les points les plus célèbres des bords de l'Océan.

La nature offrait d'ailleurs en ce lieu des avantages exceptionnels. L'eau du bassin, moins agitée que celle de l'Océan, et très fortement minéralisée, rend les bains aussi hygiéniques et aussi fortifiants que possible. La plage est douce et sûre, et les pins qui couvrent les collines environnantes laissent échapper des émanations résineuses, qui ont produit de nombreuses cures de phthisiques. La science constata cette précieuse position, et la Compagnie se chargea d'en faire sortir tout le bien qu'elle renfermait, en accroissant la prospérité des bains de mer, et en créant à côté, dans la forêt, une incomparable station médicale.

Quatre cents hectares de terrains lui furent concédés par l'État, et à la fin de 1862, d'immenses travaux furent commencés.

Aujourd'hui, Arcachon se compose de deux parties distinctes : la ville d'été, qui respire sur les bords du bassin la fraîcheur de la brise marine, et la ville d'hiver doucement exposée au soleil, à l'abri des dunes et des grands pins.

Plus de trente kilomètres de routes carrossables ont été construits en trois ans, dans cette ville d'hiver, et une cinquantaine de villas, au dessin original, à l'aspect varié, s'étalent pittoresquement sur les flancs des collines de sable, trop peu nombreuses encore pour les Parisiens et les Anglais qui viennent y chercher la chaleur et la santé.

Quant à l'Arcachon de la plage, la ville des baigneurs et des touristes, il a pris aussi dans ces dernières années une merveilleuse extension. Ce n'est plus la solitude où croissait l'arbousier au pied du pin élancé; ce n'est plus même l'humble bourgade, chère aux amis du silence; c'est la ville, avec la foule et toutes les élégances, et tous les plaisirs :

Heri solitudo, hodie vicus, cras civitas.

On y compte plus de quinze cents maisons; la population fixe dépasse 4,000 habitants, et le nombre de ses visiteurs en 1864 a été de près de 300,000.

Arcachon a une physionomie à soi et particulièrement originale. Ce qui frappe tout d'abord, c'est qu'on y voit, comme à Versailles, une magnifique conquête du génie humain sur la nature. A chaque pas, la main de l'homme, l'art, ont créé des merveilles.

Sur une longueur d'environ six kilomètres, et suivant la légère courbe formée par le rivage méridional du bassin, se développe la rue principale de la ville, ornée de jeunes platanes, et décorée du nom de *Boulevard de la Plage*. Entre la plage et le boulevard, sans autre ordre que le caprice de chaque propriétaire, des gracieux chalets, des coquettes villas, des châteaux princiers, des hôtels élégants, des constructions aux mille couleurs, s'éparpillent pittoresquement, ici cachés sous l'ombre fraîche et discrète des chênes et des arbousiers, là ouvrant bourgeoisement leurs portes sur la rue, mais toujours se ménageant du côté de la mer une terrasse où la brise apporte sa fraîcheur. L'autre côté du boulevard est plus particulièrement peuplé de magasins, d'hôtels, de restaurants et de cafés. Des rues, dont le nombre s'accroît sans cesse, partent perpendiculairement du boulevard, et se prolongent, à travers les constructions les plus variées et les plus élégantes, jusqu'au pied de la colline formée par les premières dunes.

C'est sur cette colline que s'élève le Casino. De toutes les créations dont la Compagnie du Midi a doté Arcachon, celle-ci est assurément la plus merveilleuse. Le Casino est un édifice oriental dans toute sa splendeur et sa pureté : la mosquée de Cordoue, l'Alcazar de Séville, l'Alhambra de Grenade, le sérail de Constantinople ont à la fois fourni des dessins à son habile architecte. La grande salle, où sont prodiguées toutes les riches fantaisies d'un luxe asiatique, sert tour à tour de salle de bal et de théâtre. Le lendemain du jour où Cellarius y a conduit de joyeux quadrilles, une scène charmante s'élève en quelques heures et des artistes distingués viennent s'y faire entendre.

Non contente d'avoir fondé la ville d'hiver et d'avoir créé pour les baigneurs un lieu de réunion et de plaisirs, la Compagnie du Midi a voulu donner encore à la ville des bains une vive impulsion. Dans ce but elle a construit, suspendues aux flancs des dunes, ou jetées au bord de la plage, une vingtaine de villas charmantes qu'elle loue aux riches étrangers. D'autres villas, nommées *Maisons de famille,* sont de petits hôtels à la mode anglaise, et justifient entièrement leur nom. Enfin, elle fait construire en ce moment, au centre de la ville, entre la plage et le boulevard, un *Grand-Hôtel,* qui sera installé sur le pied de l'Hôtel du Louvre et du Grand-Hôtel du boulevard des Capucines, et dont l'inauguration ne tardera pas à avoir lieu.

Mais déjà, depuis un an, s'est élevé par ses soins, à cent pas de la gare, et lui servant de buffet, le *Restaurant chinois,* une des curiosités, et l'on peut dire aussi l'une des merveilles d'Arcachon. Si le Casino reproduit toutes les capricieuses formes de l'architecture arabe, le Buffet imite, avec non moins de fidélité, les bizarres constructions du Céleste-Empire. Son triple toit, recourbant ses pointes ornées de dragons, est supporté par de légères colonnettes qui s'appuient sur une large terrasse, où l'on parvient par plusieurs escaliers. La salle principale est décorée avec un luxe plein de goût et dans une parfaite harmonie avec la couleur locale. La seule chose qui, dans cet original édifice, ne rappelle point la Chine, est la cuisine de M. Seba, digne d'être appréciée par les gourmets.

Les constructions particulières d'Arcachon rivalisent souvent avec la richesse et l'élégance de ces édifices, et l'on pourrait y citer un nombre très grand d'habitations remarquables à divers points de vue : le château de M. Deganne, en face de la gare, les élégantes demeures de M. Johnston, de M. Lamarque de Plaisance, de Mme la baronne de Tartas, de Mme la maréchale Saint-Arnaud, etc., etc. A l'extrémité de la ville, au sommet d'une colline et en face de l'Océan, M. Émile Pereire vient aussi de se faire bâtir une délicieuse villa, un chalet suisse d'un luxe et d'une élégance incomparables.

En terminant ces quelques lignes sur la charmante station balnéaire que Bordeaux a le bonheur de posséder à ses portes, il est un hommage mérité que nous ne devons pas oublier de rendre.

Si le prodigieux travail de la transformation d'Arcachon s'est accompli, en trois ans, avec une rapidité telle qu'on a pu croire assister à la réalisation d'un rêve féerique, il est un homme à qui en revient surtout l'honneur : c'est M. Regnauld, ingénieur en chef des Chemins de fer du Midi. C'est lui qui a vraiment créé

Arcachon, du moins le splendide Arcachon d'aujourd'hui, celui qui attire dans ses villas les baigneurs de toutes les nations. C'est M. Regnauld qui a tracé les routes qui se croisent en tous sens dans cette ville improvisée; c'est lui qui a fait sortir des dunes et le Casino et le Buffet, et le chalet Pereire, et la gare, et le Grand-Hôtel et les quarante villas; c'est lui qui a su donner à Arcachon cet aspect pittoresque, gracieux et original qu'on ne trouve nulle autre part.

DEUXIÈME PARTIE

LA SOCIÉTÉ PHILOMATHIQUE.

La Société Philomathique de Bordeaux a été fondée en 1808. Elle se compose de membres titulaires, de membres honoraires et de membres correspondants. Le nombre, qui en est illimité, dépasse aujourd'hui six cents. Les membres titulaires sont soumis à une cotisation annuelle de quarante francs.

L'administration de la Société est confiée à un comité composé : d'un président, d'un vice-président, d'un secrétaire-général, d'un trésorier, d'un archiviste, de quatre secrétaires-adjoints et de trois commissaires des dépenses. Ces fonctionnaires sont élus chaque année, dans le courant du mois de décembre, par le suffrage des sociétaires réunis en assemblée générale.

La Société Philomathique est créée en vue de concourir aux progrès des sciences, des arts, de l'industrie et de l'instruction publique. Dans ce but, elle accorde des récompenses et des encouragements, fait des expositions, institue des cours pour l'enseignement intellectuel et moral, et publie, aux époques qui lui paraissent le plus convenables, ses propres travaux et ceux qui lui sont adressés, si elle juge que la publication en soit utile.

Elle a été déclarée Établissement d'utilité publique par décret impérial du 27 juillet 1859.

Voici la liste des présidents qui l'ont administrée depuis sa fondation :

1808-1809, MM. Albespy, avocat, ancien bâtonnier.
1810, Mathieu, adjoint au maire.
1811, Albespy.
1812, De Sèze aîné, conseiller à la Cour.
1813, Baron Gardy, préfet de la Gironde.
1814, Baron Valsuzenay, préfet de la Gironde.
1815, Brochon aîné, substitut du Procureur général.
1816-1817, Leupold, officier de l'Université.
1818-1819, Brochon aîné, avocat.
1820, Lacour, directeur de l'École de dessin.
1821, Brochon aîné.
1822, De Saincric, docteur-médecin.
1823-1824, Dupuy, docteur-médecin.
1825, Émérigon, président du Tribunal civil.
1826, Leupold.
1827, Baron de Pichon-Longueville.
1828, Lancelin, professeur d'hydrographie.
1829, Dupuy.
1830, Bonfin, architecte de la ville.
1831, De Vigneras, vice-président du Tribunal civil.
....
1833-1834, Bonfin.
1835, Lancelin.
1836, David Johnston.
1837, Comte de Kercado.
1838, Et. Plantevigne.
1839, Doré, directeur des contributions directes.
1840, Henri Galos, député de la Gironde.
1841, Vüstenberg, député de la Gironde.
1842, Doré.
1843, Daussy, avocat.
1844, Duffour-Dubergier, maire de Bordeaux.
1845, Dosquet, secrétaire-général de la Préfecture.
1846, Pellet aîné.
1847, Duffour-Dubergier.
1848-1850, Henri Brochon, avocat.

1851,	MM. Barbier, directeur des Douanes.
1852-1853,	Henri Brochon.
1854,	Alphand, ingénieur des ponts-et-chaussées.
1855,	Vaucher, avocat.
1856,	P. Soulié-Cottineau, avocat.
1857-1858,	Baudrimont, professeur à la Faculté des sciences.
1859,	Alexandre Léon, adjoint au Maire.
1860,	Jacquot, ingénieur en chef des Mines.
1861-1862,	Gout-Desmartres, avocat.
1863-1864,	Armand Lalande, négociant, adjoint au Maire.
1865,	Émile Fourcand.

L'œuvre de prédilection de la Société Philomathique, celle à laquelle elle applique ses soins de chaque jour, est l'enseignement des jeunes apprentis et des ouvriers adultes. A cette intention elle ouvre chaque année, du commencement d'octobre à la fin du mois de mai, des cours gratuits qui ont lieu le soir, à l'ancien Palais de Justice, et auxquels un local plus vaste et plus convenable ne tardera probablement pas à être consacré.

Ces cours sont :

Pour les apprentis, au nombre de 4, savoir : Lecture, Écriture, Grammaire française, Arithmétique;

Pour les adultes, au nombre de 23, savoir : Lecture, Écriture, Orthographe et Calcul, Grammaire française, Arithmétique, Algèbre, Géométrie, Géométrie descriptive, Mécanique, Hydraulique pratique, Physique, Chimie industrielle, Comptabilité commerciale, Géographie commerciale, Langue anglaise, Dessin de machines, Dessin d'architecture, Dessin d'ornements, Coupe de pierres, Coupe de bois de menuiserie, Coupe de bois de charpenterie, Constructions navales.

On voit facilement par cette énumération que tous les cours de la Société Philomathique ne sont point élémentaires ; c'est dans ces dernières années surtout qu'ont été institués les cours où est donné l'enseignement le plus élevé, tel que le cours d'Hydraulique pratique, professé par M. de Lacolonge, le cours de Géographie commerciale fait par M. Dujardin, le cours de Langue anglaise fait par M. Addison.

Quant aux cours destinés à l'instruction pratique des ouvriers des différents métiers, ils forment depuis longtemps une des principales parties de l'enseignement distribué par la Société. L'année dernière on les a heureusement complétés en y ajoutant le cours de Constructions navales, susceptible de rendre de nombreux services dans un port commercial de l'importance de Bordeaux.

Ces différents cours sont généralement très suivis. Les cours d'apprentis, qui n'existent que depuis deux ans, ont fourni, en 1863, les moyens d'acquérir l'instruction première à 112 jeunes enfants, et ce nombre s'est élevé l'année suivante à 210.

L'empressement des ouvriers adultes et des employés de commerce est bien plus grand encore à profiter des leçons que la Société leur offre gratuitement. Voici des chiffres, extraits du rapport lu par M. Lussaud, secrétaire-général, dans l'assemblée du 12 décembre dernier, et qui donneront sur ce point les plus intéressants renseignements. En 1861, 1,795 élèves ont suivi les cours de la Société ; 1,810 en 1862 ; 2,014 en 1863, et 2,045 en 1864. Ces chiffres ont leur éloquence et disent assez haut le bien que fait dans la ville de Bordeaux la Société Philomathique.

Sans nuire aux soins assidus qu'elle consacre à l'instruction populaire, cette Société poursuit aussi avec succès, depuis longtemps, l'œuvre de l'organisation d'expositions industrielles.

Nous allons parler de ce point dans le chapitre suivant.

TROISIÈME PARTIE.

ORGANISATION DE L'EXPOSITION.

I

La pensée de réunir les œuvres des industriels dans une même enceinte; de rendre, par ce rapprochement, leur comparaison sûre, et de donner ainsi au public le moyen de signaler le plus habile, n'appartient qu'à notre époque.

La première exposition publique des produits de l'industrie, eut lieu en l'an 6 de la République française, au Champ-de-Mars, à Paris. Bornée au département de la Seine, elle réunit 110 exposants.

La seconde fut ouverte au Louvre, en l'an 9, par le premier Consul; elle comptait 220 exposants appartenant à 38 départements.

D'autres expositions suivirent, en l'an 10 (1802), en 1806, 1819, 1823, 1827, 1834, 1839, 1844 et 1849, avec un succès toujours croissant, mais ne s'ouvrant qu'aux produits de l'industrie nationale.

En 1851, Londres eut l'honneur d'organiser la première Exposition universelle, qui reçut 14,837 exposants. Celle qui lui succéda, à Paris, en comptait 24,000. Enfin la nouvelle Exposition universelle de Londres, en 1862, en réunit 27,466. Tout fait prévoir dès aujourd'hui qu'en 1862 … prochaine Exposition de Paris, ce nomb… encore dépassé.

Cependant que les capitales de la France et de l'Angleterre poursuivaient alternativement cette série de magnifiques exhibitions, les villes importantes de la province ne restaient point en arrière dans la même voie, et de toutes parts s'ouvraient, dans les provinces, des expositions régionales ou générales.

La présente année 1865 n'en a pas vu s'ouvrir moins de 19, soit en France, soit en Allemagne, en Irlande, en Espagne, en Portugal, et jusqu'en Australie.

II

Après Paris, la ville de Bordeaux a été l'une des premières en France à organiser des expositions, et c'est à la Société Philomathique qu'en revient le mérite.

La première Exposition publique entreprise par cette Société eut lieu en 1826, dans l'établissement du Vauxhall, aujourd'hui détruit; quelques pans de mur suffirent à son installation.

D'autres expositions se succédèrent dans la même ville, à des intervalles assez rapprochés, mais elles ne furent ouvertes d'abord qu'aux départements du sud-ouest de la France. Puis la zone du concours s'élargit successivement, jusqu'à ce qu'elle comprît la France tout entière. Cette extension fut décidée pour la première fois en 1854, au moment où Paris allait inaugurer son Exposition universelle. Ce premier concours général attira à Bordeaux 600 exposants.

En 1859, la Société Philomathique organisa, pour la dixième fois, une Exposition qui fut sa seconde Exposition générale, et dans laquelle le chiffre des exposants s'éleva à près de 1,400. Soixante-quatorze départements et plusieurs colonies, l'Algérie, la Guadeloupe, la Martinique, la Réunion, répondirent à cet appel. Ce fut pour la Société Philomathique et pour la ville de Bordeaux un succès exceptionnel et inespéré : l'Empereur et l'Impératrice, en se rendant à Biarritz, s'arrêtèrent à Bordeaux et visitèrent cette exhibition, la plus importante qu'on eût jamais réunie dans une ville de province. Deux cent mille visiteurs environ parcoururent les galeries qui en contenaient les richesses.

III

L'Exposition actuelle est la onzième des exhibitions publiques entreprises par la Société Philomathique, et la troisième de ses exibitions générales. Outre les produits de la France et de ses colonies, elle a admis les envois de l'Espagne et du Portugal. Elle comprend les produits de l'agriculture, de l'industrie et des arts industriels ; elle comprend aussi, mais sous un programme entièrement distinct, et dans une galerie spéciale, une Exposition des objets d'art anciens. Nous regrettons que cette section ait été ouverte trop tard pour que le *Guide de l'étranger* en puisse parler.

La onzième Exposition a été décidée par la Société Philomathique en assemblée générale, sous la présidence de M. Lalande, au mois de juillet 1864.

Dans une autre assemblée générale, tenue au mois de décembre de la même année, la Société composa de la manière suivante son bureau pour l'année 1865 :

Président, M. Émile Fourcand.
Vice-président, M. Lancelin.
Secrétaire général, M. Lussaud.
Trésorier, M. Nercam.
Archiviste, M. Lafargue.

Secrétaires-adjoints, MM. Ernest Faye, de Saint-Pierre, Crézonnet, Coutanceau.
Commissaires des dépenses, MM. Collin, Grellet, Janvier.

A peine installée, la nouvelle Commission d'administration se mit à l'œuvre, et dès le 14 janvier 1865, l'ouverture de l'Exposition de Bordeaux fut officiellement annoncée.

En prévision de cette solennité industrielle, le Conseil général de la Gironde, dans sa session d'août 1864, avait, par avance, accordé pour l'Exposition, à la Société Philomathique, une subvention de 6,000 fr. La Chambre de commerce alloua, dans le même but, une somme de 5,000 fr. Le Conseil municipal enfin vota une allocation de 15,000 fr.

Déjà la Commission d'organisation de l'Exposition, entièrement composée de membres de la Société Philomathique, avait été choisie. Elle comprenait les noms de :

MM. E. Fourcand, président de la Société Philomathique, membre du Tribunal de commerce et du Conseil municipal de Bordeaux.

Lancelin, ingénieur des ponts-et-chaussées, directeur des travaux publics de la ville de Bordeaux, vice-président de la Société.

L. Lussaud, avocat à la Cour impériale, secrétaire général de la Société.

L. Arman, député au Corps législatif, membre du Conseil général de la Gironde et du Conseil municipal de Bordeaux.

A. Balguerie, ingénieur, ancien élève de l'École polytechnique.

MM. H. Barckausen, avocat à la Cour impériale.
H. Basse, président de la Chambre de commerce, membre du Conseil municipal de Bordeaux.
Baudrimont, ancien président de la Société Philomathique, membre du Conseil municipal, professeur à la Faculté des sciences.
E. Beyssac, armateur, membre de la Chambre de commerce.
Ch. Burguet, architecte de la ville de Bordeaux.
Comte A. de Chasteigner, propriétaire.
A. Chaumel, armateur, membre du Tribunal et de la Chambre de Commerce.
H. Collin, négociant, membre du Comité d'administration de la Société.
Ch. Cousin, constructeur-mécanicien.
J. Coutanceau, ingénieur civil, l'un des secrétaires-adjoints de la Société.
Crézonnet, docteur-médecin, l'un des secrétaires-adjoints de la Société.
G. Curé, député au Corps législatif, vice-président du Conseil général de la Gironde, membre du Conseil municipal de Bordeaux.
Dégranges-Bonnet, docteur-médecin, membre du Conseil municipal, secrétaire-général de la Société Impériale de Médecine.
Dietz, constructeur-mécanicien.
A. Dubouché, propriétaire.
Th. Dubrouilh, négociant, adjoint au maire de Bordeaux.
E. Dumas, directeur de l'Hôtel des Monnaies.
Ch. Dupont, secrétaire-général de la Société d'Agriculture.
E. Faye, avocat à la Cour impériale, l'un des secrétaires-adjoints de la Société.
J. Fontaine, négociant.
Grellet aîné, architecte, membre du Comité d'administration de la Société.
Guiraut, négociant.
Hugla, vice-président du Conseil des Prud'hommes.
Janvier, avoué au Tribunal civil, membre du Comité d'administration de la Société.
O. de Lacolonge, chef d'escadron d'artillerie en retraite, membre de l'Académie impériale de Bordeaux.
J. Lacombe, ingénieur civil.
E. Lafargue, docteur-médecin, archiviste de la Société Philomathique.
A. Lalande, négociant, membre du Conseil municipal, ancien président de la Société Philomathique.

MM. A. Laroque, ancien manufacturier, adjoint au maire de Bordeaux.
Legrix de Lassalle, juge au Tribunal civil, membre du Conseil général de la Gironde.
A. Léon, membre du Conseil général de la Gironde, ancien président de la Société Philomathique.
Lescarret, avocat à la Cour impériale, ancien secrétaire général de la Société.
W. Manès, ingénieur en chef des Mines en retraite, membre du Conseil municipal.
Nercam, négociant, trésorier de la Société.
Privat, constructeur-mécanicien, président du Conseil des Prud'hommes.
I. de Saint-Pierre, avocat, juge suppléant au Tribunal civil, l'un des secrétaires-adjoints de la Société.
F. Schrader directeur des classes de la Société Philomathique.
Soulié-Cottineau, ancien président de la Société Philomathique.
Souriaux, ancien secrétaire-général de la Société.

Par les soins du bureau de la Société, assisté de cette commission, toute la publicité nécessaire pour prévenir les industriels fut faite avec activité, et bientôt les demandes d'inscription commencèrent à affluer.

IV

En même temps, le plan des bâtiments destinés à recevoir l'Exposition était dressé; les adjudications des travaux étaient données, et le 18 mars, les ouvriers se mettaient à l'œuvre.

C'est, comme en 1859, sur l'esplanade des Quinconces que ces bâtiments ont été élevés. Il serait difficile, en effet, comme l'a dit un journal de Bordeaux, à qui nous empruntons toute la description qui suit, de trouver un emplacement mieux situé que celui-ci; de tous côtés on y aboutit facilement par de nombreuses voies de communication : il y a de l'air, du jour et de l'espace ; il y a aussi un magnifique coup-d'œil : celui des quais et de la rade.

La surface comprise dans l'enceinte de l'Exposition est d'environ trente-deux mille mètres carrés.

L'ensemble des constructions ne présente pas une de ces formes géométriques qu'un seul mot peut caractériser. Toutefois, pour donner brièvement à nos lecteurs une idée suffisamment exacte de la disposition générale, nous dirons qu'il a la forme d'un grand T, dont la base peut représenter la façade principale, le jambage, les trois nefs centrales et les ailes les différentes annexes.

La façade principale est tournée du côté de la gerbe des Quinconces ; aussi, en arrivant à l'hémicycle par les cours de Tournon, de Gourgues et du XXX Juillet, de même que par les nombreuses rues environnantes, on la voit se dérouler et se présenter au point de vue le plus favorable. C'est un grand bâtiment soigneusement décoré, orné de pilastres, et dont les deux ailes supportent les statues colossales de l'Agriculture et de l'Industrie, entourées de leurs attributs. Au centre, et formant avant-corps, s'élève un vaste pavillon de forme octogone, surmonté d'un dôme brillant en zinc et de son paratonnerre. La longueur totale du bâtiment est de 70 mètres ; le pavillon en mesure 15 en façade. L'entablement est à 20 mètres du sol, le sommet du dôme à 26 mètres. Le pavillon, par lequel doivent d'abord passer les visiteurs, mesure 10 mètres dans son œuvre ; il est percé en croix par quatre grandes baies de 4 mètres d'ouverture. Trois de ces baies sont extérieures; la principale, la seule que l'on puisse voir en façade, porte à son sommet les armes de la ville de Bordeaux.

C'est vis-à-vis et à l'intérieur que par une dernière ouverture le public entre enfin dans les bâtiments de l'Exposition.

A droite et à gauche, le long de la façade principale, se trouvent en dedans les bureaux et le secrétariat de la Société Philomathique, puis deux grands escaliers dans chacune des ailes, qui conduisent à une galerie supérieure où sont exposés les objets d'art anciens.

En face, et sur une profondeur de 116 mètres, se déroule le bâtiment principal. Il est formé d'une nef centrale et de deux nefs latérales; au centre est une jolie vasque, entourée de fleurs et de plantes aquatiques, d'où s'élance une gerbe; au fond, et faisant face à la porte principale, une grande estrade dont une partie était occupée pour la séance d'inauguration par les autorités et la Société Philomathique, et qui est destinée à servir encore pour la séance solennelle de la distribution des récompenses.

La nef principale a 14^{m}50 de large et 20 mètres de haut; elle est formée par une charpente mixte, bois et fer, avec lanterne au faîtage au-dessus de la vasque. Chaque nef latérale a 12 mètres de large et 18 mètres de haut. Grâce à ces dimensions et à la disposition adoptée, la nef centrale a pu, comme les autres, être éclairée par les côtés et par le haut.

De ce bâtiment principal, les visiteurs peuvent gagner

les annexes, soit par des sorties latérales ménagées dans les deux avant-corps qui forment un transsept au point où est placée la gerbe, soit par des passages couverts aboutissant au pied de l'estrade. Ces annexes mesurent 92 mètres sur 12.

Une annexe isolée, de 90 mètres sur 10, a été élevée en outre derrière le bâtiment, près des colonnes rostrales.

L'architecte qui a dirigé la construction de ces vastes et beaux bâtiments est M. Grellet aîné.

Les entrepreneurs-adjudicataires qui ont exécuté les travaux sont : pour la charpenterie, M. Gravelier; pour la menuiserie, M. Carde; pour la ferronnerie, M. Eugène Carde; pour la couverture, MM. Lhuilier et Méchin; pour la vitrerie, MM. Durantin et Boudet; pour la peinture, M. Delamarre.

Les deux statues qui décorent la façade sont dues à MM. Duburch et Bousquet, sculpteurs.

V

Voici la classification qui a été adoptée pour les produits :

I. *Métallurgie et minéralogie.* (Section unique.)

    Minéralogie. — Fonte et fer. — Cuivre et bronze. — Étain et zinc.

II. *Meunerie.* (Section unique.)

    Meules. — Appareils de meunerie.

III. *Agriculture.*

    1re Section. Législation agricole. — Ouvrages sur l'agriculture. — Plans de jardins.

2ᵉ Section. Matériel agricole. — Outils aratoires. — Drains. — Clôtures. — Appareils de soufrage.
3ᵉ — Produits agricoles.
4ᵉ — Production de la résine.
5ᵉ — Engrais. — Destruction d'animaux nuisibles.
6ᵉ — Production de la soie. — Production du coton.

IV. *Mécanique appliquée à l'Industrie.* (Section unique.)

V. *Mécanique appliquée aux moyens de transport.*

1ʳᵉ Section. Chemins de fer.
2ᵉ — Carrosserie et sellerie.

VI. *Mécanique spéciale. — Matériel des ateliers industriels.* (Section unique.)

Machines avec application spéciale. — Forges et soufflets. — Courroies de transmission. — Machines à coudre. — Tonnellerie.

VII. *Mécanique appliquée au tissage et à la filature.* (Section unique.)

VIII. *Arts de précision.*

1ʳᵉ Section. Instruments de précision. — Mathématiques, physique, chimie.
2ᵉ — Horlogerie.

IX. *Emploi de la chaleur, de la lumière et de l'électricité.*

1ʳᵉ Section. Emploi de la chaleur. — Appareils de chauffage.
2ᵉ — Emploi et production de la lumière. — Appareils d'éclairage.
3ᵉ — Bougies, stéarine.
4ᵉ — Emploi de l'électricité.

X. *Produits chimiques.*

1ʳᵉ Section. Produits chimiques. — Teinture. — Huiles.

2ᵉ Section. Vernis, encres et cirages. — Colle forte et gélatine.
3ᵉ — Papeterie. — Carton.
4ᵉ — Cuirs et maroquin.
5ᵉ — Caoutchouc. — Enduits imperméables. — Toiles cirées.
6ᵉ — Parfumerie, savons, essences.

XI. *Substances alimentaires.*

1ʳᵉ Section. Farine. — Amidon. — Fécules. — Pain. — Biscuits. — Pâtes.
2ᵉ — Boissons. — Vins. — Spiritueux. — Liqueurs. — Bière.
3ᵉ — Conserves alimentaires.
4ᵉ — Huile d'olive. — Vinaigre et fruits au vinaigre.
5ᵉ — Sucre. — Chocolat. — Moutarde. — Café.
6ᵉ — Confiserie.
7ᵉ — Systèmes de bouchage. — Boîtes pour conserves.

XII. *Anatomie. — Pharmacie. — Chirurgie.* (Section unique).

1ʳᵉ Section. Anatomie, l'histoire naturelle.
2ᵉ — Pharmacie, préparations hygiéniques.
3ᵉ — Chirurgie.

XIII. *Marine. — Arts militaires.*

1ʳᵉ Section. Marine. — Appareils de sauvetage.
2ᵉ — Cordages. — Appareils de gymnastique.
3ᵉ — Arquebuserie. — Équipements militaires.
4ᵉ — Ustensiles de chasse et de pêche.

XIV. *Constructions civiles.*

1ʳᵉ Section. Plans de bâtiments. — Pierres, plâtres, etc. — Carreaux. — Briques, tuiles. — Bitumes. — Toiture. — Enduits. — Ciments. — Chaux.
2ᵉ — Charpenterie. — Menuiserie. — Serrurerie.
3ᵉ — Peinture industrielle et décoration.
4ᵉ — Fontainerie. — Appareils inodores.

XV. *Aciers.* (Section unique.)

XVI. *Ouvrages en métaux.* — *Meubles de jardin.*

    1re Section. Meubles en fer et en cuivre. — Meubles de jardin.
    2e — Taillanderie. — Outils.
    3e — Quincaillerie — Ustensiles de ménages. — Tamis et grillages.

XVII. *Orfévrerie.* — *Bronzes d'art.*

    1re Section. Ornements d'église.
    2e — Orfévrerie. — Bijouterie. — Gravures sur métaux.
    3e — Bronzes et imitations.

XVIII. *Arts céramiques.*

    1re Section. Verrerie.
    2e — Vitraux peints. — Émaux. — Céramique artistique.
    3e — Poteries. — Terre cuite.
    4e — Faïence et porcelaine.

XIX. *Tissus de coton et de fil.* (Section unique.)

XX. *Industrie des laines.*

    1re Section. Tissus de laine. — Laine filée. — Literie.
    2e — Draps.

XXI. *Tissus de soie.* (Section unique.)

XXII. *Lin et chanvre.* (Section unique.)

XXIII. *Tapis et étoffes pour meubles.*

    1re Section. Tapis de laine et tapis de pied divers. — Sparterie.
    2e — Tissus imprimés. — Étoffes pour meubles. — Dessins sur étoffes.

XXIV. *Ameublement et décoration.*

    1re Section. Marbrerie. — Sculpture.
    2e — Meubles en bois. — Ébénisterie. — Billards.
    3e — Sculpture sur bois. — Ivoire. — Tabletterie.
    4e — Miroiterie. — Encadrement. — Dorure sur bois.

XXV. *Vêtements. — Objets de mode et de fantaisie.*

    1re Section. Vêtements.
    2e — Lingerie. — Corsets. — Modes.
    3e — Chaussures et formes.
    4e — Ganterie.
    5e — Chapellerie.
    6e — Objets de voyage. — Parapluies. — Gainerie. — Portefeuilles.
    7e — Dentelles et broderies.
    8e — Passementerie. — Accessoires de confection.
    9e — Fleurs artificielles.
    10e — Objets en cheveux.
    11e — Objets de toilette.
    12e — Jouets d'enfants. — Articles de fantaisie. — Vannerie fine.
    13e — Objets à l'usage des fumeurs.
    14e — Brosserie. — Vannerie.

XXVI. *Dessin industriel. — Imprimerie. — Photographie. — Reliure.*

    1re Section. Dessin industriel. — Calligraphie.
    2e — Librairie. — Imprimerie. — Lithographie. — Chromolithographie et gravure.
    3e — Cartonnages et reliure. — Cartes à jouer.
    4e — Fournitures de bureau.
    5e — Photographie. — Peinture. — Articles pour ateliers de peinture.

XXVII. *Instruments de musique.*

    1re Section. Pianos. — Orgues.
    2e — Instruments à cordes et à archet.
    3e — Instruments en cuivre et en bois.

XXVIII. *Philologie.* (Section unique.)

VI

Voici le règlement pour cette XIe Exposition qui a été délibéré en Comité d'administration de la Société Philomathique, le 25 janvier, et adopté :

Article premier. — La XIe Exposition de la Société Philomathique de Bordeaux est placée sous le patronage du Conseil Général de la Gironde, du Conseil Municipal et de la Chambre de Commerce de Bordeaux.

Art. 2. — Les produits de l'agriculture, de l'industrie et des arts industriels, provenant de la France, de l'Algérie, des Colonies françaises, seront admis à cette Exposition.

Les produits de l'Espagne et du Portugal y seront également admis.

Art. 3. — L'Exposition sera ouverte le 1er juillet 1865 et aura une durée de trois mois environ.

Art. 4. — Les produits destinés à cette Exposition devront être rendus à destination avant le 15 juin prochain.

Art. 5. — Ils devront être accompagnés d'une note indiquant les noms, prénoms ou raisons sociales des exposants, leur domicile; le siège de l'établissement et la date de sa fondation; la nature et le nombre des objets à exposer; leur prix et les éléments d'une autre fabrication qui entrent dans leur composition; si ces objets sont de fabrication courante ou exceptionnelle; l'importance de la production annuelle; le nombre et le sexe des ouvriers employés, soit dans l'établissement, soit au dehors; le taux des salaires; les conditions hygiéniques du travail; la surface demandée (hauteur, largeur et longueur); les brevets dont les exposants sont possesseurs; enfin, les récompenses déjà obtenues. A cet effet, des imprimés indiquant les renseignements à fournir seront mis à la disposition des industriels.

Art. 6. — Les exposants domiciliés hors de Bordeaux devront faire certifier l'exactitude de leurs renseignements par le maire du lieu de fabrication, et désigner un correspondant à Bordeaux.

Art. 7. — Une Commission statuera sur les demandes d'admission, et les exposants ne devront envoyer leurs produits qu'après avis d'acceptation. Les colis devront être adressés en port payé. — La Société Philomathique fera tous ses efforts pour obtenir des lignes de chemin de fer des réductions sur le prix des transports.

Art. 8. — Les objets envoyés seront inscrits à leur arrivée sur un registre spécial, et il en sera délivré récépissé. Chaque article portera un numéro d'ordre et mentionnera les noms de l'exposant, sa profession, son domicile, le lieu de production et le nom du mandataire à Bordeaux.

Art. 9. — Les exposants qui voudront indiquer les prix de leurs produits seront tenus de vendre aux visiteurs aux prix indiqués, sous peine d'être exclus de l'Exposition. Chaque objet vendu ne pourra être enlevé qu'avec l'assentiment du Comité d'administration.

Art. 10. — Les produits corrosifs, les matières facilement inflammables, ou tous autres objets d'une nature dangereuse, ne seront admis qu'à la charge par les exposants de se conformer aux mesures de sûreté qui seront prescrites.

Art. 11. — La Société Philomathique prendra les mesures nécessaires pour garantir les objets exposés de toute avarie et pour qu'une surveillance active soit exercée; mais elle ne sera en aucune façon responsable des incendies, accidents, dégâts, détournements ou dommages, quels qu'ils soient, dont ces objets pourraient avoir à souffrir.

Art. 12. — Après la clôture, l'exposant ou son représentant à Bordeaux devra immédiatement enlever les objets exposés.

Art. 13. — Le Jury d'examen sera composé de 60 membres, et sera choisi parmi les représentants les plus distingués des sciences, des arts et de l'industrie, soit à Paris, soit dans les départements.

Art. 14. — Le Jury a toujours le droit d'exclure du concours les objets à l'occasion desquels il découvrirait que sa bonne foi aura été trompée.

Art. 15. — Le Jury appréciera la part que les ouvriers peuvent avoir dans les progrès constatés. Ces ouvriers seront compris, s'il y a lieu, dans la distribution des récompenses.

Art. 16. — Les récompenses décernées par la Société Philomathique consisteront en diplômes d'honneur, en médailles d'or, d'argent, de bronze, et en mentions honorables.

Le titre de membre honoraire de la Société pourra être aussi conféré par l'Assemblée générale, sur la proposition du Comité.

Art. 17. — La séance de distribution des récompenses aura lieu immédiatement après la clôture de l'Exposition. La plus grande publicité sera donnée au programme des récompenses.

VII

L'ouverture de l'Exposition avait été annoncée pour le 1er juillet; mais ainsi que malheureusement il arrive presque toujours, l'installation était à peine commencée ce jour-là, et l'ouverture dut être retardée.

La séance solennelle d'inauguration eut lieu enfin le samedi 15 juillet, à deux heures de l'après-midi.

Une foule considérable se pressait déjà dans les galeries, ornées de drapeaux aux couleurs nationales mêlées aux couleurs de l'Espagne et du Portugal, lorsqu'arriva M. de Forcade La Roquette, vice-président du Conseil d'Etat, désigné pour présider la cérémonie d'inauguration.

M. de Forcade prit aussitôt place au fauteuil de la présidence, ayant à ses côtés : M. Emile Fourcand, président de la Société Philomathique; M. le général de division sénateur Daumas; M. le comte de Bouville, préfet de la Gironde; M. Brochon, maire de Bordeaux; M. Lancelin, vice-président; M. Lussaud, secrétaire-général, et MM. les membres du Comité d'administration de la Société. On remarquait encore aux places d'honneur : MM. le premier président de la Cour impériale, Raoul Duval; le procureur général Du Beux, le général Piétrequin de Prangey, le recteur de l'Académie, A. de

Wailly; le président de la Chambre de commerce, Basse; les consuls d'Espagne et de Portugal, les membres du Conseil municipal de Bordeaux, et un grand nombre d'autres notabilités.

M. Fourcand prit le premier la parole dans ces termes :

« Monsieur le Président,

» En vous invitant à occuper ce fauteuil et à ouvrir solennellement la XIe Exposition de la Société Philomathique, le Président de cette Société manquerait à son premier devoir s'il ne vous remerciait tout d'abord, devant cette nombreuse assemblée, de votre haute et bienveillante intervention.

» Son Exc. M. le Ministre de l'agriculture, du commerce et des travaux publics nous exprimait naguère, dans les termes les plus flatteurs pour notre Compagnie, ses regrets de ne pouvoir assister lui-même à cette solennité. Il ne pouvait être remplacé par un homme plus capable d'apprécier nos efforts, de rendre justice aux progrès de nos industriels, ni plus intimement lié que vous, Monsieur le Président, par votre haute position, vos intérêts et vos affections à la prospérité de nos belles contrées.

» Les paroles si encourageantes de Son Exc. M. le Ministre de l'agriculture, du commerce et des travaux publics, et surtout votre présence au milieu de nous, attestent hautement les sentiments du gouvernement de l'Empereur en faveur de toute institution qui, comme la nôtre, accomplit avec persévérance, depuis plus d'un demi-siècle, un but noble et désintéressé.

» L'Empereur a compris que le temps des monopoles et des priviléges était passé sans retour; que la France, si fière sur le champ de bataille, n'avait pas à redouter la lutte ni la concurrence étrangère dans le champ pacifique de l'industrie, et il a, par un traité mémorable, favorisé l'établissement de la liberté commerciale. En réalisant une promesse faite aux premiers magistrats du département de la Gironde et de la ville de Bordeaux, et en exauçant le vœu de la Société Philomathique, l'Empereur voudra bien, nous en conservons l'espoir, s'assurer lui-même, dans une auguste visite et au milieu de ce vaste concours de toutes nos industries nationales, des heureux résultats déjà accomplis.

» Cette XIe Exposition n'est, Monsieur le Président, que la continuation du programme fondamental de notre institution. Veuillez en ordonner l'ouverture, et permettre ainsi à la Société Philomathique d'affirmer, une fois de plus, ses titres au concours bienveillant que lui accordent l'État, le département et la cité. Elle accepte et comprend ainsi cette solidarité patriotique qui unit tous les cœurs généreux et guide les grandes cités vers un même but : la prospérité du commerce, l'avancement de l'industrie nationale et la splendeur de la patrie commune. »

M. de Forcade La Roquette répondit au Président de la Société Philomathique par le discours suivant :

« MESSIEURS,

» Je suis trop sensible à l'honneur que vous avez bien voulu me faire en m'appelant à présider cette séance d'ouverture de votre Exposition, pour ne pas vous adresser d'abord mes remerciements. Je voudrais pouvoir vous entretenir d'une manière complète et digne de vous des richesses, dirai-je des chefs-d'œuvre, qui nous entourent; mais vous voudrez bien vous rappeler qu'à peine arrivé dans la Gironde, à peine dégagé des devoirs publics qui me retenaient loin de Bordeaux, j'ai eu trop peu de loisir pour préparer ce discours, qui sera presque une improvisation. Je n'ambitionnais de rôle au milieu de vous que celui d'un témoin attentif de cette solennité industrielle. Vous m'en avez offert un autre plus important, mais plus difficile. Je n'ai pas dû le décliner parce qu'il m'offrait une occasion d'entrer en relation plus directe avec les représentants les plus éminents du commerce, de l'agriculture et de l'industrie bordelaise.

» Les Expositions étaient encore, il y a quelques années, des solennités exceptionnelles; elles sont devenues aujourd'hui les manifestations périodiques des progrès accomplis dans l'agriculture, les arts et l'industrie. Depuis longtemps, la Société Philomathique a eu le mérite et l'honneur de populariser à Bordeaux ces concours pacifiques. Le conseil général de la Gironde, qui compte parmi ses membres plusieurs anciens présidents de la Société, le Conseil municipal et la Chambre de Commerce de Bordeaux se sont fait un devoir d'encourager cette initiative d'une association particulière qui poursuit avec succès une noble tâche, celle d'entretenir un foyer d'instruction et de lumière dans cette ville, qui est comme l'avant-garde de la France sur l'Océan et les Pyrénées.

» Dix Expositions ont précédé celle que nous inaugurons aujourd'hui; mais cette année, pour la première fois, l'Exposition qui s'ouvre à Bordeaux prend le caractère et la proportion d'une Exposition internationale. Les produits de l'Espagne et du Portugal y figurent à côté de ceux de la France. Barcelonne, Madrid et Lisbonne peuvent rivaliser avec Lyon, Bordeaux et Paris.

» Cette rivalité n'est pas nouvelle entre des nations que rapproche la communauté des origines et des souvenirs. Elle s'est produite dans les œuvres de la pensée avant de se montrer, comme aujourd'hui, dans les œuvres de l'industrie. C'est à la littérature espagnole que Corneille empruntait son premier chef-d'œuvre; c'est en Espagne que Lesage et Beaumarchais allaient chercher les types immortels de Gil-Blas et de Figaro. Les nations qui ont donné au monde Cervantes et Camoëns recevront une hospitalité cordiale et peuvent accepter une lutte courtoise dans la ville qui a compté parmi ses citoyens et ses magistrats Montaigne et Montesquieu.

» Le jury de cette Exposition, malgré le mérite éminent des membres qui le composent, éprouverait peut-être quelque embarras s'il avait à décerner la palme du concours à l'auteur de *Don Quichotte* ou à l'auteur des *Lettres persanes*. Ne lui demandons pas de prononcer ce jugement difficile. Sa tâche s'applique à d'autres œuvres plus modestes, sans doute, mais bien dignes également de toute votre attention.

» Le caractère international de l'Exposition devait naturellement attirer des concurrents plus nombreux que dans les Expositions précédentes. Ce nombre s'élève en effet à plus de 2,000. Si vous voulez bien vous rappeler que 600 exposants seulement se présentaient en 1854, 1,400 en 1859, vous pourrez mesurer la faveur croissante qui s'attache à ces concours de l'industrie et le développement qu'ils acquièrent. Mais que sont ces points de comparaison lorsqu'on remonte plus haut dans le passé? La première Exposition qui eut lieu à Paris en l'an VI ne réunissait que 110 concurrents, et la seconde Exposition, ouverte en l'an IX par le Premier Consul, au lendemain de Marengo, n'en comptait encore que 220.

» Les chemins de fer et les traités de commerce ont rendu plus faciles en 1865 les Expositions internationales que ne l'étaient, il y a soixante ans, les Expositions renfermées dans les limites de quelques départements. Faut-il donc se plaindre de ces tendances nouvelles vers la concurrence des industries et la liberté des échanges? Faut-il regretter ce travail de fusion qui s'opère dans la société européenne?... Assez de préjugés et de passions divisent encore les peuples : ne craignons pas d'encourager ce qui les rapproche. Favorisons ces Expositions internationales, qui ne provoquent d'autres rivalités que des rivalités utiles, d'autres luttes que des luttes pacifiques où les vainqueurs et les vaincus s'enrichissent au lieu de se dépouiller, où les uns profitent par l'exemple et les autres par le succès.

» N'est-il pas vrai, d'ailleurs, qu'en multipliant les éléments de comparaison, on étend le domaine de l'industrie? L'originalité ne perd rien à l'étude, et l'œuvre nationale peut gagner quelque chose à l'imitation étrangère. Le fabricant habile n'a-t-il pas le droit de dire comme le poète : « Je prends mon bien où je le trouve? » Il n'en conservera pas moins, soyez-en sûrs, cette supériorité de goût et cette perfection du travail qui distinguent l'industrie française.

» L'étude des principes, l'observation des faits, la comparaison des modèles, qu'ils appartiennent à l'antiquité ou aux temps modernes, qu'ils aient paru en-deçà ou au-delà des Pyrénées, voilà les conditions éternelles du progrès dans l'industrie aussi bien que dans la science et dans l'art. Vous avez depuis longtemps compris ces vérités, Messieurs, et la Société Philomathique, par les cours publics qu'elle ouvre aux contre-maîtres et aux ouvriers adultes, par le patronage éclairé de ses membres honoraires, par le mérite de ses professeurs, enfin par le succès de ses Expositions, a contribué à répandre dans le midi de la France l'application des meilleures méthodes et la supériorité de l'enseignement professionnel. C'est un hommage que vous avez déjà reçu et qu'on serait bien mal venu assurément à vous contester aujourd'hui.

» Peut-être la Société Philomathique a-t-elle voulu également, par son organisation, ses efforts et ses travaux, protester contre un reproche qui a été quelquefois adressé à la ville de Bordeaux. On vante son commerce, on admire la beauté de la ville, la fécondité du territoire qui l'environne, ce grand fleuve qui la traverse et reçoit pour les répandre dans le monde le tribut de tant de richesse, mais on ajoute que Bordeaux n'a pas su, par le développement de son industrie, se créer des éléments nouveaux de prospérité. Si cette critique, que je crois mal fondée, pouvait stimuler la généreuse émulation de nos fabricants, de nos industriels et de nos négociants, j'aimerais mieux l'accepter que la combattre. L'Exposition actuelle contribuera du moins à mieux faire connaître l'industrie bordelaise, ses conditions naturelles et ses aptitudes spéciales.

» Bordeaux n'est pas une ville de fabrique comme Rouen,

Lille, Saint-Étienne ou Lyon. Elle ne concentre pas son activité sur certaines fabrications spéciales, comme la métallurgie ou les industries textiles. Son industrie est celle d'une ville de luxe et de commerce; elle rappelle sous bien des rapports les produits variés de l'industrie parisienne.

» Les Expositions précédentes ont constaté ses progrès dans la fabrication des meubles, de la carrosserie, des porcelaines. Les articles de mode, les fleurs artificielles, la confection de la lingerie et des vêtements, la chapellerie, la passementerie y jouissent d'une réputation méritée. Son commerce extérieur s'alimente par la préparation des graines oléagineuses, des résines, des riz, des conserves alimentaires; j'espère qu'on pourra ajouter bientôt par le travail de ses raffineries de sucre; mais, sous ce rapport, elle a encore beaucoup à faire pour engager une concurrence sérieuse avec Nantes et Marseille.

» L'industrie des constructions navales soutient avec succès, au milieu des transformations de la marine et des progrès de la navigation, l'honneur de ce grand port. Quelques-uns de nos constructeurs ont acquis une réputation européenne. Non-seulement ils peuvent soutenir la concurrence avec leurs rivaux de France, mais les commandes qu'ils reçoivent de l'étranger montrent qu'ils peuvent également marcher de pair avec les constructeurs renommés de l'Angleterre.

» Dans l'industrie des constructions civiles, Bordeaux a peu de chose à envier aux plus belles capitales. Pour s'en convaincre, il suffit de parcourir la ville, d'observer ses monuments, ses hôtels particuliers, l'ordonnance magistrale de ses rues, de ses quais, de ses places. Le grand architecte qui a construit le Théâtre, ceux qui ont donné les dessins de la Bourse et du quai de Bourgogne, n'ont pas seulement laissé d'admirables modèles, ils ont créé une école et formé de dignes successeurs. Les grands travaux qui s'exécutent en ce moment à Bordeaux leur fourniront une occasion nouvelle de maintenir, en satisfaisant à des besoins nouveaux, les belles traditions du passé.

» Mais la branche la plus importante de l'industrie bordelaise se lie étroitement à la production agricole. Je n'ai pas besoin de faire ici l'énumération de ces vins précieux qui font la célébrité de la Gironde. Son sol est privilégié sans doute; mais l'industrie de ses produits? C'est un art de faire le vin, c'est un art de le conserver, de le conduire à la perfection en lui prodiguant des soins délicats et minutieux qui se prolongent pendant plusieurs années.

» Dans nos campagnes, les paysans sont à la fois cultivateurs pour travailler la vigne, artisans pour préparer le vin et fabriquer les barriques. Dans la ville, le maître de chai et les tonneliers habiles acquièrent, pour apprécier les qualités des vins, une délicatesse et une sûreté de goût que pourraient leur envier les opulents consommateurs de ces produits renommés.

» Je m'arrête, Messieurs, bien que j'aie passé sous silence plus d'une industrie intéressante; mais j'espère avoir suffisamment montré que Bordeaux pouvait revendiquer une place élevée dans l'industrie française.

» En commençant ce discours, je vous disais que les Expositions internationales rapprochent les peuples; laissez-moi vous dire également qu'elles favorisent l'union si nécessaire du fabricant et de l'ouvrier, du propriétaire et du cultivateur, de tous ceux, en un mot, qui concourent par leurs capitaux, par leur intelligence et par leur travail, à la création des richesses. En présence de la concurrence rendue plus sensible par la perfection et la variété des produits qui figurent dans les Expositions, l'ouvrier apprécie mieux le rôle du fabricant; il reconnaît en lui un guide nécessaire, un chef habile et expérimenté.

» Le produit perfectionné qui sort de la manufacture, de la ferme ou de l'atelier, lui apparaît alors comme une œuvre commune à laquelle chacun a apporté sa part d'intelligence, de dévouement et de labeur. L'ouvrier, ce courageux champion de l'industrie, partage les émotions de la lutte, et, comme le soldat le soir de la bataille, il salue le général qui a dirigé la manœuvre et préparé la victoire. Et vous, Messieurs, qui occupez le premier rang parmi les producteurs de cette grande cité, ne ressentez-vous pas pour vos chefs d'ateliers, et pour tous les ouvriers associés à vos travaux, une sympathie plus vive lorsque vous recevez les récompenses dues à une collaboration utile et dévouée ?

» Ainsi se resserrent les liens qui font les industries prospères et les sociétés tranquilles; ainsi se consolident, dans la grande famille industrielle et agricole, les rapports bienveillants et les muettes sympathies. Heureux ceux qui inspirent ces sentiments! Heureux ceux qui les partagent! Ils anoblissent la vie de l'atelier et forment les bons travailleurs en même temps que les bons citoyens.

» La dernière Exposition qui a eu lieu à Bordeaux en 1859, a reçu la visite de l'Empereur et de l'Impératrice. Ce souvenir, si précieux pour vous, n'est pas seulement un titre d'honneur, c'est un encouragement et une espérance. L'Empereur, qui aime l'initiative et les idées fécondes, vous saura gré d'avoir propagé dans les départements du Midi le principe des Expositions internationales et d'avoir compris le rôle de Bordeaux, qui, placé entre Paris et Madrid, doit être le trait d'union de la France et de l'Espagne, et s'élever au rang de ces métropoles commerciales qui, comme autrefois Venise, comme aujourd'hui Liverpool, transportent au-delà des mers les richesses, l'influence et les idées de la patrie. »

Après ces paroles, l'Exposition fut déclarée ouverte.

VIII

Après avoir donné la classification réglementaire des produits et une description complète des bâtiments, le *Guide* doit, pour mériter son titre, indiquer avec toute la précision possible la destination qu'a reçue chaque galerie de l'Exposition, ou, en d'autres termes, faire connaître au visiteur les principaux genres de produits qu'il rencontrera dans chaque galerie.

Nous aurions voulu pouvoir établir, d'une manière stricte, une concordance entre les diverses salles et les Sections et les Classes de produits fixées officiellement ; mais il n'a pas été suivi dans le classement des objets exposés un ordre très rigoureux, et cette concordance est impossible à établir.

Nous pensons cependant que, tout approximatives qu'elles soient, les indications qui suivent pourront avoir pour le visiteur de l'Exposition une réelle utilité.

En entrant dans l'Exposition par la porte du grand pavillon central, on rencontre tout d'abord une galerie étroite et peu éclairée, parallèle à la façade principale. Cette galerie est occupée par la sparterie, les appareils de pêche, les terres cuites, les imitations de marbre, des spécimens de constructions navales, des oiseaux empaillés, etc., etc.

En face du visiteur s'ouvre la grande galerie du milieu. C'est ici qu'ont été principalement groupés les produits de luxe : verrerie, fruits imités, arquebuserie, bronzes d'art, horlogerie, bijouterie, faïence, porcelaines, appareils d'éclairage, cordonnerie fine, cartonnages, ornements d'église, tabletterie, fleurs artificielles, gainerie, parapluies, instruments de musique en cuivre, librairie, imagerie, papeterie, billards, instruments d'optique, etc., etc.

Dans la nef latérale, à droite, ou nef du sud, on rencontre les machines à coudre, la taillanderie, de magnifiques vitrines contenant des draps d'Elbeuf et de

Louviers et des soieries de Lyon, la chapellerie, la lingerie, les confections pour dames, et plus loin, la literie, les sommiers, la quincaillerie, les coffres-forts, etc., etc.

A l'entrée de la nef de gauche ou nef du nord, se trouve un compartiment réservé aux colonies françaises : d'un côté les produits de l'Algérie, et de l'autre les produits des Antilles et de Bourbon.

Quant à la nef de gauche elle-même, elle est entièrement occupée par les substances alimentaires, les vins, les spiritueux, les essences et les produits résineux et chimiques.

Le transsept, qui est coupé par le bassin autour duquel affluent toujours les promeneurs, est orné d'instruments et de produits de la photographie, de bronzes industriels, de marbres, de sculptures sur pierre, etc.

L'estrade élevée à l'extrémité de ces trois nefs n'est aussi garnie que de produits de luxe, tapis, glaces, meubles, pianos, étoffes pour tenture, broderies, dentelles, etc., etc.

Si l'on sort du corps principal de l'édifice par la porte qui est au pied de l'estrade du côté nord, on pénètre dans un petit passage qui conduit à la grande annexe du nord. Dans ce passage sont exposés les produits de l'école de stéréotomie de Bordeaux et des briques.

L'annexe du nord est consacrée à l'agriculture; elle renferme un très grand nombre de machines agricoles et d'objets destinés au travail des champs, des pressoirs, des appareils de chauffage, de distillation et d'évaporation, la chaudronnerie, etc., etc.

Dans la cour qui s'étend entre cette annexe et les grandes galeries, ainsi que dans l'allée située derrière l'annexe, on ne trouve guère que des instruments d'agriculture, charrues et autres, et des objets de tonnellerie.

L'annexe qui s'étend le long du quai est tout entière occupée par la carosserie et renferme 70 voitures.

Autour de cette annexe on remarque des meules, des produits réfractaires, des blocs de charbon, une roue Poncelet, une grande pompe, etc., etc.

Près du quai aussi, et à l'extrémité de l'annexe du sud, M. Dietz a établi une machine à haute pression, à détente et condensation d'une force de quarante chevaux. Cette machine est destinée à mettre en mouvement les machines des autres exposants, qui remplissent l'annexe sud.

Dans le passage qui relie cette annexe aux grandes galeries, figurent les aciers et les machines au repos.

Dans la cour formée par cette même annexe et le corps de bâtiment principal, se trouvent plusieurs pièces de canon, des appareils d'équipement, etc., etc.

Enfin dans l'allée située derrière l'annexe sud, ont été déposées des locomobiles, des clôtures, des constructions en bois et diverses machines.

Telle est sommairement la distribution des produits dans les bâtiments de l'Exposition.

—

En présence d'une aussi riche réunion des produits de l'industrie que celle qui a été formée par les soins de la Société Philomathique, il est intéressant de connaître dans quelle proportion y figurent les diverses contrées appelées à y prendre part.

L'industrie qui est le plus largement représentée sur les Quinconces, est, comme c'était juste et naturel, l'industrie de la ville de Bordeaux. Les expositions provinciales ne peuvent jamais prétendre à offrir un ensemble parfait des produits de l'industrie française, mais elles doivent avoir la légitime ambition de faire connaître, d'une manière aussi complète que possible, les richesses des centres où elles s'organisent. Sans pouvoir se flatter d'atteindre entièrement son but en ce point, et tout en laissant regretter l'absence de quelques grandes maisons, la onzième Exposition de la Société Philomathique renferme cependant une collection très variée, très importante, très belle souvent, des produits de l'industrie locale : le nombre des exposants de Bordeaux est de 608.

Les autres parties du département de la Gironde ont fourni 108 exposants.

Parmi les départements limitrophes, celui d'où sont venus le plus grand nombre d'exposants est le Lot-et-Garonne, qui en compte 38. Viennent ensuite : la Charente, avec 34 exposants; la Charente-Inférieure et la Dordogne, avec 30 exposants chacune; les Landes, avec 23 exposants.

Les autres départements français, moins celui de la Seine, ont envoyé en tout 520 exposants.

A elle seule, la ville de Paris est représentée par un nombre d'industriels presque égal à celui des exposants des départements : elle figure pour 437 exposants. Cet empressement de l'industrie parisienne à profiter des occasions d'exhiber ses produits se constate d'ailleurs dans toutes les expositions.

On sait que la Société Philomathique a décidé que sa onzième exposition admettrait les envois du Portugal et de l'Espagne ; mais nos voisins ont peu répondu à cet appel.

Le Portugal est représenté à Bordeaux d'une manière insignifiante : par 2 exposants seulement.

L'Espagne en compte 34.

Notons que de Belgique sont venus aussi deux exposants, et un de la Hesse-Électorale.

Les colonies françaises, avec qui le commerce de Bordeaux entretient de continuelles relations, et qui avaient été invitées à prendre part à l'Exposition, sont assez dignement représentées sous le rapport de leurs richesses agricoles.

Les Antilles, qu'il faut ici placer en première ligne, ont envoyé 51 exposants.

La Réunion en a envoyé 4 ; la Guyane 2, et Pondichéry 1.

L'Exposition permanente des colonies à Paris a bien voulu, en même temps, prêter quelques-unes de ses richesses à l'Exposition de Bordeaux.

L'Algérie a envoyé, de son côté, 34 exposants ; mais c'est surtout aussi grâce au concours de l'Exposition permanente de l'Algérie à Paris que s'est organisée cette partie de l'exhibition bordelaise.

QUATRIÈME PARTIE.

DESCRIPTION

DE L'EXPOSITION GÉNÉRALE

DES PRODUITS DE L'AGRICULTURE, DE L'INDUSTRIE ET DES ARTS INDUSTRIELS.

On a expliqué dans la préface l'ordre qui a été suivi pour cette description, et qui n'est autre que l'ordre même de la Classification adoptée par la Société Philomathique. Les numéros placés entre parenthèses après le nom de chaque exposant, sont les numéros d'ordre inscrits sur les objets exposés; c'est par leur moyen qu'on peut retrouver dans les galeries de l'Exposition les objets que l'on cherche.

Une liste, par ordre alphabétique, des noms des exposants, que l'on trouvera après la cinquième Partie, à la page 279, est destinée à guider encore le lecteur dans ses recherches. Le chiffre, placé en regard du nom de chaque exposant, renvoie à la page du *Guide* où il est fait mention de cet exposant.

Si quelques noms propres n'étaient pas écrits selon leur orthographe habituelle, nous réclamerions l'indulgence du lecteur pour des erreurs qui peuvent bien facilement échapper dans un travail de cette nature, et qui, la plupart du temps d'ailleurs, ne seraient pas de notre fait.

Iʳᵉ CLASSE.

Métallurgie et Minéralogie.

51 EXPOSANTS.

Section unique.

Minéralogie. — Fonte et fer. — Cuivre et bronze. — Étain et zinc.

Il semble que par la position de Bordeaux, presque au pied des Pyrénées, les produits minéraux devraient être représentés à l'Exposition en nombre considérable; il est loin cependant d'en être ainsi, et c'est de l'Espagne que sont venues, pour la plus grande partie, les richesses de cette catégorie.

La Société des mines de San Raphaël, dirigée par M. *Gracian Garros* (315), a envoyé des échantillons de plomb argentifère, cuivre, zinc, houille, etc.

MM. *Richard et Cⁱᵉ* (1573), de Pera (Espagne), ont envoyé aussi du minerai de zinc, plomb et fer.

Du minerai d'antimoine originaire d'Espagne a été exposé par des négociants de Bordeaux, M. *Vasquez* (1698) et MM. *Duclou et Larégénie* (1751).

D'autres échantillons d'antimoine et de beaux échantillons de cuivre, bismuth, calamine, manganèse, etc., ont été exposés par un propriétaire de mines à Santander, M. *Louis Rallier* (1927).

Enfin, la Compagnie des Asphaltes de Maestio (Espagne), représentée par M. *Boivin* (634), exhibe de remarquables produits asphaltiques.

Parmi les produits minéraux de la France, on remarquera en première ligne un énorme bloc de houille expédié par la *Compagnie houillère de l'Aveyron* (383), et de beaux blocs de houille du Gers, exposés par M. *Pozzi* (604). Trois qualités de charbon pour la consommation, dont nous ne connaissons pas l'origine, ont été envoyés par MM. *Lhuilier* et Cie (1666), de Marseille.

Les riches mines de soufre d'Apt (Vaucluse), *Lajarrige* et Cie (573), exposent leurs produits en blocs et en morceaux.

MM. *Lambey* et Cie (350) montrent des minerais de plomb argentifère, de manganèse et de zinc de la Haute-Garonne; — la Compagnie des Mines de Carmaux (Tarn), *Thomas* (679), son coke métallurgique; — MM. *Sénéchal* et *Liénard* (1208), la poudre métallurgique et la mine de plomb, qu'ils fabriquent à Lille.

Des Basses-Pyrénées nous avons cinq sortes de sel, provenant de la saline de Salies-de-Béarn, dirigée par M. *Pécaut* (159), et du kaolin argile pour obtenir la porcelaine, exposé par M. *Diharce* (1930).

Au milieu de ces divers produits de notre pays ou des contrées voisines, figurent des quartz aurifères, envoyés par un exploiteur d'or de la Guyanne française, M. *Carnavant* (1921).

—

Dans l'industrie de la fonte et du fer, Bordeaux n'occupe point une place supérieure; nous devons cependant signaler tout d'abord à l'attention les envois de quelques ateliers importants de notre ville.

M. *Daney*, qui a construit le pont du chemin de fer sur l'Adour, à Bayonne, a eu l'heureuse idée d'exposer le modèle de ce remarquable travail, ainsi que les appareils d'exécution qu'il a employés (1581). Des mêmes ateliers sortent plusieurs statuettes en bronze et une reproduction de statue faite d'une seule pièce (1582).

M. *Dubarry* (1193) met sous les yeux du public une intéressante collection de métaux fondus ; — MM. *A. Léon* et Cⁱᵉ, maîtres de forges (1977), des échantillons de fonte, — et M. *Faugère-Craton* (1329), du fil de fer galvanisé.

Ce sont tous les envois de l'industrie bordelaise en ce genre.

La Dordogne, représentée par MM. *Félix Dussaq* et Cⁱᵉ (831), maîtres de forges à Coly, a envoyé des fers en barres et en bottes et des rouleaux de fils de fer.

De Bayonne, M. *Tajan* (846) a expédié quatre feuilles de tôle perforée.

De Nantes, MM. *Bauquin* frères et *Maufra* (627), ont envoyé des échantillons de fontes trempées en coquille.

On remarque aussi, provenant de la même ville, une cloche fondue par M. *Astier* (869).

Une autre cloche vient de Marseille, de la fonderie de M. *Toussaint Maurel* (1122).

La Société métallurgique de la Vienne, directeur M. *Le Brun-Virloy* (1037), a exposé diverses espèces de fontes brutes.

Trois fondeurs de l'ancienne Lorraine : MM. *Colas*

frères (191), — MM. *Corneau* frères (1556), — et M. *Roussel* (321), ont exposé diverses pièces en fonte moulée, — ainsi qu'un fondeur de Lyon, M. *Villard* (249), dont la collection est remarquable.

Tous les autres exposants français, appartiennent ensuite à l'industrie parisienne ; ce sont : M. *Dupuch* (140), qui a envoyé de la fonte brute ; — MM. *Pinard* et Cie (996), qui montrent de jolies fontes moulées ; — MM. *Gandillot* et Cie (879), qui exhibent des tubes et raccords en fer, dignes d'être signalés pour leur commodité ; — M. *Frédéric Weil* (430), qui a une si nombreuse et si remarquable collection d'objets d'art et d'industrie ; — M. *Masbon* (1384), qui présente plusieurs pièces intéressantes ; — et enfin M. *Durenne* (1110), dont l'exposition considérable et riche en statues, vases et coupes, attire tous les yeux sous le transsept de gauche et soutient l'ancienne renommée de cette maison.

L'Espagne est dignement représentée dans cette catégorie par la Compagnie houillère et métallurgique des Asturies, directeur M. *Marteville* (715), qui a envoyé une riche collection de fontes moulées, de fers laminés et d'aciers.

Un maître de forges de Belgique, qui semble s'être égaré jusqu'ici, M. *de Lexhy-Géradon* (278), a exposé d'excellentes tôles.

—

Pour le travail du cuivre, c'est encore M. *Daney* (1581) qui représente l'industrie bordelaise par des tubes supérieurement fabriqués. — Ajoutons à son nom celui de MM. *Bassié* et fils (731), qui ont exposé plusieurs robinets bien exécutés et diverses pièces de machines en bronze et en cuivre.

MM. *Clavières* et *Lambey* (351), de Saint-Mamet (Haute-Garonne), ont exposé des fourneaux condensateurs des gaz métallifères; — MM. *Hartaux* et *Trouillet* (347 et 1935), d'Angers, des chaudrons et des robinets; — M. *Thuilier* (737), de Châlons-sur-Marne, des robinets à deux orifices; — MM. *Estivant* frères (1183), de Givet (Ardennes), des tubes rouges en laiton battu, sans soudure; — MM. *Bauquin* frères et *Maufra* (627), de Nantes, que nous avons déjà nommés, — et MM. *Estivant* et Cie (1084), de Paris, des clous en cuivre; — enfin, MM. *Douenne* et fils (1099), de Lyon, divers appareils pour vapeur du même métal.

Pour en terminer avec cette classe, qui, malgré sa spécialité, offre un grand intérêt, signalons les feuilles de cuivre, de zinc et de bronze de MM. *Oeschger-Mesdach* et Cie (261) et la magnifique feuille en étain coulée d'un seul jet, de 6 m. 50 de long sur 2 m. 50 de large, exposée par MM. *Masson* (235), de Paris, et placée au fond de la grande galerie.

IIe CLASSE.

Meunerie.

14 EXPOSANTS.

Section unique.

Meules. — Appareils de meunerie.

Bien que la meunerie soit une des industries les plus importantes du département de la Gironde, les fabricants d'appareils se rattachant à cette industrie sont peu nombreux à l'Exposition.

MM. *Chaperon, Perrigault et Cie* (480), de Libourne, ont envoyé deux excellentes meules fabriquées avec les pierres tirées du gisement de Domme, en Périgord. — De la Dordogne sont venus trois autres fabricants de meules : M. *Pauly* (414), de Mouleydier; M. *Lespinasse* (809), de Bergerac, et M. *Delpérier* (1177), de Saint-Aubin-d'Issigeac. — Ces quatre exposants n'ont pour concurrents directs que M. *Mesnet* (169), de Cinq-Mars-la-Pile (Indre-et-Loire), et M. *Gaillard* (160), de Mourrette (Seine-et-Marne).

Un mécanicien des provinces basques, M. *Fossey* (628), a exposé un beffroi assez curieux, composé de quatre paires de meules. — Un moulin à deux paires de meules de 1 mètre, et un autre moulin avec une paire de meules de 0ᵐ50, ont été envoyés par MM. *Brisson, Fauchon et Cie* (1353), d'Orléans.

Bordeaux a fourni quelques appareils de meunerie : l'ingénieux sasseur mécanique avec sa caisse, de

M. *Cabanes* (1697); — les tamis et cribles pour blutoir, de M. *Gayrin* (1295); — le sasseur mécanique auquel M. *Maugas* (1972), de Langon, a donné son nom; le moulin à bras, de M. *Grugé* (1733), de Bègles.

Nous signalerons ensuite très particulièrement à l'attention des visiteurs la machine à laver et sécher instantanément le blé, de M. *Cardailhac* (400), de Toulouse, — et surtout le séchoir avec hygroscope, décilitre, calcinateur et tamis, de M. *Imbaud* aîné (1558), de Valréas (Vaucluse).

IIIe CLASSE.
Agriculture.

221 EXPOSANTS.

Par le nombre des exposants, on peut prévoir que cette classe est une des plus intéressantes de l'Exposition, et, en effet, elle offre plusieurs lots nouveaux et dignes de remarque. Son importance dit assez combien les pensées sont tournées dans notre pays vers l'amélioration de l'agriculture.

Ire SECTION.
Législation agricole. — Ouvrages sur l'agriculture. — Plans de jardins.

7 EXPOSANTS.

M. *Leroy* (20), de Nantes, rédacteur de la *Revue agricole illustrée*; — M. *Gouguel* (1838), d'Angoulême, rédacteur du *Cultivateur charentais*, — et M. *de Lamothe* (1503), de Périgueux, ont soumis à la Société Philomathique diverses publications.

M. *Louis* (1251), jardinier à Bordeaux; — M. *Cassin* (1337), de Libourne; — M. *Loyre* (1381), — et M. *Le Breton* (1355), de Paris, ont exposé divers plans de parcs et de jardins. Le plan de M. Le Breton est celui du Parc Bordelais.

2e SECTION.

Matériel agricole. — Outils aratoires. — Drains. — Clôtures. Appareils de soufrage.

112 EXPOSANTS.

Nous n'avons pas cette année encore la bonne fortune de voir figurer à notre Exposition les grands appareils de culture à vapeur, tels que ceux de Fowler, Horvard, Kientzy et Jarry. Toutefois, en comparant l'Exposition actuelle avec les précédentes, on se convaincra facilement que, sous le rapport du matériel agricole, le progrès est réel dans notre contrée. En même temps que les machines nouvelles se vulgarisent, leur fabrication se perfectionne. Parmi le grand nombre d'outils, instruments et machines agricoles exposés dans la cour, la galerie et les allées du nord, il en est plusieurs qui sont vraiment remarquables. Signalons d'abord les envois des fabricants du département de la Gironde.

Les charrues vigneronnes tiennent parmi ces envois

une place importante, notamment celles de MM. *Chaumel* (1775), de Bordeaux; *Girard* (1685), de Saint-Sulpice de Pommiers; *Skawinski* (1602), de Margaux; *Verdery* (1750), de Mouillac; *Bonifet* (1413), de Cadillac; *Malineau* (764), d'Eysines; *Hosteins* (791), de Saint-Estèphe; *Boireau* (1104), de Castillon; *Laville* (966), de Talence; *Boyries* (501), de Soussans.

M. *Bouilly* (1470), de Bordeaux, a exposé une collection nombreuse d'outils agricoles divers, qui n'offrent pas de nouveautés, mais se font remarquer par leur bonne exécution.

Dans l'exposition de M. *Mothes* (1417), de Bordeaux, très nombreuse aussi, on remarquera surtout la simplicité du mécanisme des hache-paille et les égrenoirs à maïs.

Deux égrappoirs-fouloirs ont été exposés l'un et l'autre par des prêtres : le n° 1054, par M. le Directeur du *Pénitencier* du Pont-de-la-Maye, et le n° 1352 par M. l'abbé *Laporte*, de Lesparre.

MM. *Bossès* (1813), *Vaquié* (230), *Philippe* (790), et *Oursule* (1424), de Bordeaux, ont exposé des vis à pressoirs.

La hotte-traîneuse pour administrer le liquide Gommard sur la vigne (946) est aussi d'un Bordelais, M. *Doussin*.

Enfin, M. *Héraud* (918), de Bordeaux, a envoyé une cuve avec son pressoir; M. *Veyneau* (920), de Guîtres, une presse mécanique et une machine à fouler, et M. *Dubreuil* (1507), de Castillon, une herse à vigne.

Parmi les inventions nouvelles destinées à rendre

des services à l'industrie des vins, nous tenons à signaler en première ligne la cuve munie d'un condensateur, qui est due à M. *Mimard* (717), de Villeneuve-sur-Yonne, et qui a déjà obtenu les plus flatteuses récompenses à Beaune, à Chaumont, et au Mans. Par cet ingénieux système de cuvage, on conserve au vin l'alcool, la couleur et le bouquet, que l'évaporation leur fait perdre ordinairement en partie.

Les envois de M. *Ganneron* (739), de Paris, réunis sous une tente-abri dont l'usage devrait être plus général, méritent aussi une mention spéciale, notamment une brouette monte-sac d'une grande commodité et une pompe applicable au transvasement des vins.

La tente-abri pour protéger les arbres fruitiers, de M. *Leroy* (4), de Nantes, est l'application d'une bonne idée.

Un grand nombre de machines sont parsemées dans la galerie ou aux alentours; indiquons-les rapidement : les manéges de MM. *Bauquin* frères et *Maufra* (413), de Nantes; *Tritschler* (1714), *Pinet* (1937), *Cussan* (1065), *Labbé* (1277), *Maréchaux* (562), *Mailhe* (1438), et *Roux* (359); — les machines à battre à vapeur, de MM. *Renaud* (290), et *Massonet-Nassivet* (64), de Nantes, et plusieurs autres machines à hacher, à semer, à vanner, à couper, à trier, à broyer, à faucher, à moissonner, etc., râteaux, herses, tarares, etc., de MM. *Rebel* (554), *Faure* (753), *Legendre* (756), *Renaud-Gouin* (1976), *Hidien* (1864), *Rous* (602), *Leclère* (1356), *Pilter* (1387), *Fusellier* (814), et *Rivaux* (1511).

Outre les fouloirs déjà cités et fabriqués dans la Gironde, on trouve encore la machine à fouler la vendange de M. *Hays* (1807), de Jarnac, et les fouloirs de MM. *Lotte* (1109), de Mansle; *Hervé* (875), de Bouilac, et *Badimon* (35), de Marmande.

Il y a aussi d'autres pressoirs venus de différents points : le pressoir portatif de MM. *Bauquin* frères et *Maufra* (413); le pressoir mû par une presse hydraulique de M. *Mannequin* (389), de Troyes; le pressoir mobile de M. *Pujos* (269), de Mirande; celui de M. *Loquay* (402), d'Angoulême; les presses, d'un énorme effort, de M. *Samain* (1806), et les presses hydrauliques ou à vis-jumelles, à huile ou à vin, de MM. *Fossey* et Cie (628), du Guipuzcoa (Espagne).

Les tarares-vanneurs de MM. *Darroux* (485), et *Sentis* et *Verdun* (157), de Lectoure, et celui de M. *Laborde* (1439), d'Arc-les-Gray, servant à approprier toutes les espèces de graines, méritent qu'on s'y arrête.

Parmi les envois des exposants girondins, nous avons déjà signalé quelques charrues; il y en a encore plusieurs autres qui figurent à l'Exposition. Excepté les charrues exposées avec d'autres instruments par M. *Moreau-Chaumier* (1283), de Tours, toutes proviennent de notre contrée; elles ont été envoyées par MM. *Terrière* (1206), de Jarnac; *Machegay* (564); *Pâris* (821), de la Charente-Inférieure; *Meyzounial* (89), de Sarlat; *de Mellet* (594) et *Denizot* (1306), du Lot-et-Garonne, et *Darles* (1014), de Pouillon (Landes).

Une variété considérable d'instruments agricoles de

toutes sortes : sécateurs, scies, serpes, greffoirs, égrenoirs, trieurs à blé, machines à dépiquer, pelles, bêches, versoirs de charrues, pioches, sapes, etc., figure encore à l'Exposition. Les principaux fabricants sont : MM. *Pialoux* (8), d'Agen; *Bonnet* (1865), coutelier, de Gourdon; *Lamarque* (40), de Mont-de-Marsan; *Charvet* (211), de Rives (Isère); *Desport* (1436), de Nontron; *Chenel* (1435), de Nantes; *Baradeau* (755), de Tonneins; *Tajan* (846), de Bayonne; *Bédin* (1358), de Niort; *Cordebart* (850), d'Angoulême; *Bajard* (1119), de Rives-de-Gier.

Les objets qui appartiennent plus spécialement au matériel agricole sont : les brouettes de M. *Benoît* (1396), de Paris; les caisses à fleurs et les bancs de jardin, sans boulons, de M. *Ponsian-Ormières* (164 bis), de Bordeaux; les caisses à oranger, en fonte et à panneaux mobiles, de M. *Duboscq* (1905), de Saubrigues (Landes); les pots pour la conservation des fleurs, et l'abreuvoir en zinc, de M. *Dubourg* (1146), de Bordeaux; les trois ruches de M. *Vignon* (932), de Péronne; les contre-espaliers pour vigne de M *Redon* (1552), de Bordeaux; les échalas en fonte pour la vigne et les arbres fruitiers de M. *Théron* (1758), de La Bastide; les cordons pour la vigne, de M. *Reynaud* (1995), de Bordeaux, qu'il faut chercher tout à fait sur le bord de la terrasse du quai. On peut aussi ranger dans cette catégorie les paratonnerres et paragrêles de M. *Nègrerie* (244), de Saint-Médard (Basses-Pyrénées); la serre de M. *Izambert* (470), de Paris, et les pompes de M. *Maudin* (943), de Tours.

L'Exposition est peu riche en objets utiles au drainage ; elle ne comprend, sous ce rapport, que la collection de tuyaux de diverses formes, de M. *Dubedat* (1173), de Bazas ; les tuyaux de M. *Félix* (165), d'Épinal, et les machines à fabriquer ces tuyaux, de M. *Brethon* (942), de Tours.

—

En clôtures, il faut citer tout d'abord celles de MM. *Guz* et Cie (218), de Bordeaux, connues sous le nom de *clôtures de la Gironde,* et à qui leur excellente renommée a valu la préférence de la Société Philomathique pour enclore le terrain occupé par l'Exposition, et ensuite celles de M. *Lecoq* (956), de Bordeaux. Les clôtures, portes et portillons en feuillard, de M. *Seris* (399), de Dax, ont une valeur reconnue. Les grilles de clôture de MM. *Gandillot* (879), de Paris, ne sont pas sans élégance, ainsi que celles de M. *Grassin-Balédans* (1004).

—

Les appareils de soufrage exposés sont tous, moins un, d'invention bordelaise ou girondine ; ce sont les soufflets de M. *Sarrazin* (1253), de M. *de Lavergne* (1826), de M. *Émile Crugy* (1803), et la soufreuse à cheval de M. *de Vallandé* (1767). Cette dernière machine a été expérimentée par la Société d'agriculture de la Gironde et signalée à l'attention du public, par son président, dans un rapport rempli d'éloges. C'est encore le soufflet de M. *Beauduc* (1586), de Libourne, et le sulfurateur de M. *Paquerée* (1897), de Castillon. Le seul instrument de soufrage étranger au département est celui de M. *Ganidel* (1562), de Pézenas.

—

Rangeons enfin dans cette section, et pour terminer, les produits de M. *Alessandrini* (155), de Bordeaux, reproducteur en plastique de fruits et de légumes. L'imitation est de la dernière perfection. La matière dont se sert M. Alessandrini pour ce remarquable travail se compose principalement de carton et de résine.

3e SECTION.

Produits agricoles.

47 EXPOSANTS.

Cette section est une de celles de l'Exposition qui offrent le plus vif intérêt, non pas qu'elle présente un ensemble complet des productions agricoles de notre contrée, — elle est assez pauvre sous ce rapport, et on le regrette, — mais parce qu'elle renferme la plus grande partie des envois précieux ou curieux de l'Algérie et des colonies. Les propriétaires-colons qui ont répondu avec le plus d'empressement à l'appel de la Société Philomathique sont ceux de la Martinique et de la Guadeloupe; quelques-uns sont venus de la Réunion et même de Pondichéry. L'Algérie nous en a envoyé un certain nombre. Mais c'est surtout grâce aux lots nombreux et considérables détachés par la bienveillance des ministres de la guerre et de la marine, des Expositions permanentes de l'Algérie et des colonies organisées à Paris, que l'Exposition bordelaise s'est enrichie. La plus grande partie des objets de cette section sont rangés avec ordre et soin dans une salle spéciale, à gauche de la grande porte d'entrée.

L'exhibition la plus importante de la Gironde est la remarquable collection des produits des Landes et des produits de la culture forestière, exposés par M. *Chambrelent* (1423), ingénieur en chef, et provenant de l'exploitation de son domaine de Saint-Alban. Ces magnifiques produits attestent à la fois les ressources cachées dans ces Landes à l'apparence si ingrate et l'excellence des procédés de culture employés par M. Chambrelent.

Citons ensuite la belle collection de plantes fourragères, comprenant 70 variétés, de M. *Salin* (1190), de Bègles; — les cires blanches et jaunes et les miels de M. *Loste* (506), de Langon; — les blés en paille obtenus par l'eau fruitiflore Labesse, de MM. *Labesse et Adam* (947), de Bordeaux, — et enfin les champignons artificiels de M. *Franceschi* (1453), de Bordeaux. C'est là tout le lot girondin.

Le département des Landes, notre voisin, n'est pas mieux représenté. Il a uniquement envoyé quelques beaux citronniers à M. *Darroze* (1167), de Pontoux, et une riche collection de betteraves champêtres, ignames champêtres, ignames japonica, filles d'ignames, graines d'ignames, pommes de terre marjolin, à M. *Labayle* (1128), de Duhort-Bachen.

M. *F. Galland* (16), de Ruffec (Charente), a exposé, cette année encore, de beaux spécimens des froments obtenus par son ingénieux procédé d'hybridation. Il a envoyé aussi trois variétés de blés sans écorce, obtenues des blés de Pologne.

De l'extrémité de la France, du Pas-de-Calais, deux agriculteurs, M. *Proyart* (1231) et M. *du Buisson* (963), ont envoyé de nombreuses variétés de blés, avoines, féverolles, fourrages, lins, etc.

Un agriculteur de Saint-Denis (Somme), M. *Vignon* (932), expose du miel en gâteaux, du miel coulé, de l'hydromel et de l'alcool de miel; — un propriétaire de la Brie, M. *Chassaigne* (1945), une gerbe de blé et une gerbe d'avoine; — un agriculteur du Lot-et-Garonne, M. *Cassaigne* (505), de jeunes peupliers de la Caroline et du bois sec de cette essence; — un cultivateur de Maine-et-Loire, M. *Eon* (251), plusieurs échantillons de céréales, houblons, herbes, etc.; — enfin, un pharmacien de la Haute-Saône, M. *Odeph* (3), un pain d'opium-œillette et diverses graines.

Nous en avons fini avec les envois de l'agriculture française; passons à ceux de l'Algérie. Outre les collections, aussi nombreuses qu'intéressantes, provenant du *ministère de la guerre* (1527), et qui comprennent une grande variété de produits, signalons les céréales de M. *Cayla* (336); — les farines, les semoules, le vin et le tabac de M. *Ducoup* (1113); — les graines de ricin, tubercules d'ignames et autres produits de M. *Goby* (611); — les lins en graines et en tiges de M. *Dupuy* (916), médecin à Oran, — et surtout le lin de Riga, récolté dans la plaine de la Mitidja, exposé à l'état brut, et roui, teillé et peigné, par la *Compagnie française*

(489), de Boufarik. — MM. *Bosson* frères (625), d'Oran, ont envoyé une jolie collection de tabacs, cigares et cigarettes.

Les envois des colons de la Martinique consistent presque uniquement en tabacs et cafés : MM. *Basselaye* (1588), *Cyr* (1592), *Danglis* (1594), et *Fonclair-Lapeyre* (1606), ont exposé diverses qualités de tabacs en poudre ; — M. *Gloumeau* (1599), du tabac fin et demi-gros ; — M. *Barraud* (1587), du tabac de la Havane en manoque cultivé à la Martinique, — et M. *Landa* (1608), des bouts à fumer.

MM. *Chomereau-Lamothe* (1605), *Girodias* (1598), *Paul* (1786), *Guilleau* (1601), *Leroux-Préville* (1612) et *Le Lorrain* (1604) exposent des cafés d'une très belle apparence. Ces deux derniers exposent aussi du cacao, ainsi que M. *Jarno* (1603).— M. *Giorsello* (1600) a envoyé du rocou en briques et de l'indigo.

A ces divers produits particuliers il faut ajouter les riches et curieuses collections de M. *Belanger*, directeur du jardin botanique de Saint-Pierre (1617), et du *ministère de la marine et des colonies* (1528).

Quatre exposants de l'île de la Réunion : M. *Bouquet* (1871), M. *Bouquet* fils (1872), M. *Cacqueray de Valménier* (1873) et Mme *Philip-Benoît* (1874) ont envoyé de la vanille.

MM. *Amalric* et Cie (1890), de Pondichéry, exposent toute une collection de produits agricoles et industriels de cette colonie.

L'Espagne, qui offre plus de ressources à l'agriculture qu'à l'industrie, est venue augmenter la variété de cette section par deux envois : M. *Quintana y Ruiz* (1006), de Burgos, expose des céréales, du blé et de l'orge, — et M. *Canut* (227), propriétaire à Palma-de-Mayorque, a envoyé toute une série des produits agricoles de cette île.

4e SECTION.

Production de la résine.

17 EXPOSANTS.

On sait quel développement le commerce de la résine a pris depuis quelques années dans le département des Landes et dans la partie de la Gironde où l'on cultive spécialement le pin. Il était donc naturel que cet élément considérable de la richesse de notre contrée fût dignement représenté à l'Exposition de Bordeaux, et il est regrettable que l'on n'ait pas cherché à réunir sous les yeux des visiteurs un ensemble complet de tout ce qui touche à cette intéressante industrie agricole. Bien que des exhibitions de cette nature aient déjà figuré à la dernière Exposition et à celle de Bayonne, elles n'en auraient pas moins fourni à la Société Philomathique un grand élément attractif de plus.

Les 17 exposants compris dans cette section peuvent se diviser en deux parts : ceux qui exposent des produits et ceux qui exposent des appareils.

Parmi les premiers figurent M. *Conseil* (1653), de Bordeaux, avec toute une collection de produits résineux ; — MM. *A. Léon aîné* et *frères Delest* et Cie (676), de Bordeaux, avec diverses qualités d'essences, colophanes, brais, résines, selon le système Hugues ; — M. *Pédroni* (1401), de Bordeaux, avec un certain nombre de produits presque tous remarquables, — et un distillateur de bois de pin du département des Landes, M. *Dufossard* (1301).

L'Algérie et l'Espagne produisent aussi de la résine. Le directeur de la *Compagnie résinière* de Ségovie (312) a envoyé plusieurs échantillons des résines, térébenthines et colophanes obtenues par ses soins ; — M. *Lesca* (183), d'Orléansville, prouve aussi, par les essences, les brais, les colophanes et les vernis qu'il expose, que notre colonie d'Afrique est propice à cette précieuse industrie.

La plupart des appareils pour l'extraction ou la préparation de la résine sont de fabrique girondine : les récipients de M. *Paquet-Jolibert* (180), de Bordeaux ; — les pots à résine selon un nouveau système de M. *Taris* (1788), de la Teste ; — les pots à gemme de formes diverses, couverts d'un vernis spécial, et le plaçoir mécanique pour ces pots, de M. *Dubédal* (1173), de Bazas ; — les godets en terre, zinc ou carton, de M. *Castillon-Duperron* (815), de Cestas ; — les outils pour le gemmage des pins de M. *Coloubie-Colo* (1894), de Saint-Symphorien, — et les quatre appareils pour la fabrication, de M. *Dromart* (63), de Bordeaux, qui comprennent : une chaudière à térébenthine, un filtre, un pyromètre pour mesurer la température dans les alambics, et un appareil à haute pression pour le nettoyage des résidus. — Signalons aussi un nouvel appareil, très ingénieux et très avantageux, pour l'extraction des matières résineuses, dû à M. *Pédroni*.

Les exposants de cette catégorie étrangers à la Gironde sont : trois fabricants de poteries qui ont envoyé des récipients, l'un du Mas-d'Agenais, M. *Dot* (1426), l'autre de Coutiat (Charente-Inférieure), M. *Geros* (786), et le troisième de Castelnaudary, M. *Bataille* (500) ; — ensuite M. *Maxwell-Lyle* (170), de Bagnères-de-Bigorre, qui expose un rytinymètre ou appareil destiné à reconnaître la présence des corps étrangers dans la résine-gemme ; — et M. *Cabannes* (1101), de la Sarthe, qui expose des appareils pour recueillir la résine.

5ᵉ SECTION.

Engrais. — Destruction d'animaux nuisibles.

19 EXPOSANTS.

Déjà, à l'Exposition de 1859, on reconnaissait à Bordeaux que la fabrication des engrais artificiels avait pris un grand développement, mais qu'il fallait se tenir prudemment en garde contre les promesses trop brillantes des fabricants de produits. La situation, sur ce point, est à peu près la même aujourd'hui. Quoi qu'il en soit, le nombre des fabricants d'engrais qui ont exposé est assez considérable, et nous constatons que ces fabricants sont de Bordeaux pour la plupart, tels : MM. *Émile Brun* (266 bis), — *Lyon* (1973), engrais de la Minière, — *Fournet* (1673), usine à Caudéran ; *Barrière* (1115) ; — *Lelom* (1124) ; — *Bosquet* (1651), matières végétales pour la vigne ; — *Sarrazin* (1462), — *Dupleix* (1304), — et *Tissendié et Lucas* (1227).

Un fabricant de guano agenais, M. *Jaille* (161), d'Agen, a envoyé des échantillons d'engrais et de noir animal ; — MM. *Thomas-Lachambre et Cie* (1984), de Paris, du guano du Pérou ; — des fabricants de Nancy (1120), du guano de Nancy, du sang desséché et de l'albumine ; — MM. *Gallet-Lefebvre* (455), de Paris, du phospho-guano ; — MM. *Blanchard* (615), chimistes à Puteaux, — et MM. *Despax* (186), de Toulouse, diverses sortes d'engrais. — Du feldspath à base de potasse préparée pour engrais est exposé par M. *Gindre* (56), ingénieur de mines à Itsatsou, près Bayonne.

Nous ne remarquons que deux objets relatifs à la destruction des animaux nuisibles : une pommade pour la destruction des punaises, de M. *Didier* (699), de Marseille, — et une poudre sulfénirique insecticide pour la vigne, remplaçant le soufre, de M. *Labit-Emar* (1043), de Toulouse.

6e SECTION.

Production de la soie — Production du coton.

19 EXPOSANTS.

Pour ce qui concerne la production de la soie, malgré les tentatives faites, à diverses reprises, par des hommes d'initiative, le département de la Gironde est jusqu'ici demeuré à peu près nul, et il en est de même pour presque toute la région du Sud-Ouest. Aussi cette partie de l'Exposition philomathique ne pouvait-elle être que peu brillante.

Mme *de Branno-Brouski* (1723) a exposé quelques cocons provenant de vers à soie élevés au château de Saint-Selve, dans l'arrondissement de Bordeaux ; mais l'on ne peut dire que cette expérience suffise pour recommander définitivement l'introduction de cette industrie dans le pays.

Du département de Vaucluse, un des plus importants dans la production séricicole, Mme la comtesse de *Corneillan* (1201) a envoyé une intéressante collection de cocons et de papillons des vers à soie de l'ailante, du ricin et du mûrier, et quelques échantillons d'étoffes de soie provenant de ses cocons.

Enfin, l'Algérie, grâce aux envois de cocons milanais, japonais et autres, de la sœur *Ursule* (1906), directrice de l'orphelinat de Bône, montre qu'elle pourrait se livrer avec succès à cette importante industrie.

En coton, l'Exposition, tirant toutes ses richesses de nos colonies, est beaucoup plus riche.

De l'Algérie, où la culture de cette plante précieuse a pris, pendant la guerre d'Amérique, un immense et inespéré développement, quatre colons ont envoyé diverses qualités de cotons : MM. *Goby* (611), *Dupuy* (916), *Fleury* (624), Mme *Hosteins* (1963) et la sœur *Ursule* (1906).

Les autres principaux lots de cotons viennent des Antilles : de la Guadeloupe, divers échantillons de MM. *Duchassaing de Fonbressin* (1321), *Humbert*

(1322), *de Bragelongue* (1306), des cotons Géorgie de M. *Favreau* (1784), des Géorgie, Sorel rouge, Pierre, grands flocons, etc., de M. *Paul* (1786); — de la Martinique, diverses espèces de cotons récoltées par MM. *Leroux-Préville* (1612), *de Thoré* (1614), *Peu-Duvallon* (1596), et *Dizac* (1595); — de Marie-Galante, enfin, des échantillons de cotons de M. *Louis Gay* (1782).

A côté de ces divers lots, on en remarque un de coton longue soie, récolté par Mme *Philip-Benoît* (1874) à l'île de la Réunion.

Signalons enfin plusieurs variétés de cotons exposées par M. *Eymery* (1771), de Sainte-Foy (Gironde), et semés et récoltés par lui en plein air.

IVe CLASSE.

53 EXPOSANTS.

Mécanique appliquée à l'industrie.

Section unique.

On comprend dans cette classe les machines à vapeur fixes, les machines à vapeur locomobiles, les moteurs hydrauliques, les pompes, et les divers appareils applicables aux machines.

Si l'on compare le nombre des exposants de cette classe cette année avec celui des exposants de 1859, on constate tout de suite un premier progrès, car ce nombre a presque doublé. En parcourant l'annexe du sud, spécialement affectée aux machines, le même progrès se constate dans l'importance et la valeur des objets exposés. Quant à la part de l'industrie bordelaise dans la présente exhibition, elle demeure relativement aussi considérable pour le moins qu'en 1859, où elle obtint un brillant succès. Vingt-un constructeurs de Bordeaux ont en effet pris part au concours.

A l'extrémité orientale de la galerie des machines, non loin de la balustrade du quai, M. *Dietz* (1012), de Bordeaux, a établi une belle machine à vapeur horizontale de la force de 35 à 40 chevaux, à détente variable et à condensation, avec chaudière tubulaire. Ce moteur donne le mouvement à l'arbre de couche qui actionne les appareils exposés dans toute la longueur de la salle. Il est muni d'un régulateur nouveau donnant de bons résultats, fabriqué par M. *Dugdale* (456), de Paris.

Les principaux concurrents de M. Dietz, MM. *Cousin* frères (601), de Bordeaux, ont exposé aussi une belle machine à vapeur de 25 chevaux, à double cylindre. — Puisque nous en sommes à ces honorables constructeurs, sigalons la roue Poncelet, de 9 mètres de diamètre, qui sort de leurs ateliers, et qui est exposée sur le bord du quai. Elle est digne d'attention. Toutes les pièces dont elle se compose sont très légères d'aspect, et l'ensemble présente une grande rigidité.

Les autres fabricants de machines de Bordeaux ayant exposé sont : MM. *Darriet* (1227), avec quatre machines de diverses forces; — M. *Barbot* (1725), avec une machine à vapeur à haute pression et une à condensation; — MM. *Lobis* et *Bernard* (285), et M. *Fra-*

gneau (1518), avec des locomobiles. — M. *Lavergne* (933), menuisier à Cambes, a envoyé une machine aide-moteur.

Les constructeurs parisiens sont convenablement représentés : par une machine à vapeur de MM. *Aubert* (104) ; — par des machines locomobiles de diverses forces de MM. *Calla* (984), — *Durand* (303 bis), — *Groulez* (454) et *Damourette* (742).

D'autres locomobiles ont été exposées par MM. *Daubrée* (1077), de Clermont-Ferrand ; — MM. *Massonet-Nassivet* (64 bis), — et M. *Renaud* (290), de Nantes.

Citons à la suite des machines à vapeur quelques lots qui s'y rattachent directement : un nouveau système de distribution à détente variable universelle imaginé par M. *Olivier* (662), de Bordeaux ; — un appareil évaporateur en cuivre, turbine forée centrifuge, de MM. *Carde* (1346), de Bordeaux ; — trente appareils graisseurs pour les arbres tournants, de M. *Delacour* (1085) ; — des déjecteurs pour chaudières à vapeur, de MM. *Savary* (1245), — et divers appareils de MM. *Duhalle* et *Lemblin* (945). Ces trois derniers exposants sont de Paris. — M. *Lethuilier-Pinel* (1686), de Rouen, expose des appareils de sûreté pour chaudières et cinq indicateurs magnétiques du niveau de l'eau ; — MM. *Lejeune* et *Ménard* (518), de Marseille, une soupape à échappement libre et une chaudière verticale et à tubes. — Une autre chaudière est exposée par MM. *Imbert* (1895), de Saint-Chamond.

Dans le même compartiment, on remarquera deux machines à pression d'eau de M. *Perret* (1443), de

Bordeaux, construites d'après un nouveau système apprécié par les connaisseurs, — et un moteur à air chauffé et refroidi, de la force de 6 à 8 chevaux, construit par MM. *Lauberau* et *Collet* (395), de Nantes. Le mouvement est dû, dans cet appareil, au déplacement de l'air, qui occupe tantôt une cavité fortement chauffée, tantôt une cavité relativement froide.

Nous avons dit que les pompes faisaient partie de cette section; elles sont assez nombreuses, et quelques-unes sont dignes d'attention. Celle qui est installée au bout de la galerie, et qui fonctionne tous les jours, se fait remarquer des visiteurs par-dessus toutes. C'est une pompe à force centrifuge, de 4 à 5,000 litres par minute, sortant des ateliers de MM. *Neut* et *Dumont* (1773), de Lille. Cet appareil se compose d'un ventilateur qui, animé d'un mouvement de rotation rapide et développant énergiquement la force centrifuge, appelle l'eau par les vides centraux et la projette à la circonférence. — Une autre pompe, construite d'après le même système, mais ne fonctionnant pas, a été exposée par MM. *Malo* (1228), de Dunkerque.

On peut voir, en outre : une pompe, le corps en verre, enveloppé de ciment comprimé, de M. *Porte* (1454), de Bordeaux; — plusieurs pompes de divers modèles de M. *Courtois* (1074), et de MM. *Douat* et *Griffon* (360), de Bordeaux aussi; — et de M. *Thirion* (660), de Paris; de M. *Faure* (753), de Clermont-Ferrand; de M. *Maudin* (944), de Tours; de M. *Lacour* (1093), de La Rochelle.

Ce dernier a exposé encore une pompe à incendie.

Une pompe portative pour intérieur d'appartement, feux de cheminée et lavage de voiture, est l'œuvre de M. *Souvestre* (1883), de Bordeaux. Enfin, plusieurs autres bonnes pompes à incendie sorties des ateliers de M. *Thiéry* (114), de Paris, figurent aussi à l'Exposition.

M. *Courtois* (223), ouvrier aux forges de Sireuil, a envoyé un spécimen des pompes à air comprimé, auxquelles il a donné son nom.

Un certain nombre d'appareils divers complètent la section dont nous nous occupons maintenant; ce sont : la machine hydraulique de M. *Durtis* (1832); — le bélier hydraulique de M. *Messire* (1918); — la griffe à hisser les fardeaux de M. *Ulmer* (1846); — les appareils fumivores de M. *Peyrou* (252 *bis*), et de M. *Laffitte* (363), cinq mécaniciens de Bordeaux; — le compteur hydraulique de M. *Barbe* (1687), de Bayonne; — l'hydro-extracteur à manivelle et l'hydro-extracteur marchant par moteur de MM. *Bardin* et *Lévy* (1196), de Paris; — la machine chauffant l'air par le frottement de M. *Pelon* (1307), de Paris. — Ce sont enfin : un charmant petit marteau-pilon automoteur de Devy, de Sheffields, exposé par M. *Privat* (1348), — et les robinets des deux bornes-fontaines adossées à la galerie principale de l'Exposition. Ces robinets, fabriqués par M. *Capeyron* (1554), de Bordeaux, ont l'avantage de se fermer seuls dès qu'ils sont abandonnés à eux-mêmes.

Vᵉ CLASSE.

70 EXPOSANTS.

Mécanique appliquée aux moyens de transport.

1ʳᵉ SECTION.

Chemins de fer.

20 EXPOSANTS.

Une des découvertes dont le mirage flatte le plus l'imagination des inventeurs est celle d'un frein capable d'arrêter un train lancé sur une voie ferrée, et il n'est pas d'année qui ne voit éclore quelques appareils nouveaux s'annonçant comme ayant résolu ce problème.

On compte à l'Exposition sept de ces freins. Au dire des gens les plus compétents, le seul qui mérite l'examen est le frein *Pélissier-Tabuteau* (1757), expérimenté par la Compagnie du Midi. Dans le wagon où il figure, le principal organe du mécanisme doit être cherché sous l'escabeau qui conduit à la guérite du serre-frein. — Les autres freins exposés sont dus à MM. *Billan* (27), *Dumas* et *Lagrange* (754), *Constant* (783), tous trois de Bordeaux, et *Loquay* (402 *ter*), d'Angoulême.

M. *Gazagne* (979), commissaire de surveillance au chemin de fer d'Orléans, à Bordeaux, a exposé un plan d'aiguilles de sûreté avec pétards avertisseurs, et un plan de tampons creux applicables aux wagons.

Ce ne sont pas les seules inventions soumises au public; il y a encore : un système pour la manœuvre des aiguilles de changement de voie, imaginé par

M. *Penne* (873), de Bordeaux; — un ingénieux modèle d'appareil destiné à l'échange des dépêches sans arrêter les trains, exécuté par M. *Varailhon* (803), de Laroche-Chalais; — un disque à signal fixe, inventé par M. *Boilvin* (6), conducteur de la construction au chemin de fer du Midi, à Peyrehorade; — un disque automatique avec sifflet avertisseur sur la locomotive, conçu par M. *Floire* (1334), de Bordeaux; — des lanternes et divers systèmes de signaux lumineux, fabriqués par MM. *Maynard* et *Boudot* (1726), de Bordeaux; — une toiture à rigoles pour wagons, fabriquée par MM. *Dubois* et *Dormoy* (1763), de Bordeaux.

Quelques petits modèles de locomotives et de wagons, travaux d'art et de patience généralement exécutés avec beaucoup de soin et de fini, ont été exposés par MM. *Cousin frères* (601), — par M. *Rolin* (1293), — et par M. *Bossès* (1813), de Bordeaux.

Mais c'est peut-être ailleurs qu'il faut chercher les lots plus sérieux de cette section : dans les coussinets exposés par M. *Le Brun-Virloy* (1037), directeur de la Société métallurgique de la Vienne; — dans le modèle de roue de wagon, fabriqué par MM. *Bauquin* et *Maufra* (627), de Nantes, — et surtout dans les boîtes à huile pour wagons de M. *Dormoy* (1764), de Bordeaux, — et dans les graisses et appareils pour machines et chemins de fer de M. *Deletrez* (53), de Paris.

2ᵉ SECTION.

Carrosserie. — Sellerie.

50 EXPOSANTS.

L'industrie de la carrosserie est, depuis plusieurs années, florissante à Bordeaux et à Périgueux; aussi, malgré la grève des ouvriers carrossiers, qui a, dit-on, empêché beaucoup d'envois, cette section a pris une importance si grande qu'on a dû lui consacrer presque spécialement toute une annexe, celle qui est située le long du quai.

On peut subdiviser cette section en trois parties : 1° les exposants de voitures, au nombre de 24, dont 15 appartiennent au département de la Gironde, et surtout à Bordeaux; 2° les exposants d'objets pour voitures, au nombre de 18; 3° les exposants d'objets pour chevaux, au nombre de 8.

Les diverses voitures exposées, coupés, calèches, victorias, tilburys, trotteuses, landaus, jardinières, breaks, etc., etc., sont au nombre de 70 environ. Il est tout à fait inutile d'en donner une énumération complète; citons seulement les noms des fabricants et leurs numéros d'ordre.

Ceux de Bordeaux sont : MM. *Bergeon* (816), *Audineau* (77), *Calo* (22), *Jules Sézalory* (238), *Borde* (462), *Farge* (277), *Descoins* (551), *Legros* (1205), *Bézial* (951), *Debonlieu* (980), *Lacoste* (906), *Saturnin Sézalory* (794), *Brun* (1661); — MM. *Delluc* (1569) et *Marquet* (382), de la Teste. — Les autres exposants sont : MM. *Dufour* (633), de Périgueux ; — *Roque* (574), de Bergerac ; — *Lacoste* et *Sigalas* (1769), d'Agen ; — *Sigalas* (1909), de Marmande ; — *Rétif* (299), de Sancoins (Cher) ; — *Caire* (698), de Draguignan ; — *Belvalette* (334), — *Sargent* (346), — *Pacquier* (525), de Paris. Ce dernier a exposé des voitures mécaniques pour enfants.

Parmi les dix-huit industriels ayant exposé qui préparent les diverses parties de la voiture, nous comptons d'abord quatre peintres d'écussons ou armoiries : MM. *Denigès* (335), *Champion* et *Aumètre* (338), *Adolphe* (637) et *Darré* (1244), tous de Bordeaux ; neuf fabricants de ferronnerie : MM. *Frémont* (233), *Henck* (1584), Lerouge (1406), *Anthoni* (1008), de Paris ; *Jubert* (531), de Charleville ; — *Marchand* (1106), de Tours ; — MM. *Rives*, *Juhel et Cie* (1216), de Bordeaux ; — *Fabre* (1060), de La Bastide ; — *Lespine* (878), de Saint-Estèphe ; — trois menuisiers en voitures, MM. *Laumonier* et *Gaudin* (528), *Fraisse* (796), de Bordeaux, et *Royer* (1512), de Niort. — M. *Delacour* (849), de Bordeaux, a exposé diverses lunettes pour voitures, à charnières, et M. *Peyrou* (252 *ter*), une boîte pour le graissage des voitures.

Les selliers et harnacheurs sont relativement peu nombreux. Dans cette partie, comme dans les voitures, nous devons citer au premier rang M. *Bergeon* (816), de Bordeaux ; — puis M. *Doyen* (1210), de Paris ; — M. *Langlais* (1560), — et M. *Bodeau* (1162), de La Bastide-Bordeaux ; — M. *Perrote* (1360), de Brain-sur-Lhaution. — M. *Beniteau* (200), de la Vergne (Lot-et-

Garonne), a exposé un appareil pour dételer instantanément un cheval, quelle que soit son allure, — et M. *Prioleaux* (1889), de Montignac, un harnais de voiture se détachant aussi instantanément. — Enfin, M. *Monicolle* (192), maréchal en pied à la 3e compagnie de cavalerie de remonte, à Mérignac, expose un fer à cheval dit *désencasteleur*.

VIe CLASSE.
131 EXPOSANTS.
Mécanique spéciale.

Section unique.

Matériel des ateliers industriels. — Machines avec application spéciale. — Forges et soufflets. — Courroies de transmission. — Machines à coudre. — Tonnellerie.

Cette classe comprend un si grand nombre d'exposants et des objets si divers, qu'elle aurait pu, avec avantage, être divisée en plusieurs sections. Il est à remarquer que les industriels girondins, et ceux de Bordeaux en particulier, occupent dans cette partie de l'Exposition la place la plus considérable : ils y figurent au nombre de 55. Paris vient ensuite, et compte 44 exposants. — Pour faciliter au visiteur et au lecteur l'étude de cette classe, nous allons suivre, autant que possible, l'ordre indiqué par le titre.

Le moulin à plâtre de M. *Fauconnier* (78), de Paris, est une des premières choses qui doivent être citées. Cette machine, qui paie peut-être peu de mine, parce qu'elle a été construite à aussi bon compte que possible, est munie d'un ramasseur présentant une très heureuse disposition. — On remarque aussi deux moulins à écorce, de M. *Damourelle* (742), de Paris.

Plusieurs presses ont été exposées : la presse hydraulique horizontale de M. *Morane* (1091), de Paris, pour la fabrication de la stéarine et des bougies, mérite l'attention par sa bonne exécution et par quelques détails nouveaux bien conçus ; — la presse hydraulique de M. *Mannequin* (389), de Troyes, faisant mouvoir un pressoir avec combinaison de vis centrale, est assez ingénieuse ; — de même que la presse à deux cylindres de M. *Héraud* (923), et les presses d'ébénisterie de M. *Fauché* (921), l'un et l'autre de Bordeaux, et la presse de M. *Aubert* (104), de Paris.

Parmi les autres presses, citons : la presse en taille douce de MM. *Mays* (950), de Paris; — la presse lithographique en fer de M. *Brisset* (221), de Paris; — la presse mobile avec ses emporte-pièces mobiles et à coussinets, de M. *Ratouis* (877), de Paris; — puis, dans la même industrie, la machine mécanique typographique et la machine mécanique lithographique de M. *Alauzet* (435), de Paris, et surtout la jolie machine typographique de M. *Durand* (303). — Les vis de presses de M. *Vaquié* (230), de Bordeaux, doivent être signalées en même temps.

Un grand et joli appareil en cuivre pour l'évaporation des sirops du sucre, connu à Bordeaux sous le nom de *Wetzel*, a été exposé par M. *Prival* (1348), de

Bordeaux. Le même constructeur a encore un appareil pour rectifier les tafias et la fabrication du rhum. — Un autre appareil Wetzel a été aussi exposé par MM. *Barrier* et *Lapaire* (1576), de Bordeaux. — Comme se rattachant à la fabrication du sucre, on peut voir encore : une turbine centrifuge, de MM. *Buffaud* (1049), de Lyon; — des formes métalliques pour raffinerie, de M. *Mercier* (690), et de M. *Moreau* (1414), de Bordeaux; — une scie circulaire à couper les sucres, de M. *Sauvestre* (1883), de Bordeaux.

Des escourtins et étreindelles en crin pour huilerie, exposés par MM. *Thèze* et *Lacombe* (1547), et MM. *Gérard* et *Lafage* (1564), de Bordeaux, sont compris dans la même catégorie, ainsi que des réservoirs garantissant de l'incendie les huiles inflammables, envoyés par MM. *Bizard* et *Labarre* (391), de Marseille.

Des pétrins mécaniques ont été exposés par trois constructeurs de Bordeaux, M. *Mousseau* (1188), M. *Raboisson* (1816), et M. *Patrouilleau* (568), dont la réputation est déjà ancienne.

On voit aussi avec intérêt quelques machines à chocolat : une de celles fabriquées par M. *Debatiste* (188), de Paris, et qui appartient à la maison Louit frères, se fait distinguer par un nouveau système; — le moulin de M. *Bouvin* (714) est aussi destiné à la fabrication du même aliment.

Indépendamment des scieries diverses de M. *Flament* (219), de Paris, on trouve encore un ingénieux métier à scier à pression directe, de M. *Bossès* (1813), de Bordeaux; — une machine à scier à pression directe, sciant quatre madriers à la fois et pouvant porter de quatre à douze lames de scies, de M. *Gardère* (1234), de Bordeaux; — et une scie à rebours de M. *Cazeneuve* (1187), de la même ville.

MM. *Vernay* (985), — *Béziat* (959), de Paris, — et *Meurant* (1441), de Charleville, ont exposé divers crics et machines à hisser.

MM. *de Zalleux* et *Baffi* (1270), de Paris, ont exposé un multiplicateur de force et de vitesse, — et M. *Fusellier* (814), de Montreuil, un balancier oxylodynamique quintuplant les forces.

Signalons enfin quelques autres appareils pouvant appartenir au matériel d'établissements industriels : un ventilateur construit par M. *Darriet* (1226); — un filtre à eau et un thermosyphon de M. *Barraud* (1159); — une bassine à dragées de M. *Fleury* (541); — une fontaine de M. *Héraud* (924); — deux paires de formes pour la fabrication de papier à la cuve, de M. *Barrié* (184), de Bergerac; — des cordages en fil de fer de M. *Pieux-Aubert* (206), etc., etc.

—

Avant d'aller plus loin, il est juste d'appeler l'attention d'une manière toute spéciale sur la cale de halage de M. *Labat* (719), dont un modèle à l'échelle de 1/10e a été établi à l'entrée même de l'annexe des machines en mouvement. Depuis trois ans, cette cale de halage fonctionne avec succès dans les chantiers de M. Arman, à Bacalan; le modèle exposé n'en diffère que par quelques détails et peut donner une idée très exacte du système. Cet appareil considérable et très ingénieux a pour but d'amener facilement et sans secousse sur une cale les navires qui ont besoin de réparations. Il fait le plus grand honneur à l'habile ingénieur bordelais à qui on en doit l'invention.

———

A l'autre extrémité de la même galerie, M. *Quetel-Trémois* (59), de Paris, expose tout un ensemble de machines à travailler le bois. L'une, fonctionnant tous les jours, est destinée à raboter le bois, à le bouveter et à y faire des languettes, le tout à la fois. Pour cela, la machine est munie de trois outils marchant chacun à la vitesse de 1,800 tours par minute. Ces ingénieux appareils peuvent rendre de grands services pour la préparation des planchers à lame. — M. Quetel-Trémois a exposé aussi des scies circulaires d'une rare perfection.

En dehors du bâtiment, presque en face des bains des allées d'Orléans, se trouve le concasseur de pierres ou cantonnier mécanique de M. *Dumarchay* (257), de Paris. — M. *Voruz* (1612), de Nantes, a exposé un appareil à casser la pierre construit d'après le même système. — Un autre concasseur, mais d'un autre système, écrasant les pierres par pression au lieu de les broyer contre une grille par un volant, a été exposé par MM. *Parent, Shaken, Caillet et C*^{ie} (1649), de Paris.

Cinq machines à couper le papier se trouvent fort près l'une de l'autre; elles sont de MM. *Poirier* (515), *Aubert* (104), *Lecoq* (640), de Paris, et *Grignon* (1058), de Bordeaux.

Ces machines se composent d'une lame marchant normalement à un plan horizontal et animée d'un mouvement latéral. — Un instrument destiné à couper en rond le papier, le carton et le cuir, est de M. *Vimeur* (1815), curé de Salignac.

M. *Lecoq* expose encore des presses à copier d'une grande simplicité et pouvant facilement être transportées en voyage.

La fabrication des bouchons a une grande importance à Bordeaux, et l'on cherche depuis longtemps à remplacer par un travail mécanique le travail à la main : M. *Maille* (630) a produit dans cette intention un mécanisme ingénieux, dont le principal organe est une lame d'acier animée d'un mouvement de va-et-vient. — M. *Faget* (1986) expose un emporte-pièces destiné à la même opération. — M. *Friederich* (349), de Fontenay-le-Comte, a envoyé une machine pour fabriquer des bondes.

La machine de M. *Douce* (1052), de Bordeaux, destinée à faire des poches en papier, est soignée et digne d'attention.

Les lots de cette catégorie sont très nombreux ; nous ne pouvons que citer rapidement : deux machines à fabriquer des pastilles, et une machine à imprimer des en-têtes, de M. *Derriey* (343), de Paris ; — plusieurs machines-outils bien exécutées, de M. *Duval* (194) ; — trois modèles de ramoneurs mécaniques de M. *Malavergne* (174), de Bordeaux ; — une machine pour le lavage des sulfates de chaux, de M. *Droux* (214), de Paris ; — une machine à égrener le coton, de M. *Gou-*

douin (1796), de Paris; — une machine à couper le savon, de M. *Maury* (1486), de Villeneuve-d'Agen; — un tendeur de mèches pour la fabrication des bougies, de M. *Bousquet* (1107), de Marseille; — une machine à mouler les clous à doublage de navires, de M. *Bonnin* (1194), de Bordeaux; — une machine à limonade, de MM. *Lobis* et *Bernard* (286), de Bordeaux; — une machine pour concasser la noix de palme et séparer l'amande de la coque, de M. *d'Ouvrier* (361); — une série de machines à raboter les métaux, de M. *Daudin* (523), de Paris; — une machine à crépir et rebrousser les cuirs, de MM. *Tourin* et *Brenot* (469), de Paris; — une machine à imprimer et à régler, de M. *Létang* (465), de Paris; — un pousseur mécanique pour machine à régler, de M. *Brissard* (588), de Tours; — une machine à fabriquer les tuyaux de drainage, de M. *Brethon* (942), de la même ville; — une machine à visser les chaussures, de M. *Cabourg* (310), de Paris, — et une autre machine pour la fabrication des chaussures, de M. *Peyrou* (252), de Bordeaux; — la machine à aiguiser, de M. *Walcot* (362), etc., etc.

On voit que la diversité est grande, et qu'il serait bien difficile d'établir quelque ordre parmi ces objets, qui d'ailleurs, à l'Exposition, sont répandus un peu partout.

Il reste encore cependant à noter deux catégories importantes de machines : les machines à hacher la viande, qui ont été exposées par MM. *Buguet* (1621), *Jauze* (1200), *Castanet* (654), de Bordeaux, et MM. *Parod* (592), *Tussaud* (1836), et *Mareschal* (333), de Paris ; — ensuite, les appareils se rattachant à l'industrie du vin : une machine à remplir les bouteilles, de M. *Alliès* (971), restaurateur à bord du paquebot la *Guienne;* — un entonnoir de sûreté, de M. *Charton-Rey* (1422), de Nuits ; — un système à soutirer de bonde à bonde, de M. *Laburthe* (1082), de Mont-de-Marsan ; — un porte-air pour la décantation du vin, de M. l'abbé *Laporte* (1352), de Lesparre ; — enfin, plusieurs machines à boucher les bouteilles, de MM. *Chalopin* (67) et *Verrier* (1207), de Paris ; — *Carré* (937), de Bordeaux ; — *Savineau* (1250), de Saint-André-de-Cubzac ; — *Galice* (1810), de Rennes.

En forges et soufflets, l'Exposition comprend : une forge volante et divers soufflets sortant des importants ateliers de M. *Vivez* (241), de Bordeaux ; — une forge petit modèle de M. *Espagnet* (369), de la même ville ; — des soufflets et forges portatives de M. *Enfer* (496), de Paris ; — une forge portative à ventilateur de M. *Brun* (154), de Lyon ; — des soufflets de divers genres de MM. *Maréchal* (1039) et *Roughol* (1412), de Bordeaux.

Les exposants de courroies de transmission sont au nombre de deux seulement : M. *Scellos* (1800), de Paris, et M. *Daubrée* (908), de Clermont-Ferrand.

En revanche, jamais les fabricants de machines à coudre n'avaient été si nombreux. Cette industrie croit et embellit sans cesse; on ne peut que s'en réjouir.

Sur onze exposants de cette catégorie, un seul est de Bordeaux, c'est M. *Émile Cornu* (175); mais par la bonne exécution de ses machines, cet habile mécanicien lutte avec avantage contre ses dix concurrents parisiens : MM. *Fougeray* (70), *Martougen* (1492), *de Celles* (1269), *Fritzner* (171), *Goodwin* (282), *Mayer* (899), *Gauthier* (664), *Pournaux-Leblond* (423), *Cazal* (638), et *Callebaut* (474).

Les machines à coudre sont placées à l'entrée de la galerie de droite, et plusieurs travaillent une bonne partie de la journée. Ce compartiment est un des plus curieux de l'Exposition.

—

Pour ce qui concerne la tonnellerie, tous les exposants, ou peu s'en faut, appartiennent à la Gironde : M. *Bascou* (1664) a exposé des barils pour débitants de liqueurs; — M. *Bonnin* (1687), dix barils liés ensemble se remplissant par celui de dessus; — M. *Angaud* (909), de Bordeaux, divers objets de tonnellerie; — M. *Balguerie* (1762), de Tresses, du feuillard à barriques; — M. *Saucié* (1089), de Loupiac, et M. *Brisson* (1305), de l'Ile-Saint-Georges, deux barriques chacun; — M. *Lanet* (1747), de Cette, un foudre ovale; — M. *Trannin* (535), d'Arras, a envoyé des fûts ligno-métalliques et métalliques, sans coulage. On peut enfin ranger à la suite : MM. *Bacquey* (1745), qui ont exposé une mécanique pour finir de scier les fonds de barriques.

VIIe CLASSE.

8 EXPOSANTS.

Mécanique appliquée au tissage et à la filature.

Section unique.

En 1859, on déplorait avec raison l'absence à peu près complète à l'Exposition de Bordeaux, des machines si variées en usage dans la fabrication des étoffes. Cette année, l'appel fait par la Société Philomathique à toutes les industries de la France, n'a pas mieux été entendu, et le nombre des exposants de cette classe est juste le même qu'il y a cinq ans.

Voici en quoi consistent les machines exposées : deux machines à filer, destinées à une corderie, très intéressantes et très ingénieuses, de M. *Fragneau* (1518), de Bordeaux. Leur but est de permettre de fabriquer dans un petit espace ces longs brins qu'un homme, en reculant lentement sur une piste étendue, fait tordre de ses doigts, tandis qu'un enfant tourne une roue. Le constructeur a pris pour type la bobine du rouet; — un métier à tisser bien conditionné de M. *Migeon* (314), de La Rochefoucault; — des peignes à tisser de M. *Oelly* (902), de Sainte-Marie-aux-Mines; de M. *Coint* (52), de Lyon, et de M. *Mauruc* (1887), de Castelsarrazin; — une carde horizontale de M. *Montigny* (162), d'Arras; — une maque-teilleuse pour préparer le lin et le chanvre, de M. l'abbé *Couret* (681), de Sénarens (Haute-Garonne); — et des navettes volantes de M. *Daille* (529), de Brossac (Charente).

VIIIe CLASSE.

53 EXPOSANTS.

Arts de précision.

1re SECTION.

Instruments de précision. — Mathématiques. — Physique. — Chimie.

33 EXPOSANTS.

Les instruments de précision sont assez richement représentés à l'Exposition de Bordeaux ; mais au premier rang de ceux qui peuvent servir à l'étude des sciences, nous devons citer les Appareils uranographiques de M. *Lagane* (760), qui sont placés dans le transsept de gauche ou du nord, tout près de la porte de sortie conduisant à l'annexe des machines agricoles. L'Académie de Bordeaux a accordé à leur auteur une médaille d'argent en 1864 et une médaille d'or en 1865, non-seulement pour reconnaître un grand mérite d'invention et d'exécution, mais encore pour récompenser un service important rendu à l'enseignement astronomique. Ces appareils peuvent servir à l'enseignement de l'astronomie à tous les degrés, et grâce à la simplicité des organes et des rouages, le prix de revient paraît pouvoir s'abaisser au niveau des ressources des écoles primaires elles-mêmes. Les pièces principales sont : un planétaire représentant le mouvement des planètes autour du soleil ; une pièce destinée à figurer les mouvements de la terre autour du soleil et de la lune autour du soleil ; et surtout une pièce, la plus ingénieuse de toutes, représentant la marche des comètes autour du soleil. — Le mérite de l'auteur des appareils est d'autant plus grand, que, simple ouvrier, M. Lagane est parvenu, sans autre aide que la lecture de quelques livres élémentaires, à une connaissance approfondie et détaillée du système du monde. Grâce à son aptitude pour la mécanique, il a imaginé ensuite et construit entièrement de ses mains cette série d'appareils cosmographiques, tous remarquables par une grande simplicité.

Après ces intéressantes pièces, il convient tout naturellement de signaler le cosmographe-observatoire de places publiques de M. *Ouvière* (1461), de Marseille. — Dans la même catégorie se trouvent les instruments de dessin et de mathématiques de M. *Rougez* (1419), de Bordeaux, — et les instruments de marine de M. *Védy* (260), de Paris. — Les instruments de météorologie et de physique sont assez nombreux; outre ceux de M. *Dutrou* (142), de M. *Alvergniat* (376), et de M. *Balbreck* (127), de Paris, on peut voir les baromètres métalliques de M. *Redier* (36), et *Dubois* (116), de Paris aussi, — et plusieurs instruments de physique de M. *Gouëzel* (1847), de Belle-Isle (Morbihan).

MM. *Duroni* et *Murer* (138), les excellents fabricants d'instruments d'optique et de sciences de Paris, ont exposé divers lots. — M. *Choquet* (108), a envoyé aussi plusieurs sortes d'instruments d'optique, des jumelles de théâtre, et des lunettes de campagne et de marine. — Des lunettes ont été exposées encore par MM. *Girard frères* (370), d'Annecy, et des verres d'optique par M. *Druelle* (904), de Niort.

Grâce au développement universel pris par la photographie, l'Exposition est assez bien fournie en objets qui se rattachent à cet art; mais il est à remarquer que tous ces objets viennent de Paris : ce sont les appareils de M. *Hermagis* (1672); — de M. *Anthoni* (1248); — de M. *Darlot* (102); — de M. *Langlois* (115), — et de M. *Gilles* (117).

Les instruments se rapportant à la chimie ne comptent que deux exposants : MM. *Deroche* et *Morin* (692), de Paris, qui ont envoyé divers appareils, — et M. *Claparède* (1213), de Montpellier, fabricant d'un alambic pour essayer les vins.

MM. *Savineau* et *Doucet* (1471), de Saint-André-de-Cubzac, ont envoyé un niveau d'eau tubulaire; — et un conducteur des ponts et chaussées, de Barbezieux, M. *Gillet* (1342), une machine pour faire les travaux de nivellement.

M. *Lamarque*, de Mont-de-Marsan, a exposé trois sortes de compteur, deux pour omnibus (39), et un, sans tourniquet, pour une entrée d'exposition ou de tout autre lieu public.

Les autres lots de cette section sont tous, avec les mesures de capacité, en fer étamé, de M. *Franc* (1166), de Carcassonne; des mesures de poids, placées pour la plupart dans la cour du sud, en face de l'annexe des machines en mouvement. On y remarque des ponts à bascule, des bascules à bestiaux, des bascules du commerce, des romaines, et diverses autres mesures de MM. *Sagnier* (86), de Montpellier; — *Duru* (655), de Bordeaux; — *Darles* (1014), de Pouillon (Landes); —

Victor (1856), de Bordeaux; — *Sagniers* (1955), — et *Guellier* (1292), de Paris.

2e SECTION.

Horlogerie.

20 EXPOSANTS.

Malgré son importance réelle, cette partie de l'Exposition souffre de l'absence des grandes maisons d'horlogerie françaises; Paris n'y compte que deux exposants : M. *Redier* (36) et M. *Benoit* (1405), qui ont envoyé plusieurs pièces d'horlogerie de commerce et de précision.

La fabrique bizontine n'y est représentée que par des montres de M. *Cressier* (973) et de M. *Piquet* (1289); par des outils de diverses sortes pour horlogerie, de M. *Thourot* (1378), — et par un horloger du Jura, M. *Fumey* (577).

Les exposants bordelais sont au nombre de six : en première ligne, M. *Gretillat* (1292), avec son chronomètre de marine d'une remarquable précision, et sa belle pendule donnant les heures de plusieurs villes.

Vient ensuite M. *Guignan* (603), qui a exposé toute une collection d'horloges publiques, exécutées avec intelligence, et dont les sonneries ne se font point faute d'appeler l'attention. — La belle vitrine de M. *Maurel* (722), sollicite tous les regards; — les horloges de M. *Laurendeau* (1629); — le chronomètre de M. *Bocquet* (1859), — et les deux mouvements de montre de M. *Bruère* (761), sont des pièces véritablement remarquables à divers points de vue. — Le balancier-régulateur de M. *Verdier* (1579), de Sauveterre, est soigneusement exécuté.

Deux fabricants de Sermaize (Marne), MM. *Daldrieu* (1103 et 1902), et *Billaudie* (1982), ont envoyé des ressorts de grosse et petite horlogerie. — Un excellent horloger d'Avignon, M. *Ducommun* (1647), expose deux montres; — M. *Richard* (172), de Nantes, expose des montres, des échappements, des pendules, et un nouveau moteur; — et M. *Séris* (51), de Vic-Fezensac (Gers), diverses pièces de précision assez remarquables, ainsi que M. *Leroy* (636), d'Argences (Calvados).

IXe CLASSE.

66 EXPOSANTS.

Emploi de la chaleur, de la lumière et de l'électricité.

1re SECTION.

Emploi de la chaleur. — Appareils de chauffage.

30 EXPOSANTS.

Les objets les plus intéressants de cette section sont assurément les appareils de distillation, et, entre autres, l'érorateur Kessler, une ingénieuse et excellente invention, exposé par M. *André-Pontier* (289), de Paris; — M. *Privat* (1348), de Bordeaux, a exposé quelques-unes des cuisines distillatoires qu'il fabrique avec un soin particulier; — une autre cuisine distillatoire, avec tous ses accessoires, a été exposée par M. *Audouin*

(669), — et un appareil pour distiller l'eau de mer, par M. *Naud* (318), de la même ville ; — M. *Egrot* (356), de Paris, a exposé deux appareils fixes à distiller d'après son système, et un appareil du même genre monté sur roues ; — enfin, M. *Chenailler* (1936), de Paris, a envoyé un appareil à évaporer et à cuire le sucre.

Un fourneau de four à porcelaines, qui est digne d'attention, est de MM. *Baignol* (1711), à la Pallurie (Charente).

Différents modèles de bouches de four sont dus à un boulanger de Bordeaux, M. *Mousseau* (1188).

Deux appareils différents pour chauffage de serres sortent : l'un de la maison *Courrégelongue* (1941), de Bordeaux ; l'autre de la maison *De Laroche* (339), de Paris.

Les fourneaux et les appareils de chauffage de toutes sortes figurent en grand nombre, et l'industrie bordelaise s'est distinguée en ce point. On remarque parmi les produits locaux : les fourneaux et les cheminées de luxe de M. *Claës* (407) ; — les fourneaux de M. *Casimir* (1682) ; — de M. *Méjean-Fumat* (1302) ; — de M. *Castel* (1144), — et de M. *Dejean* (976), — et un ingénieux chauffe-pieds à lampes, de M. *Cornilliac* (1857). — Parmi les produits des autres villes : les fourneaux et le foyer fumivore réflecteur de M. *Vandembroucke* (712) ; — le chauffe-bains de Mme *Charles* (1537), et les divers appareils de chauffage de MM. *Minick* (418), — *Bocquet* (212), et *Lecuyer* (800), de Paris. — De la même ville, ont été envoyés : un appareil culinaire dit *prompt rôtisseur*, imaginé par M. *d'Aubréville* (820), et un appareil à chauffer les fers, fabriqué par M. *Chambon-Lacroisade* (25). — Divers autres appareils de chauffage ont été exposés : par MM. *Stoker, Girodon et Montet* (1198), de Lyon ; — par MM. *Corneau* (1556), de Charleville ; — *Boucher* (774), de Faney ; — et *Natal-Lani* (231), de Rouen.

Deux industriels bordelais, MM. *Gaillard* (883), — et M. *Fourton* (1628), ont exposé du charbon de bois. Le premier soumet aussi au visiteur un fourneau pour cuire le charbon. — MM. *Stoker et C*^{ie} ont envoyé, avec leurs appareils, quelques échantillons du combustible qu'ils fabriquent.

2e SECTION.

Appareils d'éclairage.

18 EXPOSANTS.

La chose la plus importante à signaler dans cette section, est l'appareil propre à fabriquer le gaz photoatmosphérique, de MM. *Chapa, Charrier et Dubernet* (1722), de Bordeaux. Cette invention qui, sous le rapport de la simplicité comme sous celui de l'économie, offre de réels avantages, fut très remarquée à l'Exposition de Bayonne. Plusieurs expériences faites à Bordeaux en ont démontré l'utilité et la valeur ; on ne saurait trop appeler sur elle l'attention des hommes de science et des hommes de pratique. — Une autre invention, le carbonateur s'alimentant par lui-même, de

M. *Nordhoff* (1127), de Toulouse, mérite aussi qu'on s'y arrête.

MM. *Maynard* et *Boudot* (1726), de Bordeaux, ont exposé des lanternes à l'usage des chemins de fer, — et MM. *Blazy* et *Luchaux* (1002), de Paris, divers appareils d'éclairage pour phares, chemins de fer et villes. Les lots se rapportant à l'éclairage au gaz sont les réverbères pour l'éclairage des villes, de M. *Maris* (377), de Paris; — le contrôleur automatique du gaz, de M. *Garnier* (1924), de Paris; — les compteurs à gaz de M. *Rey de Ballanet* (589), de Paris, — et les verres à gaz de M. *Périé* (621), de Paris.

On doit ranger à la suite : les lampes au système gazogène, de MM. *Despouys* et *Laureilhe* (291 bis), de Bordeaux; — les lampes au magnésium et les lampes colyphiles de M. *Greslé* (1388), de Paris.

Parmi les collections de lampes riches, on remarquera tout d'abord : la belle vitrine de MM. *Dubernat* et *Goubeau* (886), de Bordeaux, contenant de nombreux et jolis bronzes pour éclairage; — la brillante et variée collection de lustres à gaz et à bougies, suspensions, etc., de M. *Charles Bouilly* (1470), un des premiers industriels de Bordeaux dans ce genre; — le lustre en cuivre et en cristaux de M. *Jamet* (1761), de Bordeaux; — les lampes et lustres de M. *Chrétien* (1566), de Paris; — et diverses lampes au bec rond et au bec plat, de M. *Marmet* (1791), de Nevers. — L'éclairage en fleurs de M. *Barnest* (1525), de Paris, attirera aussi l'attention.

MM. *Maublanc* (374), de Paris, ont exposé des lanternes de vestibule, lanternes de ville, lanternes rondes, princières, etc. ; — *Descorps* et *Prevel* (582), de La Réole, de jolies lanternes cyclopiques et sphéroïdales ; — et M. *Vigneau* (1232), de Jusix, une collection de lanternes céphaliques. — Comme l'a déjà dit un des visiteurs de l'Exposition, tant de lanternes rappellent cette inscription, que remarqua Pantagruel dans le pays des Lanternoys :

> Passant icy ceste poterne,
> Garny-toi de bonne lanterne.

3e SECTION.

Bougies. — Stéarine.

14 EXPOSANTS.

Les usines bordelaises établies dans diverses localités des environs de la ville ont surtout enrichi cette section. Les fabriques qui ont exposé sont celles de MM. *Castaing* (54), de Floirac ; — *Cayrou et Cie* (631), de Bègles ; — *Delmas* (781), de Bordeaux ; — *Mallet et Cie* (705), du Bouscat. — Les fabricants de bougies, stéarine, oléine, étrangers au département, viennent : deux de Marseille, M. *Roura* (540), et M. *Fournier* (673), qui est aussi fabricant de savons ; — un de Paris, M. *Dausque* (1695) ; — un de Parthenay, M. *Bonnel-Maury* (1535) ; — et un d'Espagne, M. *Lizarillurry* (1544), de Saint-Sébastien.

La fabrication des allumettes prend un développement de plus en plus considérable. Les collections exposées les plus importantes sont celles de MM. *Caussemille* (457), et *Four* (1350), de Marseille; — *Laroche* (1867), d'Agen; — *Cazeau* (1691), de Toulouse; — et *Pourquié* (912), de Tarbes.

4e SECTION.

Emploi de l'électricité.

4 EXPOSANTS.

Parmi le petit nombre de lots de cette section, se trouve un de ceux de l'Exposition qui excitent le plus la curiosité; c'est l'appareil télégraphique imprimeur, de MM. *Digney frères et Cie* (1876), de Paris, placé à l'entrée de la grande galerie. Cet appareil comprend un manipulateur à tranches circulaires et un récepteur Morse, muni d'une roue de types, qui imprime à chaque émission du courant la lettre indiquée par l'opérateur. Ce système, basé sur des propriétés électro-magnétiques, et combiné avec un mécanisme aussi simple qu'ingénieux, paraît être d'une application facile, notamment pour les compagnies de chemins de fer, et constitue à ce titre un véritable progrès.

M. *Dubos* (557), de Bordeaux, a exposé quelques petits appareils électro-galvaniques dont il est l'inventeur. Ces appareils, dont l'expérience a constaté les résultats dans plusieurs cas de rhumatismes, de migraine, de paralysie, etc., sont destinés à être appliqués par le malade lui-même sur les parties souffrantes.

Dans la même vitrine, M. Dubos a placé aussi un moteur électrique.

Un autre moteur électro-magnétique a été envoyé par M. *Lebreton* (736), de Cette.

Enfin, M. *Prudhomme* (447), de Paris, a exposé des sonneries télégraphiques et des horloges électriques.

Xe CLASSE.

214 EXPOSANTS.

Produits chimiques.

1re SECTION.

Produits chimiques. — Teinture. — Huiles.

93 EXPOSANTS.

Les arts chimiques sont très richement représentés à l'Exposition. La classe qui leur est affectée est, après celle des substances alimentaires, la plus importante, et le nombre des exposants qu'elle comprend est à peu près le double de celui des exposants de 1859.

L'industrie locale se fait remarquer dans cette catégorie, autant par la qualité que par la variété et la quantité des produits : 28 exposants de cette classe appartiennent à la Gironde. Le département de la Seine vient après, et revendique 18 exposants. Le département des Landes et les villes de Lyon et de Marseille sont ensuite les pays d'où sont venus le plus de lots.

Les collections les plus remarquables de produits

chimiques divers sont celles de M. *Eugène Lebaigue* (839), de Paris, une des plus intéressantes ; — de MM. *Deroche et Morin* (692), de Paris ; — de M. *Mathieu Plessy* (1720), de Paris ; — de M. *Blanchard* (615), de Puteaux ; — de MM. *Roques et Bourgeois* (33), d'Ivry ; — de MM. *Desespringalle et Moreau* (84), consistant surtout en dérivés de l'alcool, chloroforme, éther, produits de la distillation du goudron de gaz ; — de M. *Fontaine* (148), de Paris ; — de MM. *Thomas et Cie* (1019), de Paris ; — de MM. *Poulenc et Wittmann* (481), de Paris ; — de M. *Tissier* (1182), de Conquet ; — de M. *Druelle* (904), de Niort, — et de M. *Casthelaz* (1016, 1017, 1018), d'Aubervilliers.

M. *Challeton de Brughat* (58), de Lisses, a exposé de la tourbe cristallisée et carbonisée, avec les produits dérivés ; — M. *Thibierge* (281), de Versailles, du sulfate et des sels de soude ; — M. *Leconte* (511), d'Issoudun, du bi-carbonate de soude obtenu par l'acide carbonique provenant de la fermentation du raisin ; — MM. *Gigodot et Cie* (682), de Lyon, des phosphates ; — M. *Lebreton* (736), de Cette, du sulfate d'argent et du sulfate de fer cristallisé ; — MM. *Sans, Thomas et Cie* (1184), deux vases sulfate de cristaux de soude.

Un exposant belge, placé hors concours, M. *de Cartier* (208), a envoyé du minium de fer, — et un colon de la Guadeloupe, M. *Perriolat* (1789), un flacon de rocou.

Marseille a principalement envoyé du soufre, sublimé, épuré, raffiné ou trituré ; les exposants de cette ville sont : MM. *Boude* (683), — *Bellier* (272), — *Renard* et *Jouvin* (726); ces derniers ont aussi exposé des sulfates et des sels de soude. — Une balle de soufre trituré a été envoyée encore par M. *Léguevaques* (1347), de Villaliers (Aude).

Une des plus intéressantes industries locales se rattachant à la chimie, est la fabrication des cristaux de tartre. Les principaux fabricants ayant exposé ce produit sont : MM. *Lyon et C*^{ie} (1298), — et MM. *Despax et neveu* (1713), de Bordeaux; l'exposition de ces derniers est complétée par de beaux échantillons de sulfate de cuivre et de sulfate de fer. — M. *Beauvais* (958), de Bassens, a exposé aussi de la crème de tartre, — et M. *Couret* (1632), de Houga (Gers), des cristaux de tartre.

M. *Fournet* (1673), dont l'usine à Caudéran est une des plus recommandables du département, a exposé divers acides et divers sels de soude et de phosphore; — MM. *Brun père et fils aîné* (855) exhibent un magnifique bloc de nitrate de potasse; — M. *Émile Brun* (266), divers produits; — M. *Roux* (196), un anti-oxyde pour le cuivre; — M. *Vignes* (1409), de Loupiac, des cendres gravelées et des cristaux de lie.

A ces exposants girondins, il faut ajouter les fabricants de produits destinés à la destruction des insectes et de l'oïdium, qui rentrent dans cette catégorie et sont assez nombreux à Bordeaux : M. *Moure* (609), qui expose, avec son associé M. *Dufrèche* (610), l'insecticide et le papier pour détruire les mouches, auquel il a donné son nom; — M. *Transon* (276), avec son ingénieux appareil dit *pince-mouche* ; — M. *Lemat* (616), avec ses produits anti-oïdiques. — Le liquide pour la destruction des punaises, de M. *Saudemont* (1092), de Lille ; — le nouveau procédé contre l'oïdium, de M. *Fosses* (1059), de Mont-de-Marsan, — et le liquide contre l'oïdium, de M. *Gommard* (1114), de Toulouse, doivent être encore rangés dans la même série, — ainsi que le procédé spécial de désinfection expérimenté sur une demi-barrique, par M. *Boué* (884), de Bordeaux.

Citons enfin, parmi les produits chimiques divers : les papiers et toiles verrés et émerisés de M. *Marqué* (1756), de Bordeaux, — et de M. *Dumas-Frémy* (316), d'Ivry ; — le salpêtre et la céruse de M. *Fontès* (910), de Toulouse ; — la tourbe et les pierres factices de M. *Darroze* (1167), de Pontoux-sur-l'Adour, — et la cire blanchie de M. *Saint-Martin* (1249), de Garrey (Landes).

Deux séries de produits faisant partie de la même section nous restent maintenant à signaler : l'huile et les teintures et couleurs.

Des huiles à graisser et des graisses ont été exposées par MM. *Tissendié* et *Lucas* (1327), de Bordeaux ; — *Malsang* (1051), du Bouscat ; — *Fenaille* et *Chatillon* (464), de Bordeaux ; — *Amenc* (205), de Clermont-Ferrand ; — *Boyenval* (1365), d'Arras ; — *Aimé-Forestier* (1333), de Niort.

MM. *Roux et fils* (1255), de La Réole, — et M. *Estrangin de Roberty* (1214), de Marseille, ont exposé de l'huile de sésame.

MM. *Marrot* (1171), de Couthures ; — *Lagardère* (844), de Niort ; — *Leclerc* et *Pellevoisin* (1359), de Niort,—et *Mazauric* (1450), de la Vendée, ont exposé des huiles de graines de lin et de colza.

MM. *Grasset* (1676), de Villenave-d'Ornon, — et *Cazenave* (1728), de Talence, ont exposé de l'huile pyrogénée.

Enfin, un pharmacien de La Rochelle, M. *Marquet* (792), a envoyé, en même temps que des produits chimiques, de l'huile de foie de squale,—et un négociant de Cayenne, M. *Pouget* (1922), des huiles végétales.

Divers types de bleu d'outre-mer ont été exposés par MM. *Bidauld* (1923), de Cenay (Ain) ; — *Robelin* (1172), de Dijon ; — *Dornemann* (38), de Lille, en douze bocaux ; — et *Cartier-Cassière* (587), de Tours.

M. *Breton* (93 et 559), de Paris, a envoyé des couleurs végétales pour la confiserie ; — M. *Casthelaz* (1016), plusieurs dérivés de la houille et divers produits employés dans l'industrie des couleurs ; — M. *Thibierge* (281), des sels de chrôme et couleurs ; — M. *Lacroix* (1794), des couleurs vitrifiables appliquées sur des médaillons de porcelaine et divers objets ; — M. *Desmottes* (1273), du rouge vermillon ; — et encore un autre industriel de Paris, M. *Grand* (106), diverses teintures.

Du centre de la production de la garance, MM. *Julian fils* et *Roquer* (308), de Sorgues (Vaucluse), ont envoyé six flacons de garancine.

Enfin, l'industrie locale a exhibé plusieurs produits : M. *Carbonel* (1009), du bleu d'azur en boules ; —

M. *Auger* (1411), une teinture noire pour les bois; — M. *Fayault* (1250), diverses nuances expérimentées sur des étoffes, des chapeaux, des pailles, etc.; — et M. *Daniau* (1325), du Tourne, divers bois de teinture.

2e SECTION.

Vernis. — Encre. — Cirage. — Colle forte et gélatine.

23 EXPOSANTS.

Trois maisons importantes de Bordeaux, MM. *Despouys* et *Laureille* (291), *Bonneville et Cⁱᵉ* (1904), et *Dallier* (463), ont exposé des vernis pour divers usages. — Le même genre de produits a été exhibé aussi par MM. *Jacquand père et fils* (1296), de Lyon; — *Bertaux* (1928); — *Bader* (1914); — *Sans-Monfort* (417), de Paris; — *Disdier* (699), de Marseille; — *Patrier* (961), de Poitiers; — et *Dupont* (305), de Cherbourg.

Plusieurs de ces maisons fabriquent en même temps et ont envoyé d'autre produit. Ainsi, parmi les industriels qui ont exposé du cirage, on remarque MM. *Jacquand*, de Lyon; — *Sans-Monfort*, de Paris; — *Bonneville*, de Bordeaux. — Les autres exposants de cirage sont Bordelais : c'est M. *Périchon* (818), — et principalement M. *Chevènement* (66), dont le commerce considérable alimente plus de cinquante ouvriers et une douzaine d'ateliers, et dont la juste réputation grandit de plus en plus.

M. *Chevènement* doit être compté aussi au premier

rang des exposants d'encre à écrire. — M. *Périchon* a exposé aussi de l'encre, ainsi que M. *Contre* (1821), — et M. *Malsang* (1051), qui fabrique des encres typographiques et lithographiques.

Les autres fabricants d'encre qui figurent à l'Exposition sont M. *Mathieu-Plessy* (1720), de Paris, avec son encre albuminée d'invention récente;—M. *Delastre* (1674), avec son encre violette inaltérable; — M. *Antoine* (91), de la même ville, avec diverses encres à écrire et plusieurs spécimens de cires à cacheter; — MM. *Jacquand* (1296), de Lyon, — et *Dérivis* (1111), d'Alby.

Outre MM. *Jacquand*, déjà trois fois nommés, les exposants de colle forte et gélatine sont d'autres industriels lyonnais, MM. *Gigodot et Cⁱᵉ* (682), et M. *Bancel* (1143), de Paris.

3ᵉ SECTION.

Papeterie. — Carton.

20 EXPOSANTS.

Malgré la proximité d'Angoulême, la grande fabrique de papiers est médiocrement représentée à l'Exposition.

Le lot le plus remarquable de cette partie est celui d'un industriel girondin, M. *Vorster* (13), de Monfourrat. — MM. *Larnaudès et Lacour* (674), de la Lenotte (Dordogne), ont exposé des papiers à bras de tous genres; — M. *Alamijeon* (1967), d'Angoulême, divers papiers à écrire; — M. *Capérony* (811), du Lot-et-Garonne, des papiers paille fins et ordinaires.

Que les fumeurs se réjouissent, les fabricants qui abondent sont ceux de papier à cigarettes ; ils sont cinq français : MM. *Hougron et C*^{ie} (1276) ; — *Prudon et C*^{ie} (1024), de Paris ; — *Bardou* (490), de Perpignan, l'auteur du papier Job ; — *Lacroix* (32), d'Angoulême ; — *Larnaudès et Lacour* (674) ; — et deux espagnols : MM. *Vitoria, Passarel et C*^{ie} (1011), de la province d'Alicante, — et MM. *Perés et Gironès* (342), de Séville.

Deux industriels parisiens ont exposé des papiers spéciaux : MM. *Schœffner et Mohr* (144), du papier photographique, accompagné de quelques épreuves ; — M. *Mathieu Plessy* (1720), du papier albuminé.

Les fabricants de papiers peints sont MM. *Saint-Marc* (1993), et *Soubiran* (1992), de Bordeaux, — et M. *Fremy* (658), de Roubaix.

MM. *Dencausse, Moussié et Olivier* (1042), de Bordeaux, ont exposé du carton en feuilles gris, mixte et blanc ; — M. *Jundt* (1129), de Strasbourg, du carton et du papier glacés ; — enfin M. *Armengaud* (1203), de Paris, quatre excellents et jolis panneaux en carton-cuir.

4e SECTION.

Cuirs. — Maroquin.

34 EXPOSANTS.

La fabrication des cuirs est très convenablement représentée à l'Exposition. La qualité des produits est souvent remarquable, et leur provenance est fort variée.

Nous citerons en première ligne les fabricants de cuirs vernis : M. *Courtois* (901), de Paris, un des lauréats de l'Exposition de 1859; — puis la *Wormalia* (1684), grande manufacture de la Hesse-Électorale, qui a tenu à faire connaître ses produits dans cette région de la France.

Les tanneurs et corroyeurs sont nombreux; nous remarquons, parmi ceux de Bordeaux : MM. *Lessancé frères* (965), — *Villalard et fils* (1580), — *Dubois* (770), — *Girard* (1671), — et *Sourzac* (1421), avec ses cuirs enduits. — Parmi les autres, MM. *Pouydebat* (367), de Cadillac; — *André et Fontaine* (1934), — et *Picard* (590), de Paris; — *Bardonneau* (422), de Vergt (Dordogne); — *Cardot* (450), de Stenay (Meuse); — *Boyer* (177), de Cordes (Tarn); — *Déon* (780), de Sens; — *Legal* (817), de Châteaubriant; — *Jourdain* (900), de Dreux; — *Belouin* (876), d'Angers; — *Zimmermann* (925), de Lyon; — *Sorel* (1254), de Moulins; — *Leroux* (1357), de Rennes; — *Hiriart* (1442), de Bayonne; — *Laignier-Villain* (1407), de Reims; — *Brissel* (1824), de Château-Renault; — *Perathon* (1543), d'Aubusson; — *Nègre* (1079), de Castelmoron; — *Odelin* (1080), de Bar-sur-Aube; — *Corniquet* (1150), de Vannes.

Les mégissiers et pelletiers sont en moins grande quantité; ce sont : MM. *Roque* (1240), de Montpellier; — *Laborde-Bois* (1238), d'Arudy (Basses-Pyrénées), qui prépare spécialement les peaux d'agneaux; —

Frémont et Richard (735), du Port-de-Cé, qui exhibent des peaux de moutons préparées avec leur laine, en blanc et en noir.

Des basanes brutes et corroyées, ont encore été exposées par ces derniers; — des basanes ordinaires lissées et en noir, par M. Téry (173), de Lamballe; — diverses basanes, par M. Duzan (204), de Bordeaux.

M. Duzan a aussi exposé des maroquins de couleur bien réussis. D'autres maroquins ont été exposés par M. Fremier (494), de Marseille.

Enfin une vitrine placée dans la grande galerie et appartenant à M. Imbault (606), de Paris, renferme des parchemins pour les usages les plus divers, qui doivent être classés dans cette section. Peaux d'âne pour tambour et reliure, vélins pour peinture et impression d'une blancheur et d'une finesse admirables, parchemin végétal pour décalquer, tous les produits de M. Imbault sont dignes d'éloges.

5ᵉ SECTION.

Caoutchouc. — Enduits imperméables. — Toiles cirées.

11 EXPOSANTS.

Le caoutchouc se prête aux usages les plus divers : — M. Carbonnier (1563), de Paris, expose des bourrelets et des tringles de rideaux fabriqués avec cette matière; — M. Daubrée (908), de Clermont-Ferrand, des feuilles pour clapets et joints, et divers autres objets d'une application industrielle; — M. Chapoton-Feinas (859), de Saint-Étienne, des tissus en caoutchouc pour chaussures.

Les toiles cirées exposées sont de MM. *Bréjat* (1451), de Bordeaux; — *Roze* (87), — et *Baudouin* (547), de Paris.

Des tapis cirés ont été envoyés par MM. *Martin-Delacroix* (1094), de Paris, — et *Gré et Nuyens* (264), de Bordeaux. Cette dernière maison, une des plus importantes dans cette industrie, a exposé, outre une série d'échantillons remarquables, un parquet d'un seul morceau, dépassant 160 mètres de surface.

MM. *Gré* et *Nuyens* (265), ont aussi exposé une toile-abri, des bâches, des vêtements confectionnés, des toiles et étoffes imperméables, et les enduits et peintures, préparés par eux, avec lesquels ils obtiennent cette imperméabilité. Le brillant et la solidité de cette peinture sont des qualités que la consommation apprécie de plus en plus.

Un autre fabricant de tissus imperméables, M. *Bienvaux-Him* (493), de Paris, a envoyé des toiles, des seaux et des tuyaux.

6e SECTION.

Parfumerie. — Savons. — Essences.

33 EXPOSANTS.

Cinq fabricants de savons, de Marseille, ont envoyé à Bordeaux des spécimens d'une des premières industries de cette grande ville : ce sont MM. *Estrangin de*

Roberty (1215) ; — *Tinel* (1996) ; — *Rauque* (929) ; — *Roulet* et *Chaponnière* (672), — et *Fournier* (673). — MM. *Mallet et Cie* (705), de Bordeaux, concourent avec eux, — ainsi qu'un industriel espagnol, M. *Lizariturry* (1544), de Saint-Sébastien.

La parfumerie tient dans cette section la plus grande place : deux distillateurs de Grasse, MM. *Martelly-Escoffier* (1987), — et *Saujot et Tiengou* (1403), ont envoyé diverses eaux, et des parfums concentrés. — De Nice, M. *Bermond* (896) ; — de Marseille, M. *Jourdan-Brive* (1046) ; — d'Alger, M. *Ycardi* (460), ont aussi envoyé des parfums. — M. *Raspail* (158), de Paris, a exposé quelques échantillons de son excellente parfumerie hygiénique de toilette. Diverses sortes de parfumerie ont été exposées par MM. *Chonneaux* (826 et 1842), — *Delabrierre* (326), — et *Poussard* (1505), de Paris.

Mais la parfumerie bordelaise est ici la plus brillante de toutes, et elle abonde principalement en spécifiques souverains contre la calvitie. En face de tant de belles promesses, que de visiteurs doivent tressaillir d'espérance !

M. *Dejean* (670), expose une pommade antipelliculaire contre les maladies du cuir chevelu ; — M. *Cistac-Tristan* (1031), une sève pour la pousse des cheveux ; — M. *Hubert* (1161), une pommade hygiénique ; — M. *Dufourc* (1312), une pommade pour arrêter la chute des cheveux, et contre la maladie du cuir chevelu ; — M. *Vasseur* (1971), une pommade de renaissance, — et M. *Castillon* (1567), une pommade spéciale, — sans compter un pharmacien de Nérac, M. *Rollindes* (927), qui offre aussi son cosmétique contre la calvitie.

Quatre autres parfumeurs de Bordeaux, MM. *Perboyre* (591), — *Caut* (1148), — *Le Bailly* (353), — et *Darfeuille* (381), ont exposé diverses eaux et pommades.

En essences, l'Exposition compte trois envois principaux : celui de MM. *Fenaille* et *Chatillon* (464), de Bordeaux; — celui de M. *Ycardi* (460) d'Alger, — et celui de MM. *Charras* et *Cie*, de Nyons (Drôme). Les derniers rameaux des Alpes qui couvrent la Drôme sont fertiles en plantes aromatiques dont les qualités mériteraient d'être mieux connues. MM. Charras et Cie, en employant ces plantes dans leur fabrication d'essences de lavande, de menthe, de marjolaine, d'origan, de romarin, de serpolet, de thym rouge et blanc, etc., assurent à leurs produits une incontestable supériorité.

XIe CLASSE.

385 EXPOSANTS.

Substances alimentaires.

Voici la classe la plus importante de l'Exposition de Bordeaux. Les industries dont elle se compose avaient un intérêt de premier ordre à se faire avantageusement connaître sur le marché d'un grand port maritime tel que le nôtre; aussi sont-elles représentées avec autant de variété que de richesse. Cette brillante exhibition, dans laquelle le nombre des lots dépasse de plus d'un tiers celui de 1859, permet de constater les progrès incessants de ces diverses industries. Ces progrès sont surtout sensibles pour la ville de Bordeaux et le département de la Gironde, qui ont fourni, pour leur part, 130 exposants environ. Les départements voisins, les deux Charentes et le Gers pour les eaux-de-vie, le Lot-et-Garonne pour les fruits, les Basses-Pyrénées pour le chocolat, la Dordogne pour les conserves de luxe, sont très convenablement représentés. L'Algérie et les Antilles revendiquent aussi dans cette classe une large et excellente part pour une foule de produits agricoles, qui doivent s'ajouter à ceux que nous avons déjà signalés. L'Espagne enfin, soit pour les huiles et les vins, soit pour certains produits fabriqués, tels que le chocolat, occupe aussi dans cette catégorie une place sérieuse.

1re SECTION.

Farine. — Amidon. — Fécules. — Pain. — Pâtes. — Biscuits.

53 EXPOSANTS.

L'usine de Laubardemon (Gironde), dont la création remonte à un temps immémorial et qui jouit, depuis une vingtaine d'années, d'une réputation très méritée, est le plus important établissement de minoterie qui ait exposé. MM. *Bachan et Cie* (1090), propriétaires de cette usine, ont envoyé plusieurs spécimens de farine étuvée, blé brut et blé épuré, farines et gruaux divers, presque tous remarquables. — Deux minotiers du Lot-et-Garonne, MM. *Duclos fils et C°* (1433), d'Escout-sur-Lot, — et M. *Roux* (653), de Nérac, ont exposé des farines de diverses qualités. — MM. *Lavie et C°* (1705), de Constantine, donnent une excellente idée par la farine qu'ils ont envoyée, de ce que peut faire l'Algérie sous ce rapport.

Quelques autres sortes de farines et certains pains ont été exposés, savoir : des riz de toutes qualités et farines de riz, par MM. *Chaumel et C°* (302); — du riz aussi, par MM. *Despax et neveu* (1713); — du gruau, par M. *Rossignol* (1635); — des pains de toutes sortes, par M. *Boudey* (1339); — des pains de gruau, par Mme *Brune* (1448); — du pain de gluten, par M. *Cailleau* (1029); — du tapioca, par M. *Purrey* (1848), tous sept négociants de Bordeaux; — du tapioca de fécule de manioc, par M. *Fossey* (1611), de la Martinique; — de la farine et semoule de maïs épurée, par M. *Cortadella* (1888), de Toulouse; — de la semoule, par MM. *Brunet* (845), de Marseille, — d'*Holier et Cavayé* (807), de Villefranche; — et le célèbre fabricant de Paris, *Groult* (1003), qui a exposé en même temps plusieurs pâtes.

Parmi les fabricants de pâtes alimentaires, ceux dont les produits se font le plus remarquer à l'Exposition sont, sans contredit, MM. *Louit frères et C°* (220), de Bordeaux, dont la riche collection ne peut manquer d'attirer les regards. Cette maison, dont la réputation méritée est aujourd'hui européenne, fabrique tous les articles compris sous le nom de *substances alimen-*

taires ; mais le débit particulièrement considérable qu'elle fait de ses pâtes prouve la faveur dont celles-ci jouissent dans la consommation. — Citons ensuite MM. *Chipoullet* et *Arnaud* (537), vermicelliers à Toulouse ; — M. *Nouguiès* (79), de la même ville, — et M. *Faucher* (1300), de Clermont-Ferrand.

Les fabricants d'amidon, dont les produits sont exposés, sont MM. *Reisler et C*^{ie} (1294), de Paris ; — *Mauger-Provost* (1510), de Saint-Denis ; — *Talon-Taffin* (1538) ; — *Valon et Taffin* (1849), de Cambrai, — et M. *Tartaro* (428), de Marseille.

Deux fabricants de fécule ont exposé ; ils appartiennent l'un et l'autre au département des Vosges : MM. *Schupp* et *Humbert* (629), d'Epinal, — et M. *Ferry* (1869), de La Chapelle.

Les besoins de la marine, dans un port tel que celui de Bordeaux, ne peuvent manquer de donner de l'importance à la fabrication du biscuit de mer ; aussi cette industrie locale est très convenablement représentée par les envois de MM. *Gasnot, Olivier* (1699), — *Touranne et fils* (650), — et *Redeuil* (941), de Bordeaux ; — de MM. *Gendron* (1180), de Couëron (Loire-Inférieure).

Des biscuits de desserts, mieux de nature à être appréciés par la majeure partie des visiteurs, ont été envoyés par MM. *Olibet* (596), — *Jandin* (1278), — et *Lapouze* (1233), de Bordeaux, — et par MM. *Louvel* (1069), de Paris ; — *Rouchier* (1508), de Ruffec ; — *Schoofs-Coquart* (254), de Bourges ; — *Papin* (889), d'Excideuil, — et *Rouchier* (1134), de Poitiers.

Avec les biscuits, il faut naturellement ranger les macarons, et en particulier les célèbres et délicieux macarons de Saint-Émilion, dont le secret — c'est tout dire — est une tradition venant en droite ligne d'un couvent de nonnes. Ceux qui figurent à l'Exposition ont été envoyés par M*me Dupuy* (1211), — et M*me Goudichaud* (1154). — On voit aussi à l'Exposition un spécimen des non moins célèbres pains d'épices de Dijon, envoyé par M. *Bourgeois* (771); — des macarons de M. *Eleva* (1703), de Montmorillon, et des macarons dits de Clion, de M. *Forsant* (1020), de la Charente-Inférieure.

Enfin, deux fabricants de fromages, de Roquefort (Aveyron), MM. *Tessier, Solier et Cie* (1040), — et MM. *Vernhet, Redal et Cie* (1689), ont exposé ce mets si apprécié des gourmets.

2e SECTION.

Boissons. — Vins. — Spiritueux. — Liqueurs. — Bière.

172 EXPOSANTS.

Il ne faudrait pas s'attendre à rencontrer à l'Exposition de la Société Philomathique une collection complète des vins fameux qui portent glorieusement jusqu'aux extrémités du monde le nom de Bordeaux. Les crûs du département de la Gironde, depuis longtemps classés par le commerce, n'ont point besoin de se soumettre à la dégustation officielle d'un Jury pour consacrer leur mérite et leur gloire, et cette année, comme aux Expositions précédentes, ils se sont abstenus de prendre leur place dans l'exhibition des richesses locales. Peut-être cependant, comme en 1859, les propriétaires des grands crûs mettront-ils à la disposition du Jury, lorsqu'il commencera ses épreuves, quelques-uns de leurs précieux flacons. En attendant, nous sommes forcés de constater que les vins qui figurent à l'Exposition n'appartiennent pour la plupart qu'à des crûs secondaires.

Quelques-uns pourtant sortent du pair : les vins de Cos-d'Estournel et de la Mission envoyés par M. *Chiapella* (1820) ; — les vins de Saint-Émilion, de M. *Malet de Roquefort* (1919), — et de M. *Puchaud* (1282). — Citons ensuite les vins de M. *Ramal* (1926), d'Asques ; — de M. *Lambert* (1058), de Tabanac ; — de M. *Royer* (1158), de Saint-Romain-la-Virvée ; — de M. *Dumezil* (507), de Beaurech ; — de M. *Olanyer* (1665), de Saint-Genès, dans le Blayais ; — de M. *de Vallandé* (320), de Léognan ; — de M. *Souleau* (1677), de Martillac ; — de M. *Nercam* (1118 bis), de Fargues-de-Langon ; — de M. *Poncet-Deville* (1916), clos Saint-Robert ; — de M. *Cazeaux* (1893), de la Médoquine ; — de M. *Moure* (848), de Cenon ; — de M. *Laliman* (1802), de Floirac ; — de MM. *Largeteau et Lussac* (1804), de Lagorce, — et de M. *Duclot* (1884), de Brannes. — Notons, en outre, les vins de liqueur de MM. *Trilles* (1634), — et les vins muscats de M. *Cabanes* (1290), de Bordeaux.

Les autres producteurs de vins qui ont exposé sont : De la Dordogne, M. *Raoul Balguerie* (199), vins de

Bergerac; — M. *Sauviac* (543), vins blancs de Montbazillac; — M. *Dupuy* (1354), vins des environs de Périgueux; — de la Charente-Inférieure, M. *Ménier* (1097), de Soubran, — et M. *Granier* (1852), de Médis; — du Lot-et-Garonne, M. *La Devèze de Charrin* (1712), de Moncrabeau; — des Landes, M. *Abdon d'Armana* (94), de Dax; — des Pyrénées-Orientales, M. *Vassal* (1345); — de Lunel (vins muscats), M. *Vialla* (784); — de Cette (vins de liqueur), M. *Chamasse* (1648); — de Tours (vins blancs mousseux), MM. *Guenault, Foulon* et *Coquerel* (1287); — de la Corse même enfin, M. *d'Astima* (1951).

Mais la collection de vins la plus nombreuse et la plus intéressante est celle qui a été envoyée par notre colonie d'Afrique. Douze viticulteurs algériens, MM. *Coulon* (1368), — *Coulon Claude* (1369), — *Villette* (1370), — *Mattei* (1371), — *Blanchou* (1372), — *Coste* (1373), — *Gabay* (1374), — *Baills* (1375), — *Faure* (1376), — *Cuny* (1376 bis), — *Goëtz* (668), — *Rouné* (1748), ont exposé des vins blancs et rouges de diverses qualités et de divers âges.

L'exhibition vinicole de l'Espagne est aussi très intéressante; elle comprend des envois de MM. *de Bresca* (812), de Malaga; — *Castellet y Balta* (1291), de Tarrasa; — *Laguna* (1585), de Santa-Cruz; — *Soler* (1681), de Tarragone; — de Mme la marquise de *Lazan* (1737), de Logroño, — et enfin de la *Députation générale de la province d'Alava* (1639).

Grâce à M. *Luiz da Sylva* (1957), le Portugal et le vin de Porto figurent aussi à l'Exposition.

A côté de ces vins, un négociant de Narbonne, M. *Ollagnier* (605), ne craint point de placer ses vins d'Espagne imités.

Trois propriétaires de vins de Champagne sont venus jusqu'ici. Parmi eux on compte une grande maison : MM. *Roederer et C°* (1475), de Reims ; — les deux autres sont : M. *Moignon* (1657), de Mareuil-sur-Ay, — et M. *Doër-Perruchot* (239), d'Avize.

Les imitateurs de leurs produits sont presque plus nombreux ; en effet, des vins champanisés ont été envoyés par MM. *Lermat* (713), d'Aigre (Charente) ; — *Bobin* (1341), de Creysse (Dordogne) ; — *Cartier* (748), de Tours, — et *Creuzé* (1557), de Châtellerault.

—

Les spiritueux sont assez abondants. Pour ces liquides, comme pour tous les autres, il nous est impossible d'établir un rang de mérite ; nous les classerons uniquement d'après leur provenance.

Commençons par Cognac. Les négociants de cette ville qui ont exposé sont : MM. *Étournaud et Gaillard* (1696), — *Meukow et C°* (704), — *Mouillon* (766), — et *de Laâge fils et C°* (926).

Parmi les autres envois venant des Charentes, nous remarquons : la belle collection de bouteilles et de fûts, si artistement rangée, de MM. *Bisquit, Dubouché et C°* (1479), de Jarnac ; — les lots de MM. *Bellot* (622), d'Aigre ; — *Castillo et Rapnouil* (545), de Sénac ; — *Gibeaud* (19), de Mortagne ; — parmi les envois d'eaux-de-vie, ceux de MM. *Granier* (1852), de Médis ; — *Mestreau* (1944), de Saintes ; — *Lafille* (919), de

Montguyon ; — *de Lotherie* (983), de Segonzac ; — *Lambert* (539), de Mainxe.

L'Armagnac a fourni quatre exposants : MM. *Cousseilhat* (1768), — *Bruchaud* (949), — et *Ducom* (1241), tous trois du Gers, — et M. *Seillan* (552), de Créon (Landes).

Dans la Gironde, indépendamment des propriétaires qui font convertir une partie de leurs vins en eaux-de-vie, il existe de grandes fabriques d'alcool. Une des plus importantes, celle de MM. *Bachan et Cie* (1090), de Laubardemon, a envoyé quelques types d'eaux-de-vie. — Parmi les autres exposants d'eaux-de-vie girondins, citons MM. *Moulin* et *Dégranges* (1502), de Bayas ; — *Chantecaille* (1623), d'Auby ; — *Réaux* (1669), de Ferrand ; — *Seguin* (723), de Cubnezais ; — *Périer* (970), de Pauillac ; — *Barthe* (1463), de Bègles.

Des distillateurs de Mostaganem, MM. *Thiel et Cie* (182) ont envoyé des échantillons des alcools de l'Algérie.

Un agriculteur espagnol de la Navarre, M. *Arguiñano* (1506), a aussi exposé des spécimens de ses eaux-de-vie.

Signalons ensuite : l'alcool de betterave de M. *Pougnet* (1991), de Niort ; — l'alcool de grains de M. *Saillaud* (256), d'Angers ; — l'eau-de-vie de sorgho de M. *Paulet* (1970), de Bordeaux ; — et l'eau-de-vie de betterave de M. *Rousse* (1464), de Bordeaux.

Les brasseurs de bière sont peu nombreux ; trois seulement ont envoyé leurs produits : MM. *Frette* (524), de Tonneins ; — *Vellen* (1858), de Marseille, — et *Sailland* (256), d'Angers.

—

Les propriétaires de la Martinique ont fourni à l'Exposition plusieurs lots de rhum et de tafia ; citons les rhums de MM. *Dariste* (1839), — *Le Sade* (1609), — *Chencaux* (1591), — *Rousseau* (1613), — et *Cornette de Venancourt* (1615). — Ces deux derniers ont encore envoyé du tafia, ainsi que M. *Gradis* (1891). — M. *Fossey* (1610) a exposé du vin d'orange, — et M. *Grandmaison* (1597) des liqueurs assorties, — ainsi que M. *Guesde* (1542), de la Guadeloupe.

—

Toutes les boissons possibles sont représentées à l'Exposition ; on y compte : six fabricants de vermouth, MM. *Roturier* (1030), de Bordeaux ; — *Huot* (940), — et *Oppenheim* (1444), de Marseille ; — *Doublier* (495), de Lyon ; — *Ollagnier* (605), de Narbonne, — et *Bouligny* (1700), d'Argentan (Orne) ; — cinq fabricants de bitter : MM. *Saint-Martin* (242), de Bordeaux ; — *Tivet* (1578), de La Réole ; — *Blanchard* (1754), de Rochefort ; — *Desvignes* (990), de Paris, — et un colon algérien, M. *Herrouet* (1959), de Philippeville ; — un fabricant d'absinthe, M. *Auffroid* (798), de Besançon ; — un fabricant de kirch, M. *Luzet* (1174), de Luxeuil (H.-Saône) ; — deux fabricants de curaçao, MM. *Schouteeten-Tiers* (757), de Lille, — et M. *Martelly-Escoffier* (1987) de Grasse ; — trois fabricants de cassis, MM. *Devillebichot* (1123), — *Truchot-Mau-*

vernay (1626), de Dijon, — et M. *Boutigny* (1700), d'Argentan.

Il serait aussi impossible que fastidieux de citer ici les noms de toutes les liqueurs exposées; nous signalerons cependant, d'une manière particulière : la liqueur hygiénique de *Raspail* (158), — la liqueur hygiénique du Père Kermann, dont les excellentes propriétés sont bien connues, envoyée par MM. *Sieuzac et Cie* (352), de Bordeaux; — la liqueur des Peaux-Rouges, fabriquée par MM. *Tivet et Cie* (578), de La Réole, avec une précieuse combinaison de plantes américaines, déjà récompensée à d'autres Expositions, et digne d'être appréciée par son bon goût comme par ses qualités hygiéniques; — la liqueur d'Hendaye, envoyée par M. *Dauphin* (279); — la liqueur des Bénédictins de Fécamp, fabriquée par M. *Legrand* (759); la liqueur de Surinam, fabriquée par M. *Le Perdriel* (44), etc.

Des liqueurs diverses ont été exposées en même temps par 17 liquoristes bordelais, MM. *Maléga* (237), — *de la Tremblaire* (415), — *Jourde et Nouvialle* (442), — *Marquette* (487), — *Menard* (743), — *Chauvet* (763), — *Fourché* (795), — *Perusat* (1053), — *Droz* (1149), — *Guillot* (1331), — *Laprade* (1469), — *Duclou* (1517), — *de Lompuy* (1707), — *Virly* (1710), — *Cosnard* (1819), — *Fau* (1844), — *Lafont-Dufau* (1845); — par quatre autres fabricants girondins, MM. *Marche* (1885), de Saint-Quentin-de-Caplong; — *Deffarges* (1961), de Vayres; — *Meynard* (838), de Castillon; — et *Delorme* (874), de Podensac.

La Charente-Inférieure a envoyé quatre liquoristes :

MM. *Danvin* (1100), de Pons; — *Blanchard* (1754), de Rochefort; — *Lamothe* (440), de Mirambeau; — et *Massiou-Magné* (479), de Saintes; — la Dordogne, un, M. *Poyel* (421), de Périgueux; — les Landes, un, M. *Barreyt* (1033), de Tartas; — les Basses-Pyrénées, un, M. *Malan* (1379), de Pau; — les Hautes-Pyrénées, un, M. *Sénac* (504), de Tarbes; — les Bouches-du-Rhône, trois, MM. *Perotin* (1432), d'Arles, — *Chappaz* (517), — et *Jourdan-Brive* (1046), de Marseille; — l'Isère, deux, MM. *Grillat* et *Marius* (745), — et *Dutruc* et *Grillat* (697), de Saint-Marcellin; — Lyon, deux, MM. *Gallifet* (608), — et *Doublier* (495); — Nantes, un, MM. *Chenard* et *Raboteau* (1862); — Tours, un, M. *Buisson-Robin* (297); — Limoges, un, MM. *Lacaux frères* (1315); — Moulins, un, M. *Poigné* (95); — Toulouse, un, MM. *Krespin* et *Manadé* (1760); — Saumur, un, M. *Bolognési* (519); — enfin, l'Algérie, deux, MM. *Pérals* (769), — et *Lescat* (183); — et l'Espagne, un, M. *Diaz* (695), de Valladolid.

3e SECTION.

Conserves alimentaires.

44 EXPOSANTS.

Bordeaux, comme nous l'avons déjà dit, étant, à cause de son port, un des principaux centres de consommation pour la conserve alimentaire, est en même temps un des principaux centres de production. Aussi, sur les exposants de cette section, la moitié appartiennent-ils au département de la Gironde. Les producteurs du dehors sont aussi venus avec empressement faire concourir leurs produits avec ceux de la localité.

La maison qui, en 1818, a importé à Bordeaux l'industrie des conserves alimentaires, MM. *Rödel et fils frères* (890), et qui a obtenu dans toutes les exhibitions les plus hautes récompenses, figure encore en première ligne à l'Exposition actuelle. — MM. *Sarda et C₫* (484), successeurs de M. Tourrette, dont le commerce prend un développement continuel, figurent à côté avec honneur. Les autres fabricants de Bordeaux sont MM. *Déségaulx* (444), — *Pouey* (685), — *Alliès* (972), — *Buzard* (491), — *Duclou* (1517), — *Jourde* (442), — et *Purrey* (1848). — Les fabricants étrangers sont MM. *Papin* (889), d'Excideuil; — *Auger* (651), de Dax; — *Sage* (730), de Brives; — *Guurrier* (1112), de l'Ile d'Oleron; — *Dubé* (1351), de Tulle; — *Amieux* et *Barraud* (1380), de Nantes; — *Le Ray* (1833), du Morbihan; — *Jourdan-Brive* (1046), de Marseille; — *Prast y Julian* (538), de Madrid.

Des fruits conservés ont été exposés par M. *Jean Fau* (287), de Bordeaux, renommé pour la préparation des prunes d'ente; — par MM. *Fourché* (795); — *Mathieu* (294); — *de Lompuy, Buche et C₫* (1707); — *Cosnard* (1819), — et *Fau et C₫* (1844), de la même ville; — des conserves de fraises, par M. *Donnel* (1349), de Pessac; — des prunes, par MM. *Cuzol et fils* (163), de Castelmoron, — et par Mme *Itier* (1571), de Sainte-Foy; — divers fruits, par MM. *Delorme* (874), de Podensac, — et *Dauvin* (1100), de Pons; — des ana nas et des fruits du pays, par M. *Guesde* (1542), de la Guadeloupe; — et par MM. *Hurard* (1602), — et *Couffe* (1593), de la Martinique.

Les autres conserves consistent principalement en salaisons, charcuterie et pâtés, de MM. *Duprat* (597), — *Beunier* (1189), — et *Grémailly* (1766), de Bordeaux; — *Duconquéré* (787), de Dax; — *Deschandeliers* (1975), de Ruffec; — *Chabrol* (1863), de Périgueux; — *Besset* (340), d'Alby; — *Cambon* (1157), de Montpellier; — *Gannal* (513), de Villeneuve-sur-Lot, — et *Boccardo* (1540), de Nice.

De Nantes, ont été envoyées des sardines à l'huile, par MM. *Moreau et Dubois* (569), — et des conserves de légumes et de poissons, par MM. *Amieux et Carraud* (1380).

Enfin, un département qui, sans avoir obtenu la même renommée, produit autant de truffes que le Périgord, la Drôme, a envoyé des conserves de truffes, préparées par M. *Perrier* (1430), de Crest.

4e SECTION.

Huiles d'olive. — Vinaigre. — Fruits au vinaigre.

26 EXPOSANTS.

Les seuls véritables fabricants d'huiles d'olive récoltée en France, qui aient exposé à Bordeaux, sont MM. *Charras et Cie* (534), de Nyons (Drôme). Les huiles fabriquées en grande quantité dans cet arrondissement jouissent dans le Midi d'une bonne réputation. —

MM. *Virly* (1710), — *Durel* (1199), — et *Fourché* (795), de Bordeaux, — ainsi que M. *Salesse* (1288), de Sainte-Foy, ont aussi exposé des huiles d'olive de diverses provenances, mais dont ils ne sont que dépositaires. — Les autres producteurs d'huile présents à l'Exposition viennent : de l'Algérie, MM. *Lami et Cie* (1705), — *Fleury* (624), — *Safrané* (532) ; — ou de l'Espagne, Mme la marquise de *Lazan* (1737), de Logroño, — et M. *Sarano* (1646), d'Alava.

Les exposants de vinaigre sont MM. *Lacaze* (663), — *Cessat* (1186), — et *Renaud* (1022), de Bordeaux ; — *Coudreau* (1866), de Libourne ; — *Ardura* (1744), de Blaye ; — *Laffitte* (572), de Coutras ; — *Cuzenave* (1125), de Nérac ; *Brisson et Tamizey-Lagrave* (1153), de la Charente-Inférieure ; — *Breton-Lorion* (865), d'Orléans ; — *Poupon* (1460), de Dijon ; — *Carlier-Cassière* (587), de Tours ; — et *Lorendeau-Bouchard* (701), de Poitiers.

Les fabricants de conserves au vinaigre sont trois industriels bordelais : MM. *Louit frères* (220), qui exportent chaque année pour un chiffre considérable de ces préparations ; — MM. *Déségaulx et fils* (446), et M. *Billioque* (1032).

5e SECTION.

Sucre. — Café. — Chocolat. — Moutarde.

54 EXPOSANTS.

Les raffineries de sucre bordelaises, autant que celles de Nantes, Marseille, et autres villes, se sont complétement abstenues de prendre part à l'Exposition. C'est un vide fort regrettable. En revanche, plusieurs beaux lots de sucre brut ont été envoyés par nos colonies des Antilles.

Les producteurs de sucre de la Martinique sont représentés par MM. *Guiollet* et *Quenesson* (544), — *Wallé, Clerc, Brière de l'Isle et C*^{ie} (1589), — *de Larenitz* (1607), — et *Decasse* (720); — ceux de la Guadeloupe, par MM. *Souques, Cail et C*^{ie} (1545 et 1785), — *Duchassaing de Fonbressin* (1320 et 1321), — *Denezeau* (1780), — et *de Chazelle* (1778). — Un raffineur du Nord, M. *Mariage* (1279), a exposé du sucre indigène.

Deux colons de la Guadeloupe, M. *Souques* (1787), — et M. *Colardeau* (1783), ont envoyé les échantillons des cafés qu'ils récoltent. — Trois lots de la même graine viennent de l'Espagne.

Plusieurs autres sortes de cafés ont été soumises au Jury par divers industriels : par M. *Barlerin* (437), pharmacien à Tarare, un café hygiénique dont les excellentes propriétés sont constatées par l'expérience; — par M. *Robin* (65), de l'Isle-d'Espagnac, un autre café hygiénique; — des cafés torréfiés, par M. *Aladane* (581), de Bordeaux, — et M. *Blanchard* (776), de Marennes; — des cafés moulus, par M. *Ramusat* (1678), de Bordeaux, — et M. *Prévot* (1730), de Limoges; — du café d'orge, par M. *Chapoix* (1096), d'Auxonne. — On range dans la même catégorie les glands doux, aux propriétés hygiéniques hautement reconnues, de M. *Coussin* (197), de La Bastide-Bordeaux; — la chicorée et les glands doux de M. *Langhendries-Parez* (301), de Valenciennes, — et de M. *Chausson* (935), de Paris.

Ce sont surtout les fabricants de chocolat qui abondent dans cette partie. Bordeaux en compte sept, en tête desquels il faut placer MM. *Louit frères* (220), les premiers lauréats de cette section en 1859. Depuis cette époque, leur fabrication de cet agréable et nutritif aliment s'est accrue peut-être autant sous le rapport de la qualité que sous celui de la quantité. — MM. *Sarda et Cie* (424), qui donnent plus spécialement leurs soins aux chocolats dans les prix ordinaires, ont aussi une remarquable exposition. — MM. *Sieuzac et Cie* (352), ont exposé un chocolat nutritif. — Enfin, MM. *Couytigne* (439), — *Martinez* (1969), — *Purrey* (1848), — *Douat* (1693), ont envoyé diverses sortes de chocolats.

Bayonne et Cambo sont représentés par cinq chocolatiers : MM. *Fagalde* (96), — *Prosper Biraben* (623), — *Harispe* (751), *Officialdeguy* (1644), — et *Cazenave* (667).

Paris en compte trois : MM. *Pelletier* (1466), — *Vernaul* (1655), — et *Grenier* (1792).

Les autres sont : MM. *Guérin* (828), — *Moreau et Dubois* (569), — et *Duchesne* (97), de Nantes; — M. *Vicente de Oger* (823), de Marennes, — et M. *Besnier* (1886), du Mans.

Enfin, de la terre classique du chocolat, l'Espagne, sont venus pour prendre part au concours bordelais : MM. *Méric et Cie* (1005), — *Lopez y Lopez* (419), de Madrid; — *Guttierez* (863), de Burgos; — *Damaso de*

Barrenengoa (750), de Ciudad-Real, — et *Lopez* (565), d'Irun.

Pour la fabrication des moutardes, l'industrie bordelaise n'a presque pas de concurrents à l'Exposition, où elle est très dignement représentée par MM. *Louit frères* (220), déjà nommés plusieurs fois ; — MM. *Sarda et Cie* (424), souvent nommés aussi ; — MM. *Doucet et Cie* (1693) ; — *Billioque* (1032), — et *Déségaulx* (446).— Le seul exposant de moutardes étranger est M. *Cartier-Cassière* (587), de Tours.

6e SECTION.

Confiserie.

18 EXPOSANTS.

Voici le triomphe de la gourmandise, la joie des enfants, et de beaucoup de grandes personnes ! Aussi, loin de tendre à diminuer, cette industrie s'ingénie-t-elle tous les jours à chercher quelque nouvelle et douce combinaison. Voyez avec quelle abondance les confiseurs de Bordeaux, MM. *Sarda et Cie* (424), — *Reynaud* (384), — *Couyligne* (439), — *Tellier* (441), — *Jourde* (442), — *Droz* (1149), — et *Marquelle* (488), ont étalé leurs dragées, gommes, pièces montées et bonbons de toutes sortes. — M. *Célisse* (1998), de Paris, a envoyé des pièces montées en sucre, — et M. *Choumara* (130), des bonbons à surprise. — D'Avignon, M. *Réau* (1095), a envoyé de la confiture, — et des Deux-Sèvres, M. *Vien* (1102), de l'orgeat concentré et solidifié. — Enfin, du réglisse a été exposé : par MM. *Chardounaud* et *Ducros-Odrat* (55), de Nimes; — *Curénon, Bonifou et Cie* (1482), de Moussac (Gard); — *Martin* (560), de Moulins; — et deux industriels espagnols, MM. *Noël Vasserot* (678), de Séville, — et *Castilla* (1812), de la Navarre. — Un confiseur de la maison royale d'Espagne, M. *Visa* (1261), de Mahon-de-Minorque, a aussi envoyé des confiseries.

7ᵉ SECTION.

Systèmes de bouchage. — Boîtes pour conserves.

18 EXPOSANTS.

Les deux industries indiquées par le titre de cette section, et qu'on a justement comprises dans la classe dont nous nous occupons, ont un intérêt direct pour Bordeaux ; elles sont surtout représentées par des Bordelais.

L'importante usine établie à Cenon par MM. *Bolts et Cie* (691), a exposé les capsules et papiers métalliques pour bouteilles qu'elle fabrique. — Des capsules ont encore été exposées par M. *Courdouzy* (696), — *Tardif* (858), — *Moreau* (30), de Bordeaux, — et *Sainte-Marie* (689), de Paris. — Divers autres systèmes de bouchage sont présentés par MM. *Granier* (1741), — et *Gelin* (1772), de Bordeaux; — des bouchons, par M. *Clavery* (1263), de Tosse (Landes); — des enveloppe-bouteilles en jonc et en paille, par M. *Duchon-Doris* (1108), de Bordeaux. — M. *Castil-*

lon-Duperron (671), de Bordeaux, a exposé des bouteilles à vis et décanteur fixe; — MM. Rœderer et Cie (1475), de Reims, un système de débouchage pour les bouteilles de champagne, annulant l'emploi du crochet; — M. Greffier (872), de Paris, une machine à boucher et une à ficeler. — Le même fabricant a encore envoyé plusieurs machines à eaux gazeuses. — Des appareils et des syphons pour l'eau gazeuse ont aussi été envoyés par trois autres industriels parisiens, MM. Maldinet (73), — Delabarre (1932), — François (1799), et par M. Lassabatie (1715), pharmacien à Pellegrue.

Enfin, la part relative aux conserves se compose : de boîtes en tous genres, d'une machine à foncer les boîtes, et de bouchons à vis en ferblanc fabriqués par M. Bayle (584); — et de boîtes garnies transparentes pour les prunes, de M. Lassalle (785), l'un et l'autre de Bordeaux.

XIIe CLASSE.

54 EXPOSANTS.

Anatomie. — Pharmacie. — Chirurgie.

1re SECTION.

Anatomie. — Histoire naturelle.

8 EXPOSANTS.

La classe que nous allons parcourir est loin d'avoir l'importance qu'on pourrait lui demander, et la première section en particulier n'offre pas un grand intérêt.

Elle comprend des oiseaux empaillés, présentés par M. *Lépine* (1332), — et M. *Mathieu* (294), de Bordeaux ; — des animaux préparés par M. *Guillem* (830), brigadier de gendarmerie à Macau, — et une collection de lépidoptères, réunie par M. *Serisié* (1668), de Bordeaux ; — puis, dans un autre ordre d'idées, un album botanique, de M. *Caton* (903), de Sainte-Foy ; — un herbier d'algues marines, de M. *Lemarié* (1493), de Saint-Jean d'Angely, — et un tableau de plantes marines, recueillies sur les côtes de Saint-Malo par M. *Cheftel* (917) ; — enfin des bouquets, des plantes et des cartes pour album, de M. *Monges* (1718), de Brest.

2e SECTION.

Pharmacie. — Préparations hygiéniques.

34 EXPOSANTS.

Les produits destinés au soulagement des souffrances physiques compris dans cette section sont très divers. On y trouve d'abord, comme produit local, la sève de pin, préparée, avec un soin intelligent, par M. *Dupuy* (1459), directeur de l'usine de la forêt, à Arcachon, et qui est depuis plusieurs années recommandée avec tant de succès par les médecins. — Deux autres fabricants de sève, M. *Lagasse* (443), de Bordeaux, et M. *Sémicc* (1484), de La Teste, ont aussi exposé leurs produits.

Des spécimens d'un remède aujourd'hui en vogue, l'huile de foie de morue, ont été envoyés par MM. *Hogg*

(1929), — et *Delahaye et Nellier* (948), de Paris ; — par MM. *Hermenck* et *Bribes* (1963), de Bordeaux ; — et *Sémiac* (1484), de La Teste. — M. *Marquet* (792), de La Rochelle, a exposé de l'huile de foie de squale, — et M. *Dupouy* (1259), de Coutras, de l'huile de ricin.

Des eaux minérales du Boulou (Pyrénées-Orientales), ont été envoyées par MM. *Massot, Durand* et *Boubal* (1314), — et des eaux sulfureuses de Bagnères de Bigorre, par M. *Gerloux* (1434). — MM. *Fisse* et *Sieuzac* (1878), propriétaires des bains de Cadéac, exposent aussi quelques bouteilles des eaux sulfureuses de cette source, dont la vertu curatrice a si souvent été éprouvée.

MM. *Jourdan* (1078), — et *Bertaud* (1513), de Bordeaux, offrent, ainsi que M. *Dutoya* (47), de Libourne, des remèdes contre les douleurs des dents.

M. *Mille* (1818), pharmacien-chimiste à Bourges, a envoyé des dragées de salsepareille iodurées, qui présentent par leur forme une grande commodité, un ferment de levure, et un spécimen de grutelline, préparation à laquelle il a donné son nom, et dont les résultats favorables ont fréquemment été constatés. — M. *Le Perdriel* (41), de Paris, a exposé divers produits ; — M. *Barbrin* (437), de Tarare, une farine mexicaine d'un excellent emploi dans les maladies de poitrine ; — M. *Pontié* (151), de l'eau de mélisse des Carmes ; — MM. *Pascal et Cie* (1729), des vins et élixir de guaco ; — M. *Rougié* (1633), de Gramat (Lot), un élixir au quassia-amara ; — M. *Bertaud* (1630), de Bordeaux, un vin d'orange des Antilles, au quinquina ; — M. *Dutaut* (167), une conserve analeptique ; — MM. *Doris, Laroze et C*[ie], des gommes du Sénégal triées, d'un bon emploi en pharmacie ; — M. *Dumas* (1121), de Saint-Astier, des toiles vésicantes et sparadraps ; — M. *Fruneau* (1309), de Nantes, du papier nitro-vitreux contre l'asthme ; — M. *Leconte* (511), d'Issoudun, des farines de lin ; — et M. *Bergereau* (292), pédicure à Bordeaux, un emplâtre dissolvant.

M. *Le Perdriel* (42), que nous avons déjà nommé, a exposé en outre des coffres et boîtes de secours pour voyage, chasse, etc. — Une autre boîte de santé a été présentée par M. *Barrière* (240), conducteur des ponts et chaussées à Bordeaux. — Comme complément de ces précautions, Mme *Duros* (298), de Paris, offre une chemise hygiénique.

Notons enfin que, grâce à un intéressant envoi de M. *Lallemant* (862), pharmacien à Alger, l'Exposition possède une collection de médicaments nouveaux, tirés du sol de l'Algérie, et un herbier des plantes médicinales de cette colonie.

3e SECTION.

Chirurgie.

12 EXPOSANTS.

La moitié des lots de cette section se rapportent à la chirurgie dentaire : dentiers et pièces artificielles de M. *Bellmann* (432) ; — diverses pièces de M. *Kielwasser*

(1449); — prothèse dentaire et instruments, de M. *Phocion* (687), tous trois de Bordeaux; — pièces diverses de M. *Moulis* (1252), de Bayonne; — clé à dents, de M. *Ritouret* (709), de Périgueux; — et plusieurs outils de dentiste, de M. *Rommetin* (1275), de Paris.

Les autres lots consistent : en deux séries d'instruments de chirurgie, fabriqués par M. *Guéride* (317), de Paris, — et par M. *Jouet* (371), de Bordeaux; — en divers appareils élastiques, de M. *Le Perdriel* (43); — en un nouveau système de bandages, de M. *Chabran* (1555), de Marseille, — et en une jambe de bois sculptée avec appareil à extension continue et graduée pour les fractures de la jambe, exposée par M. *Barot* (1658), docteur-médecin à Gençay (Vienne).

XIIIe CLASSE.

52 EXPOSANTS.

Marine. — Arts militaires.

1re SECTION.

Marine. — Appareils de sauvetage.

25 EXPOSANTS.

On peut ranger dans cette classe le modèle de la calle de halage en travers, imaginée par M. *Labat* (719), et que cet habile ingénieur, associé avec M. *Moulinié*, fait en ce momnnt construire en Queyries. Comme nous avons déjà parlé de cette invention à la Classe de la Mécanique, nous n'y reviendrons pas.

Divers constructeurs maritimes de Bordeaux, et quelques-uns de leurs ouvriers les plus habiles, ont porté à l'Exposition des petits navires qui, construits par eux avec une patience admirable, une précision parfaite et une grande élégance, attirent tous les regards dans la première galerie transversale où ils sont placés.

Nous remarquons dans cette série : un modèle de navire marchand de 850 tonneaux, exposé par MM. *Chaigneau frères* (1160) ; — des modèles de clipper, de navire de commerce, de batterie flottante et de yacht de plaisance, par M. *Lumeau* (1570) ; — un navire trois mâts franc, exécuté sur les plans de M. Pierre Robert, par M. *Peychez* (1025) ; — deux petits navires, par M. *Baillou* (835) ; — un navire à trois mâts avec gréement perfectionné, par M. *Meillant* (1901) ; — un navire-école, par M. *Bertrand* (1840) ; — une corvette, par M. *Lahoutau* (1915) ; — un navire de commerce, par M. *Malfré* (962) ; — une périssoire, par M. *Ouvrier* (1980) ; — un bateau de plaisance, par M. *Nollin* (1981) ; — un boat, par M. *Carrère* (1521), — et enfin divers modèles de navires, par M. *Brossens* (520).

En outre, un plan de frégate cuirassée, de 70 canons, est présenté par M. *Hénaut* (1667). — M. *Bellié* (1709) soumet au Jury un spécimen de construction navale d'après deux systèmes, — et M. *Chaumel* (1775), en même temps que le dessin d'un bassin de carénage, présente un modèle de liaisons longitudinales.

M. *Michel* (1856) a exposé un modèle de son bateau-baignoire, dit *bain flotteur*.

Tous les exposants que nous avons nommés jusqu'ici appartiennent à Bordeaux ou aux environs. Signalons maintenant les envois des exposants étrangers : deux ancres en fer de riblons et un guindeau-cabestan, de MM. *Malo et C*ⁱᵉ (1228), de Dunkerque ; — deux autres ancres, de MM. *Boyer et Varennes* (1968), d'Asnières ; — des étoupes goudronnées et blanchies, filées et en rame, de MM. *Chabert et C*ⁱᵉ (1087), de Marseille ; — un système de doubles vergues, de M. *Godet* (782), de Podensac ; — les baigneuses, de M. *Desens* (741), de Saint-Denis ; — deux scaphandres et une lampe sous-marine, envoyés par un fabricant d'appareils plongeurs, M. *Cabirol* (1271), de Paris, — et enfin des appareils plongeurs et des appareils de sauvetage, de M. *Rouquayrol* (546), de Paris.

2ᵉ SECTION.

Cordages. — Appareils de gymnastique.

8 EXPOSANTS.

Outre les cordages en fil de fer pour la marine et les puits de mines, de M. *Pieux-Aubert* (206), de Clermont-Ferrand, dont nous avons déjà parlé, et les cordages particuliers de M. *Vasquez* (1698), de Bordeaux ; cette section renferme : des cordages en fer et en chanvre, de M. *Lafaye* (1217), de Bordeaux ; — des échantillons de corderie, de M. *Carue* (62) et de M. *Thiphaine* (75), de Paris ; — des câbles, cordes et ficelles, de MM. *Besnard et Genert* (1485), d'Angers,

— et des cordes de différentes écorces, de MM. *Koechlin* et *Drouet* (1694), de Mulhouse.

MM. Thiphaine et Carue, que nous venons de nommer, ont aussi envoyé des hamacs, des balançoires et plusieurs appareils de gymnastique. — Un fabricant de Bordeaux, M. *Calvet* (851), a exposé un appareil gymnastique avec ses accessoires qu'il nomme *calvetien*.

3e SECTION.

Arquebuserie. — Équipements militaires.

14 EXPOSANTS.

Les visiteurs d'une pacifique Exposition, telle que celle de la Société Philomathique, ne s'attendent guère à trouver dans son enceinte les redoutables engins de guerre qu'on ne cesse d'inventer ou de perfectionner de nos jours. Ils pourront voir cependant, dans la cour du midi, à quelques pas du café, divers canons, mortier, obus, bombe, fusées à percussion et à temps, exposés par M. *Voruz* (1618), de Nantes. Ces pièces, qui excitent généralement la curiosité, sont accompagnées de modèles réduits de canons rayés et de photographies diverses d'artillerie. M. Voruz a exposé en même temps divers harnais pour batteries de campagne. — Les caissons en fer pour mettre en sûreté la poudre à canon, non explosibles en cas d'incendie, envoyés par M. *Bauche* (21), de Reims, doivent être cités immédiatement après. — Signalons aussi le nouveau lit de campagne de M. *Junius* (1731), de Bordeaux ; — un très curieux et très utile appareil servant à éteindre le feu, de MM. *Courtines* et *Monnet* (1964), de Paris, — et des seaux pour pompes à incendie, de M. *Boyer* (1637), de Bordeaux.

Les arquebusiers forment ensuite la meilleure part de cette section ; leurs vitrines, exposées pour la plupart dans la grande galerie du milieu, retiennent devant leurs richesses plus d'un chasseur, et font naître plus d'un désir sous le képi des collégiens en vacances. On y remarque les carabines, fusils de chasse, pistolets, revolvers et armes de toutes sortes de MM. *Campagnac* (1465), — *Bellié* (819), — *Grenié* et *Ladevèze* (1136), — et *Baradat* (1131), de Bordeaux ; — de MM. *Girard et Cie* (1641 et 827), — et *Schneider* (1402), de Paris.

Un officier de marine à Rochefort, M. *Fleury* (1001), a exposé un système de sûreté pour fusils de chasse.

Un fabricant de coutellerie de Saintes, M. *Dauzat* (1185), a exposé des armes de diverses sortes.

4e SECTION.

Ustensiles de chasse et de pêche.

4 EXPOSANTS.

On ne s'explique guère comment une section qui, par les seuls envois du département de la Gironde pouvait être si intéressante, est aussi nulle. Espérons que l'Exposition des produits de la mer et d'objets de pêche, préparée l'année prochaine à Arcachon, par la Société d'Aquiculture, nous dédommagera largement sous ce rapport.

Une cleine de chasse en fonte a été exposée par M. *Brout-Perrain* (834), d'Angoulême.

MM. *Jouannin* (548), de Paris, — et *Leuzy* (451), de Nantes, ont envoyé divers filets pour la pêche. — M. *Derieu* (1541), de Paimpol, a envoyé quelques-uns des ustensiles de pêche qu'il fabrique.

XIVᵉ CLASSE.

154 EXPOSANTS.

Constructions civiles.

Le développement toujours croissant des grands travaux de construction donne à cette classe un intérêt particulier, et les lots nombreux et importants qu'elle comprend peuvent satisfaire la curiosité qu'elle inspire.

1ʳᵉ SECTION.

Plans de bâtiments. — Pierres. — Plâtres. — Carreaux. — Briques. Tuiles. — Bitumes. — Toiture. — Enduits. — Ciments. — Chaux.

63 EXPOSANTS.

Les plans et dessins compris dans cette section ont tout aussi naturellement leur place dans les exhibitions artistiques, et l'on aurait pu voir, dans les galeries de la Société des Amis des Arts, les deux projets que

M. *Leo Drouyn* (1822), de Bordeaux, a soumis cette année à la Société Philomathique. Ces projets sont celui d'une maison de charité et celui d'un petit hôtel de ville. — M. *Motet* (1943), de Paris, a envoyé un projet d'appareils pour la construction des usines à gaz. — Un dessinateur bordelais, M. *Loizeau* (246), a envoyé un spécimen d'architecture mécanique et de dessins topographiques.

Les riches carrières de pierres de la Gironde et des départements voisins ne sont pas représentées à l'Exposition aussi largement qu'on pourrait le désirer. M. *Raoul Bernard* (1551) a envoyé, de Mussidan, un beau bloc de pierre, — et MM. *Cairon* et *Taitaut* (1636), de Bordeaux, ont envoyé un banc public comme spécimen. — De Bagnères-de-Bigorre, M. *Gertoux* (1434) a adressé des carreaux pour dallage, et un balcon. — D'autres spécimens de dallage ont été expédiés par M. *Bizeul* (1429), de Nantes, — et enfin des échantillons de pierres, extraits des carrières d'Avèze (Gard), ont été exposés par MM. *Guy* et *Merle* (1958). — Deux fabricants de pierres à bâtir factices, M. *Morel* (1979), d'Arcachon, — et M. *Coignet* (1007), de Paris, directeur de la Société centrale des bétons agglomérés, ont exposé leurs importants produits. — Les remarquables produits en béton-ciment de MM. *Domageau-Cailhava et C*^{ie} (1220) peuvent être rangés avec honneur à côté de ceux qui précèdent.

Signalons ensuite d'une manière spéciale les modèles de construction dans l'art de la coupe des pierres, et les albums contenant des épures, présentés par M. *God-*

barge (492), fondateur de l'école de stéréotomie de Bordeaux. Ces spécimens prouvent que les résultats obtenus par cette école sont à la hauteur de l'excellente idée qui a présidé à sa création.

Quoique le mot *plâtre* soit inscrit dans le titre de cette section, c'est en vain que nous avons cherché ce produit sur les Quinconces.

En revanche, les carreaux de toute sorte employés dans la construction, les tuiles et les briques, se rencontrent en quantité. Des carreaux en terre cuite ont été exposés par M. *Nercam* (1118), de Fargues-de-Langon; — par M. *Dandrieu* (1061), de Casteljaloux; — M. *Biers* (270), de Villeneuve-sur-Lot; — M. *Petiteau* (1048), de Tours; — MM. *Jolyon-Bourrassel, Berthoud et C*ⁱᵉ (728), de Châlon-sur-Saône; — M. *Fauchier-Dol* (619), de Salernes (Var); — M. *Gogois* (1738), de Tonnerre; — M. *Guiraud* (50), de Trêbes (Aude). — Deux fabricants du Pas-de-Calais, M. *Level-Minel* (68), — et *Fourmentreau-Courquin* (1410), ont envoyé des carreaux de faïence vernis et à dessins divers. — Deux plâtriers-stucateurs, de Bordeaux, ont exposé des spécimens de leurs travaux : M. *Giroust* (1431), des carrelages et plinthes; — M. *Combès* (907), des stucs artistiques, armoiries, reproductions de dessins, etc., etc.

Les fabricants de tuiles et briques sont venus de divers points. Parmi les lots les plus intéressants, figurent sans contredit les produits des usines de Monsalut et de Pey-Martin, dirigées par M. *Rollet* (772 et 773). Ces produits, réunis dans une légère construction, derrière le bâtiment principal, en face de l'annexe de la carrosserie, consistent en briques de tous genres, en graviers argileux des Landes, en terres réfractaires, etc. — Les autres exposants de produits analogues, sont MM. *Duprat* (190), de Bordeaux; — *Eymery* (1938), de Pessac; — marquis *de Roland* (512), de Preignac; — *Pajot* (765), de Saône-et-Loire; — *Arnaud* (1126), de Marseille; — *Le Brun-Virloy* (1037), de Fumel, — et *Germain* (1170), de Philippeville (Algérie).

MM. *Cousinet et fils* (1770), fabricants et applicateurs de bitume, et fabricants de noir de fumée, à Bordeaux, ont exposé des plaques et échantillons de matières premières. — MM. *de Briolle et Cie* (1534), qui exploitent la même industrie dans la même ville, ont exposé aussi divers spécimens de bitumes.

Les lots relatifs aux toitures consistent principalement en plaques d'ardoise et dalles de schiste, envoyées par M. *Krug* (1663), de Bagnères-de-Bigorre; — et en produits divers du schiste ardoisier d'Angers, envoyés par M. *Barazer* (939), de Bordeaux. — M. *Hugla* (1917), de Bordeaux, a exposé les ingénieux crochets métalliques pour couvertures de bâtiments dont on lui doit l'invention. — M. *Dupérier* (1974), de Dax, a exposé aussi un crochet perfectionné pour la couverture en ardoises. — Un fabricant de feutres asphaltiques, de Paris, M. *Hautrive* (253), a envoyé des feutres pour toitures à doublages, des tuyaux feutrés et des ardoises artificielles en feutre. — Des tuyaux en tôle et en bitume pour la conduite de l'eau et du gaz ont été aussi exposés par M. *Chameroy* (1021), de Paris.

Les enduits comprennent uniquement les produits céramiques pour parquets, de M. *Gent* (225), de Marseille.

Pour le ciment, indépendamment des travaux en ciment de M. *Boubès* (1224), de Bordeaux, consistant surtout dans les tables des futures halles de Bordeaux, et outre les panneaux en ciment comprimé de M. *Trouillon* (1620), de Caudéran, et la tête d'aqueduc en ciment et sable de MM. *Laborie* et *Gayet* (888), de Saint-Cyprien-sur-Dordogne, on compte, comme fabricants de cette matière : MM. *Lévignat* (483), de Domme; — *de Saint-Ours Cibrie et C"* (950), de Saint-Cyprien; — *Trenty* (955), de Fumel; — *Bonafous-Murat* (1362), de Castelfranc; — *Calbet* (1319), de Villeneuve-sur-Lot; — *Demarle-Longuely*, et *Bourgeois* (1117), de Boulogne-sur-Mer; — et *Gallicher* (426), de Nevers.

Quelques-uns de ces fabricants de ciment fabriquent aussi la chaux, tels MM. *de Saint-Ours Cibrie et C"*, — *Trenty*, — *Bonafous-Murat*, — *Calbet*; ils ont aussi exposé ce produit. Les autres spécimens de chaux sont de MM. *Latreille-Ladoux* (1223), de Périgueux; — *Blanc* (1170), de Saint-Astier; — *Cessac* (1572), de Sainte-Eulalie-d'Ambarès; — *Fournet* (1673), de Caudéran; — *Briand* (1950), de Choisy (Charente); — et *Prast* (1638), de la province d'Alava (Espagne). — Ajoutons les produits hydrauliques de M. *Carvin* (429), de Marseille.

2° SECTION.

Charpenterie. — Menuiserie. — Serrurerie.

58 EXPOSANTS.

Le seul lot qui soit complètement du ressort de la charpenterie, est l'échafaudage exposé par M. *Pouchaud* (1652), de Bordeaux.

Deux autres lots importants sont un escalier mobile de M. *Audubert* (675), et des escaliers et pièces de trait de M. *Condis* (275), l'un et l'autre de Bordeaux. — M. *Perault* (986), de Marseille, a envoyé trois échelles pliantes à bâtons mobiles pour incendie. — Trois fabricants de parquets ont exposé de beaux spécimens de leur travail : ce sont MM. *Gourguechon frères* (1056), et *Olivier* (626), de Paris; MM. *Bizel-Pacherly* (307), de Bordeaux, et *Maybon* (1946), de Toulouse, auxquels il faut ajouter M. *Cornevin* (1994), de La Flèche, qui a envoyé des mosaïques en bois. — MM. *Banizette* et *Guimberteau* (503), menuisiers à Libourne, présentent une fenêtre; M. *Lagardère* (1168), employé au chemin de fer du Midi, à Arcachon, une croisée à feuillure mobile, et des volets; MM. *Delabarre* (49), et *Curé* (90), de Rouen, des châssis de fenêtre à tabatière. — Trois menuisiers de Bordeaux présentent divers systèmes de jalousies : MM. *Nacqué* et *Rival* (1830), une jalousie s'ouvrant de l'intérieur de l'appartement; MM. *Plagnol* (1192), et *Baptiste* (1303). — Deux autres menuisiers de la même ville exposent : M. *Ulmer* (934), une porte et une croisée avec blindages; — M. *Léon* (1989), un système de plinthes à pompe empêchant le passage de l'air. — Un siccitelier, M. *Ponsian-Ormières* (164), expose divers objets de son industrie, et MM. *Carrères* et *Descos* (1446), deux caisses. — La même catégorie renferme : un kiosque élégant en imitation de bambou, avec chaises analogues, de MM. *Redond* et *Roger* (1178), de Paris; — et la jolie balustrade la galerie de l'Exposition artistique, due à M. *Saboulard* (1843), découpeur à Bordeaux; — un système de fermeture hermétique appliqué aux fermetures extérieures, conçu par M. *Carde* (1580), et les bois sciés à la mécanique, de M. *Berthomieux* (1219), de Bordeaux. — Enfin, des chefs-d'œuvre de charpenterie exécutés : par les *Compagnons* charpentiers du Devoir de la liberté (1817); par M. *Paqueau* (179), ouvrier imprimeur à Bordeaux, et par les *Compagnons* passants du Devoir bons drilles, arrêtent les regards. On sait ce que sont tous ces travaux, des œuvres, faites en commun, d'une conception un peu fantastique, mais remarquables sous le rapport de la patience et du fini.

La ferronnerie et la grosse serrurerie comprennent : des poutres en fer, de M. *Duprat* (1896), de Bordeaux, et de M. *Henry* (1680), d'Angers; divers articles de ferronnerie de M. *Merle* (357), de Bordeaux, et de MM. *Tesnière* et *Berthod* (891), d'Ivry; des balcons, de M. *Villard* (249), fondeur à Lyon; des tuyaux en fonte pour conduite d'eau à joints en caoutchouc, de MM. *Darriet frères* (1225), de Bordeaux; des tuyaux cannelés en zinc, de M. *Versel* (1960), de Nantes, et jusqu'à des paratonnerres et des paragrêles, de M. *Négrerie* (244), de Saint-Médard (Basses-Pyrénées), et même une niche pour sépulcre, de M. *Lanoëlle* (1549), de Bordeaux.

Parmi les produits de la serrurerie nous rencontrons encore : diverses serrures, de MM. *Arnaud* (1734); *Oursule* (1424), de Bordeaux; des jeunes ouvriers du *Pénitencier* du Pont-de-la-Maye (1054), et de M. *Roger* (566), de Rouen; mais nous remarquons surtout et avec admiration les ornements de serrurerie artistique faits de divers morceaux et applicables à divers usages, d'un bordelais, M. *Fagel* (1440), un véritable artiste, bien digne de la haute récompense qu'il a obtenue de l'Académie de Bordeaux. — Nous trouvons ensuite : un nouveau système de ferrure pour les croisées, dû à M. *Carde* (1055), de Bordeaux; des boutons de porte en cristal, de M. *Gallimard* (431), de Paris; des crémones et verroux de M. *Rouillard* (593), de Paris; un ressort ferme-porte et un châssis, de M. *Barbary* (1716), du Lot; des écrous, boulons, etc., de M. *Martinet* (1594), et divers objets en zinc, de M. *Sarraille* (599), de Bordeaux; enfin, divers appareils de sonnerie, et tableaux indicateurs, de M. *Roussel* (1229), et de M. *Baron* (1879).

Ne quittons pas cette section avant d'avoir cité les meubles pour jardins, de M. *Félix Carré* (176), de Paris. Par leur aspect élégant autant que par l'élasticité qu'offrent les lames d'acier dont ils sont formés, ces meubles attirent les regards de tous les visiteurs de l'Exposition, et ils justifient la préférence que leur a accordée la ville de Paris en les adoptant pour ses promenades.

3ᵉ SECTION.

Peinture industrielle. — Décorations.

21 EXPOSANTS.

Parmi les lots de cette section, il en est un du plus haut intérêt; c'est l'exposition de M. *Léon Dalemagne* (1577), de Paris, qui fait connaître des moyens propres à conserver les matériaux de construction par un nouveau procédé de peinture industrielle, nommé *silicatisation des pierres*, et déjà consacré par de favorables expériences. Les échantillons de pierres silicatisées exposés par M. *Dalemagne* sont au nombre de 70, y compris des spécimens de peinture et des silicates fabriqués à diverses époques. La silicatisation consiste à transformer des matières poreuses, telles que la craie, en pierres dures comme du marbre, par le moyen d'un bain de silicate de potasse dans lequel on plonge ces matières. Le silicate de potasse peut aussi être appliqué comme badigeonnage sur les murs, les statues, les ornements d'architecture et toutes les pièces qu'on veut durcir.

Un peintre de Sainte-Foy, M. *Delrieu* (975), a exposé un enduit contre l'humidité des murs.

Une des principales parties de la peinture industrielle consiste dans l'imitation des bois et des marbres; elle est représentée à l'Exposition par des envois de MM. *Guédon* (1313), — *Audreucelli* (1717), — *Lestrade* (1222), de Bordeaux, — et *Bounard* (1169), de Marseille. — Un peintre d'Angers, M. *Patysiewicks*

(168), a exposé de la peinture décorative, et de la sculpture réchampie.

Divers panneaux et écussons pour voitures, dont nous avons déjà parlé dans une Classe précédente, font partie de cette section, qui comprend aussi : un tableau d'enseignes et de décorations de M. *Hugedé* (124), de Paris, et divers modèles de lettres pour enseignes, de MM. *Fauché* (571), — *Sauvaise* (187), de Bordeaux, — et *Morin* (48), de Paris.

Trois fabricants de stores, de Bordeaux, MM. *Lepreux* (201), — *André* (1151), — *Montet* (804); — deux de Paris, MM. *Barbier, Guissani et C*^{ie} (1998), — *Massérano* (217), — et un de Nice, M. *Liéto* (306), exhibent plusieurs modèles commodes et élégants de stores.

4ᵉ SECTION.

Fontainerie. — Appareils inodores.

12 EXPOSANTS.

M. *Laborde* (1330), de Bordeaux, a exposé une collection variée des objets de robinetterie et fontainerie qu'il fabrique. Des robinets ont encore été exposés par M. *Dupuch* (140); — deux fontaines de ménage par M. *Chauvin* (727), — et un appareil de filtrage par M. *Bourgeoise* (993), de Paris.

Divers appareils inodores, que le lecteur voudra bien ne pas nous demander de décrire, sont présentés par MM. *Denis* (1516, — *Germain* et *Furt* (1490), —

Méric (1476), de Bordeaux; — MM. *Collarino* (1956), de Marseille; — *Foussier* (1911), de Limoges; — *Legé* et *Danguy* (635), de Nantes; — *Darribet* (802), de Dax, — et *Dussaux* (388), de Gentilly.

XV° CLASSE.

3 EXPOSANTS.

Aciers.

Section unique.

A l'Exposition de 1859, cette classe ne comprenait qu'un seul exposant, M. *Jackson*, maître de forges, à Saint-Seurin (Gironde) et à Imphy (Nièvre), qui obtint à cette occasion la croix de la Légion-d'Honneur. Cette année, la société d'Imphy-Saint-Seurin (721) a encore envoyé, à Bordeaux, une magnifique collection des produits de ses deux importantes usines. Outre des boulets d'une rare perfection, des rails, des tôles et une foule d'objets en acier, on y remarque avec étonnement un monstrueux lingot d'acier, de plus de 7,000 kilogrammes. Cette collection, une des plus remarquables de l'Exposition, est placée dans le passage qui conduit à l'annexe des machines en mouvement.

Du département de l'Isère, MM. V° *Charvet et fils* (211), maîtres de forges au Guas de Renage, ont envoyé, pour concourir avec les aciers Jackson, des aciers naturels, corroyés et fondus.

L'Espagne, enfin, prend aussi part à ce concours

par l'acier tout fer espagnol qu'a exposé M. *Marteville* (715), directeur de la Compagnie houillère et métallurgique des Asturies.

XVIᵉ CLASSE.
87 EXPOSANTS.
Ouvrages en métaux. — Meubles de jardin.

1ʳᵉ SECTION.
Meubles en fer et en cuivre. — Meubles de jardin.
31 EXPOSANTS.

Les coffres-forts, placés à l'extrémité de la nef de droite ou du midi, constituent un des principaux articles compris dans cette section. Par leur taille, comme par le nom du fabricant, ceux de M. *Fichet* (23) attirent tout d'abord l'attention. Depuis le coffre-fort que dix hommes pourraient à peine remuer jusqu'au coffre-fort-bijou, cette collection comprend toutes les grandeurs. Les autres fabricants parisiens du même article sont : MM. *Frouvière* (111), — *Delarue* (486), — *Petiljean* (74), — et *Lhermitte* (81), dont les coffres-forts sont fermés par des serrures nouvelles sans combinaison apparente. — Deux fabricants bordelais ont aussi exposé des coffre-forts : M. *Grandet* (1495) et M. *Duru* (657), dans la collection duquel on remarque une caisse avec combinaison à dégagement et un coffre placé dans un meuble en palissandre. — Enfin, M. *Bauche* (18), de Reims, a envoyé douze coffrets incombustibles.

Après les coffres-forts, les articles de literie forment la partie principale de cette catégorie; ils sont aussi placés à l'extrémité de la nef de gauche. Quatre industriels bordelais : MM. *Laporte* (434), — *Cazentre* (203), — *Lion* (1739), — et *Grandet* (1494), ont exposé divers modèles de sommiers et lits en fer. Mais le lot le plus remarquable en ce genre est celui de M. *de Laterrière* (81), de Paris, propriétaire du brevet du système Tucker. — M. *Massé* (1940), de Paris, a aussi envoyé des lits et des sommiers.

Un porte-fût en fonte a été exposé par M. *Barre* (378), de Paris; — et divers porte-bouteilles, par MM. *Fraissinet* (1654), — *Barbou* (354), *Montagne* (1398), de Paris; — M. *Doumaux* (1834), de Clermont-Ferrand, — et M. *Delabarre* (49), de Rouen. — Citons encore, parmi les meubles de cette série, des baignoires de M. *Lécuyer* (800), de Paris, — et de M. *Theynard* (324), de Grenoble, — et les guéridons et tabourets en fonte de M. *Chambon-Lacroisade* (25), de Paris.

Outre les fauteuils et les chaises à lames élastiques de M. *Carré* (176), dont nous avons déjà parlé, les meubles de jardin comprennent : les jets d'eau et les élégantes fleurs artificielles en fer repoussées au marteau, de M. *Chauvet* (881), de Bordeaux; — divers meubles de MM. *Ponsian-Ormières* (164 bis); — *Legendre* (756), de Saint-Jean-d'Angely; — *Grassin-Balédans* (1004), de Saint-Sauveur-les-Arras; — *André et Goetz* (262), de Strasbourg, — et enfin les meubles de campagne de MM. *Lys frères* (1247), de Bordeaux, — et *Fosses* (987), de Mont-de-Marsan.

2ᵉ SECTION.

Taillanderie. — Outils.

25 EXPOSANTS.

L'exposition de M. *Mongin* (358), de Paris, est une des plus remarquables de cette série. Outre les ressorts et les divers outils tranchants qu'elle renferme, il faut citer principalement une grande scie circulaire d'un fini d'exécution irréprochable. — Les limes et râpes de M. *Sainte-Marie* (448), de Bordeaux, sont fabriquées avec un soin tout particulier. D'autres limes ont été envoyées par M. *Rémond-Saint-Edme* (1264), de Paris. — Les autres exposants d'articles de taillanderie et de coutellerie sont : MM. *Richard* (1209), de Royan; — *Bonnet* (1865), de Gourdon (Lot); — *Brillet* (522), de Périgueux; — *Boutinaud* (210), de Thiviers; mais les plus importants sont ceux qui représentent les fabriques renommées de Langres et de la Haute-Marne : MM. *Guerre* (822), — *Bourgeois-Hennetrier* (1281), — *Girard* (563), — et *Bourgeois-Pensée* (364). — La coutellerie de Thiers est aussi fort bien représentée par MM. *Ménière* et *Soanen* (1260).

Les fabricants de Bordeaux ont exposé un grand nombre d'outils pour divers métiers : MM. *Carré et fils* (937), — *Gryninger* (268), — *Magne* (368), — et *Crabey* (1361), ce dernier de Lyon, des outils de tonnelier; — MM. *Fauché* (921), — *Mantelin* (195), — *Prévôt* (384), des outils de menuisier; — M. *Chaumont* (1933), des outils de taillandier, — et M. *Hugron* (1997), des outils dentés. — Un fabricant de Saint-Étienne, M. *Descreux* (832), a envoyé des outils de cordonnier; — un forgeron de Grateloup (Lot-et-Garonne), M. *Pujols* (847), divers outils, — et enfin M. *Brisset* (1036), de Paris, une cisaille de précision pour couper les cartes et les cartons.

3e SECTION.

Quincaillerie. — Ustensiles de ménage. — Tamis et grillages.

31 EXPOSANTS.

Les lots, dans cette section, sont très variés; nous y trouvons : plusieurs systèmes de moulins à café, exposés par MM. *Souvestre* (1883), et *Besnard* (740), de Bordeaux ; — MM. *Pauwels* (994), de Paris; — *Dupont* (304), de Cherbourg ; — des cafetières et torréfacteurs de MM. *Chausson* (935), — et *Toselli* (1390), de Paris; — un appareil nommé *molleteur*, utile pour faire cuire à point les œufs à la coque, de M. *Malapert* (778), de Poitiers; — des fers à repasser avec un appareil pour les chauffer, de M. *Chambon-Lacroisade* (25); — des souricières, de M. *Billot* (498); — un système de dégraissage de la vaisselle, de M. *Dégranges* (1679), de Guîtres; — une lessiveuse, de M. *Renault* (793), de Libourne; — et divers ustensiles de ménage, de MM. *Despujoulets-Gérard* (1529), de Bordeaux; — *Charles* (1537), — et *Huart* (1383), de Paris.

Des aiguilles à coudre ont été envoyées par MM. *Flamm et C"* (840), de Phlin (Meurthe). — Deux cloutiers de

Bordeaux, M. *Espagnet* (369), — M. *Cerlain* (247), — et un cloutier de La Charité-sur-Loire, M. *Gallié* (1985), ont exposé quelques produits de leurs ateliers.

Mme Ve *Preis* (31), de Strasbourg, a envoyé un assortiment varié et de bon goût de plateaux, de boîtes, etc., en tôle et ferblanc peints et vernis et imitant le laque de Chine.

Dans la même vitrine, on remarque aussi plusieurs cages variées et élégantes. Plusieurs autres cages et volières, dont la plupart sont charmantes et du meilleur effet, ont été exposées par des fabricants de Bordeaux, MM. *Pauvif* (1892), — *Carrère* (1724), — *Loubet* (1827), — et *Domerg* (952).

M. *Martin* (1814) présente un filtre pour la filtration des eaux salées; — M. *Ferrand* (1809), des cribles faits à la main; — M. *Carrère* (618), divers tamis et grillages; — et M. *Gayrin* (1295), des tamis et cribles pour meunerie et blutoir. Ces quatre industriels sont bordelais. Un industriel bayonnais, M. *Tajan* (846), a aussi exposé des tamis et des feuilles de tôle perforée.

XVIIe CLASSE.

38 EXPOSANTS.

Orfévrerie. — Bronzes d'art.

1re SECTION.

Ornements d'église.

4 EXPOSANTS.

Si le nombre des lots de cette catégorie est peu considérable, en revanche leur éclat et leur beauté font que les visiteurs s'arrêtent volontiers devant eux. Qui n'admirerait, en effet, ces chasubles dorées et brodées, ces dais splendides, ces vases, ces images, ces saints, ces crucifix, ces cent ornements divers, tous resplendissants, exposés dans de belles vitrines, au meilleur endroit de la grande nef?

Une maison de Bordeaux, *Fleuriot sœurs et Ballias* (1727), tient parmi ces quatre exposants une des places les plus honorables. Les trois autres sont MM. *Dupuy* (857), — *Gerfaux* (1000), de Paris, — et M. *Simon* (337), de Toulouse.

2e SECTION.

Orfèvrerie. — Bijouterie. — Gravure sur métaux.

20 EXPOSANTS.

Comme la précédente et comme celle qui suit, cette section est une de celles qui contribuent le plus à l'éclat de l'Exposition par la beauté des lots qu'elle renferme. On a lieu cependant de regretter que les grands fabricants de Paris n'aient pas répondu cette année aux appels pressants de la Société Philomathique; il y a certains noms qui sont à eux seuls l'honneur d'une exhibition. Néanmoins, on admirera les riches vitrines renfermant cent articles différents de bijouterie, joaillerie, orfèvrerie, de MM. *Coffignon frères* (5), — *Touchard* (1428), — et *Rousseville* (113), de Paris; — de MM. *Massot* (660), — *Delaporta* (397), —

Petit (1116), — *Debotas, Daval et Cⁱᵉ* (1831), — *Bellic* (1861), — *Maitreau* (1781), de Bordeaux, — et de M. *Quantin-Aubineau* (1536), de Niort. — M. *Popart* (1523), de Paris, a exposé une collection variée de chaînes dorées; — MM. *Ouvry et Beraudy* (1953), de Saint-Étienne, une grande variété de chapelets; — et M. *Topart* (472), de Paris, des perles fausses imitant les perles fines.

L'art difficile de la gravure sur métaux est représentée par des médailles et des tableaux de M. *Massonnet* (12), de Paris; — par des échantillons variés, consistant en épreuves de cachets, griffes, cartes, marques, etc., de MM. *Beurton* (1546), — *Martel* (1575), — *Marchais* (1478), — *Soguel* (892), — et *Ménager* (953). Ces cinq derniers graveurs sont bordelais, et donnent une excellente idée de l'industrie locale en ce genre.

3ᵉ SECTION.

Bronzes et imitations.

15 EXPOSANTS.

Comme nous l'avons dit tout à l'heure, les brillantes vitrines contenant les lots de cette section sont un des plus heureux embellissements de la grande galerie de l'Exposition. On y remarque avec intérêt la magnifique collection d'une des premières maisons de Bordeaux, M. *A. Maurel* (722); — mais on regrette de ne pas y rencontrer les envois des autres maisons de la même ville appartenant à la même industrie. — Un maître des modèles au chemin de fer du Midi, M. *Melle* (24), a exposé deux statues modelées avec art et goût ; — et M. *Daney* (1582), quelques statuettes dont nous avons déjà parlé.

Tous les autres exposants viennent de Paris. Nous devons citer en première ligne M. *Susse* (1386), qui a envoyé un beau groupe représentant le *Génie de la chasse*, d'une exécution remarquable, — et M. *Paulrot* (527), dont la collection de bronzes est une des plus riches et des mieux frappées au coin du bon goût. Viennent ensuite, presque toutes remarquables et intéressantes à des titres divers, les collections de MM. *Allard* (1404), — *Vullierme* (1427), — *Paillard* (473), — *Dufour* (499), — *Hémery* (267), — *Couppé* (885), — *Pinedo* (999), — *Boyer* (1382), — *Brocot* (213), — et *Clavier* (121).

XVIIIe CLASSE.

55 EXPOSANTS.

Arts céramiques.

1re SECTION.

Verrerie.

13 EXPOSANTS.

Malgré l'importance que la verrerie a pour le commerce des vins à Bordeaux, cette industrie n'est pas exploitée sur une grande échelle dans le pays. Les deux seuls fabricants de bouteilles bordelais que nous rencontrions à l'Exposition, sont : MM. *Coutures* (453), — et *Montbelley* (744), dont les collections, il est vrai, sont dignes d'intérêt. — Des fabricants de la Dordogne, MM. *Delc* *et C*^{ie} (373), doivent être rangés à côté d'eux.

On remarque ensuite : le vaste étalage de flacons, cantines, bocaux en verres blanc et de couleur, de la Compagnie générale de la Loire et du Rhône, MM. *Raabe et C*^{ie} (911), placé, au grand détriment du coup d'œil général, tout à l'entrée de la grande galerie ; — puis les verreries diverses de MM. *Boissière* (1473), de l'Orne ; — *Rességuier* (1415), de Toulouse ; — *Wagret, Serret et C*^{ie} (1416), du Nord ; — *Chappuy* (1098), de Douai ; — de la Société anonyme de la verrerie de *Peuchot* (868). — Enfin, la remarquable collection de verres à vitre de MM. *Durantin-Boudet et père* (1242), de Bordeaux, tient dans cette série une place importante.

2e SECTION.

Vitraux peints. — Émaux. — Céramique artistique.

21 EXPOSANTS.

Les vitraux peints ont été assez heureusement utilisés pour la décoration des bâtiments ; ils ont trouvé une place naturelle dans des rosaces et des fenêtres de diverses formes, pratiquées au fond de la grande galerie, et aux deux extrémités du transsept. Les exposants appartenant à cette industrie à la fois religieuse et artistique, sont : MM. *Gesta* (1701), de Toulouse ; — *Hutrel* (1408), — et *Lieuzères* (1426), de Bordeaux ; — *Au-*

dinot (1071), — et *Gsell-Laurent* (1267), de Paris. — MM. *Jones* (1489), *Admant* (1038), de Bordeaux, — et MM. *Jean* (549), et *Engelman* (110), de Paris, ont exposé aussi divers spécimens de verres de décoration.

La céramique artistique a fourni plusieurs lots intéressants; il nous suffira de citer les noms des industriels ou des artistes à qui on les doit, car ces objets sont au nombre de ceux qui attirent forcément les yeux des visiteurs : MM. *Morin* (711), — *Ricaud* (729), — et *Minghini* (905), de Bordeaux; — l'exposition de ce dernier est une des plus attachantes; MM. *Solon* (322), — *Jean* (128), *Gourdel* (131), et *Gouvrion* (107), de Paris; — M. *Blot* (61), de Boulogne; — M. *Fourdrin* (26), de Dieppe; — M. *Georgel* (510), de Châtelguyon, — et M. *Bozzoli* (861), d'Alger.

3e SECTION.

Poteries. — Terre cuite.

10 EXPOSANTS.

Les fabriques de poteries girondines sont représentées à l'Exposition par un assez grand nombre d'objets, vases, corbeilles à fleurs et à fruits, suspensions, culs de lampe, animaux, sortant des fabriques de MM. *Lachaise* (1218), — *Berthomieux* (1219), de Bordeaux; — *Laborie* et *Desbats* (1624), de Gradignan, — et *Alis* (1458), de Saint-Jean-d'Illac; — et, en outre, par les produits réfractaires de M. *Duprat* (190), de Bordeaux.

Les autres exposants sont : MM. *Saint-Gaudens* (1399), de Paris, fontaines en grès; — *Dot* (1426), du Mas-d'Agenais; — *Pajot* (765), de Saône-et-Loire, — et *Bel et Guirail* (7), de Carcassonne.

4e SECTION.

Faïence. — Porcelaine.

10 EXPOSANTS.

Nous devons commencer par signaler ici les matières à porcelaine envoyées par M. *Gindre* (57), d'Itsatsou, dont nous avons déjà parlé. — Citons ensuite : parmi les faïences, les faïences grand feu peintes sur émail cru, et les faïences modernes, de M. *Bouquet* (1801 et 1988), de Paris; — les vases d'ornements, jardinières, suspensions, de M. *Aubry* (686), de Toul, — et les assiettes en faïence grise, de M. *Belloto* (255), de Beaumont-de-Lomagne; — parmi les expositions de porcelaines, les articles de fantaisie de M. *Houry* (1524), — et les porcelaines décorées de M. *Klotz* (327), de Paris; — le charmant service à dessert et le cabaret Sèvres de MM. *Soudunas* et *Touze* (1344), — les magnifiques exhibitions de M. *Marquet* (533), — et surtout de M. *Ardant* (567), représentant avec honneur tous les trois la grande industrie artistique de Limoges.

Est-ce tout? — Oui; et Bordeaux, qui pourrait tenir ici une des premières places, manque tout à fait.

XIXe CLASSE.

8 EXPOSANTS.

Tissus de coton.

Section unique.

Les nombreuses industries qui se rattachent au travail du coton sont à peu près nulles à Bordeaux et dans tout le Sud-Ouest; aussi cette partie de l'Exposition n'offre pas une grande importance.

La seule filature que possède Bordeaux, celle de MM. *Guibbert frères* (1340), a pourtant exposé de beaux échantillons de ses cotons filés. — Un filateur de coton, de Toulouse, M. *Fort* (585), a aussi envoyé des cotons filés, moulinés et teints. — La petite ville de La Ferté-Macé (Orne), un des siéges importants de l'industrie cotonnière, est représentée par les coutils divers de MM. *Bernier* (1316), *Bobot-Descoutures* (1318), et *Roussel-Pilatrie* (1317; ce dernier a en même temps envoyé des mouchoirs. — Des coutils en fil et coton ont aussi été exposés par M. *Clérisse* (393), d'Évreux. — MM. *Demarçay* et *Fourrault* (1837), ont exposé des toiles unies et de couleur, et des mouchoirs qui font connaître le travail des nombreuses manufactures de Cholet. — Enfin, M. *Cartier-Bresson* (69), de Paris, a exposé des fils de coton retors.

XXᵉ CLASSE.

45 EXPOSANTS.

Industrie des laines.

1ʳᵉ SECTION.

Laine filée. — Tissus de laine. — Literie.

25 EXPOSANTS.

L'industrie de la laine est infiniment plus prospère à Bordeaux que celle du coton. La filature de M. *C. Jacquemet* (189), entre autres, est une des plus considérables qui existent pour la laine; elle est représentée à l'Exposition par de beaux spécimens. MM. *Guibbert* (1340), que nous avons cités pour le coton quelques lignes plus haut, ont aussi exposé des laines filées. Un laveur de laines de Bordeaux, M. *Duban* (1825), présente des laines lavées et en suint. — En outre, M. *Goëtz* (668), — et M. *Merle* (732), ont envoyé de la laine-cachemire filée, et des toisons mérinos d'Algérie; — M. *Guérineau* (982), filateur près Poitiers, de la laine filée pour tricots; — M. *Robert* (1072), de Saint-Yrieix, — et M. *Charrier* (1499), de Nersac, divers échantillons de laine filée; — M. *Larue* (779), de Chalais, vingt types de laine renaissance.

M. *Chauvet* (401), de Marmande, — et M. *Poupin* (1627), de Saint-Maixent, exposent diverses sortes de tricots; — Mᵐᵉ *Fouragnon* (1855), de Lectoure, des jupons mérinos; — M. *Pontois* (1755), de Vire, du velours laine; — M. *Delhaye-Herbecq* (702), des molletons; — MM. *Robert* (1072), des droguets et cadis; — M. *Galiber* (1050), près Mazamet, des flanelles de santé, — ainsi que MM. *Massy* et *Parrot* (887), de Saint-Yrieix; — M. *Coignet* (1323), de Paris, une belle collection de passementeries variées et de galons; — MM. *Bouchart-Florin* (477), de Tourcoing, de nombreux et remarquables tissus pour robes, — et la grande maison *Dreyfus et Daumas* (632), de Sainte-Marie-aux-Mines, des tissus laine et coton.

Les articles relatifs à la literie sont : les couvertures de laine, de Mme *Hubert* (226), de Châteaudun, — et de M. *Fauché* (1258), de Casseneuil; — les matelas et couvre-pieds, de M. *Bilhaud* (1075), de Bordeaux, — et le crin végétal de M. *Delhorme* (718), de Toulouse.

2e SECTION.

Draps.

20 EXPOSANTS.

Le département de la Gironde et ses limitrophes ne comptent guère dans la fabrication des draps; mais, grâce aux riches envois de plusieurs fabriques du Nord, et d'Elbeuf en particulier, l'Exposition a pris une importance réelle sous ce rapport. C'est en grande partie dans de belles vitrines, adossées au mur de la galerie de gauche, que sont exposés les lots de cette section. Les fabricants d'Elbeuf qui ont envoyé les remarquables produits de leurs manufactures, sont : MM. *Dugard*

(642), — *Fleury-Desmares* (643), — *Prevel* (644), — *Gariel-Chennevière* (645), — *Desvaux* (646), — *Chefdeville* (647), — *Fleury* (648), — *Hardy aîné et Duruflé* (1142), — *Poncin* (1141), — *Lecoupeur* (747). — Les manufactures de Louviers sont représentées par MM. *Poitevin* (746), — et *Pennelle* (1140); — celles de Lisieux, par MM. *Fournet* et *Duchesne* (1163), — et MM. *Méry Samson, J. Samson* et *A. Fleuriot* (438). — De Vire est venu M. *Pontois* (1755), — et de Limoges MM. V° *Laporte et fils* (156). — La draperie du Midi figure aussi honorablement sur les Quinconces, grâce aux envois de MM. *Vernasobres* (894), de Bédarrieux; — *Mandoul* (1165), de Carcassonne, — et *Guiraud* (1164), de Cenne-Monestiers. — Enfin, Vienne est représentée par MM. *Lafont* et *Gay* (508).

XXIe CLASSE.

14 EXPOSANTS.

Tissus de soie.

Section unique.

Voici une classe qui, malgré le petit nombre de ses lots, peut être rangée parmi celles qui font le plus d'honneur à l'Exposition. Pour la première fois, si nous ne nous trompons, la grande fabrique de soieries lyonnaise s'est décidée à venir exposer à Bordeaux ses luxueux produits, et toutes les magnifiques étoffes fabriquées par les canuts de la Croix-Rousse : taffetas, foulards, châles, velours, tulles, nouveautés pour robes et pour gilets, soieries de tout genre, sont étalés avec goût dans une belle vitrine placée entre les vitrines de draperies. Voici les noms des fabricants lyonnais : MM. *Dollfus-Moussy* (1137), — *Jandin* et *Duval* (1138), — *Amiel* et *Montagnon* (1139), — *Rivoiron* (981), — *Lacharder-Besson* (659). — Un fabricant de Tarare, M. *Martin* (843), a envoyé des peluches et des velours. — Par l'envoi de châles et bordures de châles de M. *Boulla* (680), Nîmes montre un spécimen de sa fabrication, qui, comme on le sait, est très importante. — Une maison de premier ordre de Paris, *Eude-Vieugué et Cie* (526) a exposé une magnifique collection de velours d'Utrecht et de soieries pour ameublement. — On place aussi, dans cette section, les beaux envois de soieries de trois teinturiers de Bordeaux : M. *Ducosté* (288), — Mme *Bellenger* (209), — et MM. *Bertin* (694). — Enfin, de Montauban, MM. *Couderc* et *Soucaret* (1204) ont envoyé des tissus à bluter et de beaux échantillons de soies grèges.

XXIIe CLASSE.

13 EXPOSANTS.

Lin et chanvre.

—

Section unique.

Le mérite de cette catégorie consiste surtout dans la variété des provenances des objets exposés, variété assez grande pour pouvoir donner une idée satisfaisante de la situation de l'industrie linière en France.

Du département du Nord où cette industrie est très florissante, M. *Pouchain* (1311), un important filateur et tisseur d'Armentières, a envoyé des fils et des toiles écrus, lessivés, etc.; — M. *Dalle* (824), des échantillons de lin; — M. *Vrau* (1280), de Lille, des fils à coudre. — Les filateurs de Lisieux, MM. *Méry, Samson, J. Samson* et *A. Fleuriot* (438 *bis*), ont aussi envoyé des fils de lin, et M. *Fournet* (989), de la même ville, dix pièces de toile. — Des toiles à voile ont été exposées par M. *Porteu* (649), de Rennes, et MM. *Hurel, Lagache et Cie* (482), du Pas-de-Calais. — D'autres filateurs du même département, MM. *Detraux, Bouquillion et Cie* (575), présentent des fils écrus, des fils blancs et des toiles. — MM. *Ferguson* et *Goodwin* (343), de Paris, exposent des sacs sans coutures. — Enfin, l'industrie de la région méridionale est représentée par les toiles de chanvre de M. *Migeon* (313), de La Rochefoucault; — par les échantillons de fil de lin de Mme *Fraigneau* (1181), de la Dordogne; — par les toiles de lin et le linge de table ouvré et damassé de MM. *Dupouy et Bousquet* (1338), d'Hagetmau (Landes), — et par les mouchoirs bleus et blancs, en pur fil de lin, de M. *Buqué* (988), près Tarbes.

XXIIIe CLASSE.

17 EXPOSANTS.

Tapis et étoffes pour meubles.

1re SECTION.

Tapis de laine et tapis de pied divers. — Sparterie.

11 EXPOSANTS.

Comme dans toutes les exhibitions possibles, les objets de cette classe sont, à l'Exposition de Bordeaux, un des plus beaux ornements des galeries. Le nombre des manufactures de tapis qui ont envoyé leurs riches produits est peu nombreux, il est vrai, mais ces manufactures sont toutes de premier ordre. On nous permettra de citer d'abord M. *Ch. Jacquemet* (189), dont la fabrique de tapis est un des titres d'honneur de l'industrie bordelaise. — A côté de lui figure la Manufacture impériale d'Abbeville, fondée en 1667 par Louis XIV, dirigée aujourd'hui par M. *Vayson* (29). M. *Tissier* (92) représente la fabrique d'Aubusson (*). M. *Coquatrix* (375), de Paris, a envoyé des tapis mosaïques. — En tapis de pied, on trouve les étreindelles de M. *Briez* (245), d'Arras ; — les grilles en cuir de M. *Farjat* (181), de Rouen, — et les nattes en cuir de M. *Bignoneau* (1285), des Deux-Sèvres. — Des nattes et paillassons en sparterie ont été exposés par quatre fabricants : MM. *Gaillard* et *Pagès* (198), — *Canulot* (1631), — *Pélane* (248), — et *Merceroan* (1067), tous quatre de Bordeaux.

(*) Dépôt à Bordeaux, chez MM. Laporte et Labeille, allées de Tourny, 36.

2ᵉ SECTION.

Tissus imprimés. — Étoffes pour meubles. — Dessins sur étoffes.

6 EXPOSANTS.

Par son importance et par son élégance, la riche exposition de MM. *Thierry-Mieg et C*ⁱᵉ (805), de Mulhouse, doit être citée en première ligne dans cette section — Les riches collections de tissus pour ameublements, de MM. *Flipo-Flipo* (478), et *Bouchart-Florin* (477), de Tourcoing, ainsi que celle de MM. *Lafon et Dupont* (476), formée des produits des mêmes fabriques, sont dignes aussi de fixer l'attention. Deux imprimeurs sur étoffes, de Bordeaux, M. *Lacombe* (274), — et M. *Ducosté* (288), ont exposé divers dessins sur étoffes et quelques étoffes imprimées.

XXIVᵉ CLASSE.

103 EXPOSANTS.

Ameublements et décoration.

1ʳᵉ SECTION.

Marbrerie. — Sculpture.

13 EXPOSANTS.

Une des plus importantes maisons des Pyrénées, M. *Géruzet* (1640), de Bagnères-de-Bigorre, se fait remarquer au premier rang de cette section par la variété, la beauté et le bon goût de ses articles de marbrerie. — Un autre marbrier de Bagnères, M. *Gandy* (1047), a aussi envoyé des cheminées et divers petits objets en marbre. — Un intelligent sculpteur de Bordeaux, M. *Frouin* (1735), a exposé une belle cheminée en marbre blanc, non loin de laquelle se trouvent une autre cheminée, où les sculptures du marbre se marient à celles du chêne, et qui est due à M. *Duburch* (1474), de la même ville; et une cheminée Louis XV, envoyée par M. *Saint-Amand* (1132), d'Eysses. — Enfin, deux marbriers bordelais ont encore envoyé, M. *Léglise* (1418), un tableau en marbre noir, encadrant un Christ en marbre blanc, et M. *Galland* (1155), deux boîtes en marbre blanc, ornées en cuivre, avec divers spécimens de gravure sur marbre et sur bois.

La sculpture est un des arts auxquels les temples et les églises demandent le plus souvent leur décoration; aussi trouvons-nous à l'Exposition quelques bonnes sculptures religieuses. L'attention est tout d'abord attirée par une haute et élégante colonne en pierre blanche, surmontée d'une Vierge, et due au ciseau habile de M. *Jabouin* (436), de Bordeaux. M. Jabouin a exposé en même temps un autel en pierre, style du treizième siècle, deux autels en marbre blanc, style du quatorzième siècle, indépendamment d'une cheminée en marbre vert de mer, et des photographies de ses principaux travaux. On remarque aussi un bel autel style du douzième siècle, de MM. *Virebent* (797), de Toulouse.

Dans le même compartiment, le visiteur s'arrêtera encore avec plaisir devant quatre jolies statues moulées en plâtre, qui sont l'œuvre de M. *Minghini* (905), de Bordeaux, et devant un portail d'église style du douzième siècle, dû à M. *Serisié* (1742), de la même ville. Un autre sculpteur bordelais, M. *Pinson* (1236), a exposé un bouquet de fleurs en plâtre, et un tourneur sur pierre, M. *Vigier* (1297), divers objets en pierres tournées. Enfin, MM. *Mouillon* et *Edou* (1828), de Paris, ont envoyé plusieurs objets en albâtre assortis, pendules, coupes, flambeaux.

2e SECTION.

Meubles en bois. — Ébénisterie. — Billards.

52 EXPOSANTS.

Grâce au goût de l'élégance et du confortable généralement répandu parmi les habitants de Bordeaux, l'industrie de la fabrication des meubles tient dans cette ville une place distinguée, et l'Exposition est riche en objets qui s'y rapportent. Parmi les lots de cette section, dus à des fabricants bordelais et placés pour la plupart sur l'estrade ou aux pieds des escaliers qui y conduisent, on remarquera en premier lieu les meubles de MM. *Clère-Drapier et C*ⁱᵉ (10), dont quelques-uns sont d'une luxueuse beauté ; — puis, ceux de M. *Bounaud* (1081), de M. *Jouffre* (72), et de MM. *Devaux* (598), *Muller* (688), *Predhumeau* (693), *Duplanté* (1561), *Fansen* (613), *Durst* (17), *Bardié* (386), *Fournier* (410), *Desarps* (930), *Schnegg* (874), *Touzé* (767), *Lamothe* (1497), *Ledet* (810).

Les fabricants de meubles de Paris qui ont envoyé à Bordeaux des spécimens de leur travail, sont MM. *Favier* (1965), — *Declercq* (1798), — *Gallais* (749), — *Vrignaud Terral* et *Pitelli* (801), — *Lemaigre* (118), — *Ganser* (332), — *Leroux* (864), — *Assé* (123).

Nous ne nous arrêtons point à décrire chacun des meubles exposés par ces divers fabricants, bibliothèques, bahuts, armoires, glaces, lits, tables, fauteuils, canapés, chaises, etc. Tous ces objets frappent assez les regards par eux-mêmes, et le visiteur s'y arrêtera sans qu'on les lui signale spécialement.

Parmi les envois de Paris nous avons encore à citer une collection de caves à liqueur, huiliers et ménagères en bois des îles, dus à M. *Raymond* (329), — et plusieurs articles d'ébénisterie pour photographie, de MM. *Porson* (143), — *Schiertz* (99), — *Gilles* (117), — et *Koch* (112).

Parmi les objets divers ou de provenances diverses appartenant à la même catégorie, on trouve encore : une caisse de pendule avec deux candélabres en bois, de M. *Gontier* (733), de Bordeaux; — des meubles de MM. *Lorrain* (1175) et *Fournier* (1062), de Libourne; — d'autres meubles de MM. *Meslé* (296), de Nantes; — *Durand* (1179), d'Angoulême; — *Bedat* (1239), du Mas-d'Agenais; — un berceau mécanique de M. *Ollion* (1256), de Marseille; — diverses tables de MM. *Latapie* (1299), de Plaisance-du-Gers; — *Bourdron* (614), de Cozes (Charente-Inférieure); — *Jarlaud* (500), de Lyon; — des cabinets d'horloges de MM. *Laubis frères* (1939), de Nantes.

C'est dans cette section que sont compris les billards, et, en parcourant la grande galerie, on s'arrête avec plaisir devant plusieurs de ces jeux, qui sont presque tous des meubles magnifiques. Les fabricants bordelais brillent ici au premier rang : entre autres, M. *Joulié* (536) a exposé un billard dont le tapis et les bandes, entièrement en caoutchouc, constituent une réelle amélioration, et qui se distingue par son élégance; — les billards de MM. *Cazeaux* (348), — *Brut* (1), — et *Durand* (497) se font aussi remarquer par l'élégance de leur forme. — Les autres billards exposés sont : de MM. *Gaubert* (1850), de La Réole; — *Fouqueau-Desbrosses* (1501), d'Orléans, — et d'un fabricant d'Épinay, M. *Bacus* (425). La table de ce dernier billard est formé par une glace de Saint-Gobain. — M. *Moulhac* (1488), de Bordeaux, a exposé deux queues de billard et un tableau.

3e SECTION.

Sculpture sur bois. — Ivoire. — Tabletterie.

20 EXPOSANTS.

Le premier nom que nous tenons à placer ici est celui d'un des derniers exposants qui ont envoyé leurs travaux à la Société Philomathique, mais c'est aussi celui d'un des artistes les plus distingués dont puisse s'honorer Bordeaux. M. *Charles Lagnier* a exposé diverses pièces merveilleusement sculptées, et parmi lesquelles on distingue surtout sa gracieuse *Coupe aux cygnes*. C'est sur l'estrade, du côté gauche, que l'on pourra aller admirer ces œuvres d'art.

Les autres sculptures rangées dans cette section sont très variées. Parmi les sculptures sur bois, citons : une jolie statue de la Vierge avec l'Enfant Jésus, œuvre de M. *Arbertella* (1656), de Bordeaux; — divers objets, étagères, corbeilles, porte-montre, bénitier, de M. *Laglaye* (1086), de la même ville, — et une tour en bois, de M. *Berdot* (1823); — une table de salon et un coffret de M. *Mé* (1152), de Bègles; — des horloges de M. *Reiss* (137), de Colmar; — un cul-de-lampe, de M. *Casanole* (1774), de Tonneins; — un joli guéridon de M. *Liéto* (306 *bis*), de Nice; — de petits meubles de salon et divers objets de fantaisie, de MM. *Wirth frères* (777), — *Freeman* (1400), — *Marleix* (1520), — *Viardot* (122), — *Buchard* (132), — *Sthummer* (403), — *Latry* (319), de Paris.

Des articles de fantaisie en écaille ont été envoyés par M. *Fils* (1395); — divers objets en ivoire et en écaille, par M. *Symon* (639); — des jeux de billes et un placage de marbre artificiel, par M. *Dupré* (1882). Ces trois industriels sont Parisiens. — De Bordeaux, un amateur, M. *Vitrac* (224), présente un charmant petit navire en ivoire, — et M. *Gussies* (1066), quelques objets travaillés avec la nacre de l'*unio sinuatus*.

4e SECTION.

Miroiterie. — Encadrement. — Dorure sur bois.

18 EXPOSANTS.

L'estrade, placée au fond des trois principales galeries, est décorée de plusieurs glaces dont quelques-unes sont fort belles; mais il en est peu qui viennent des manufactures mêmes. On peut cependant signaler, d'une manière spéciale, les glaces à étamage inaltérable de M. *Charles Husson* (103), et les miroirs par le platinage de MM. *Cressvell, Tavernier et Cie* (1041), de Paris. — Toutes les autres glaces ont été exposées par des négociants de Bordeaux : la plus grande, celle qui occupe le milieu de l'estrade, par M. *Giolito* (579); — les autres, par MM. *Mognau* (1835), — *Ferbos* (1776), — *Jacquin* (1447), — et *Lamothe* (1497). Ces quatre exposants sont doreurs et fabricants d'encadrements, et c'est à ce titre surtout qu'ils prennent part au concours. — D'autres cadres sculptés et dorés, et des encadrements de tous genres, ont été exposés : par MM. *Laporte* (1759), — *Barrière* (1389), — *Farcilli* (412), de Bordeaux; — *Bellembost* (149), — *Carrière* (1392), — *Berard* (1519), — *Gerfaux* (1000), de Paris; — *Saulo* (259), d'Angers; — *Niveduab* (612), d'Alet.

Deux autres doreurs sur bois, de Bordeaux, présentent, l'un, M. *Albert* (600), divers objets d'église, et l'autre, M. *Rieux* (411), des spécimens variés de son art.

XXVe CLASSE.

143 EXPOSANTS.

Vêtements. — Objets de mode et de fantaisie.

1re SECTION.

Vêtements.

11 EXPOSANTS.

Il est peu nécessaire de dire que c'est dans la galerie de droite que sont étalés les articles appartenant à cette section; les magnifiques vitrines où quelques-unes des maisons de confection de Bordeaux ont exposé leurs luxueux vêtements, sont assez brillantes pour attirer par elles-mêmes les regards pleins de curiosité et de désir des filles d'Ève qui visitent l'Exposition. Peut être, malgré leur éclat, ces vitrines ne donnent-elles pas une idée rigoureusement exacte de l'industrie de la confection à Bordeaux; toujours est-il qu'elles contribuent à charmer les promeneurs, et surtout les promeneuses.

Comment ne pas s'arrêter en effet avec plaisir devant les étalages de MM. *Bloc* (263), — *Coiffard* (232), — *Picquenot* (617), — *Bouniol et Salles* (366), — *Remy et Cie* (724), — *Manavid* (607). — On remarquera aussi les costumes de bains de mer, de M. *Gallier* (1550), — le pantalon équestre de M. *Cobère* (1336), de Bordeaux, — et la robe exposée par Mlle *Avril* (1659), de Libourne. — De Paris, M. *Marville* (852), a envoyé divers modèles de couvre-oreilles.

2e SECTION.

Lingerie. — Corsets. — Modes.

23 EXPOSANTS.

Autant que les négociants que nous venons de nommer, les confectionneurs de chemises et lingerie pour hommes rivalisent à Bordeaux d'élégance et de goût. Parmi ceux qui ont exposé, on distingue en première ligne M. *Canonville* (271), — et à côté de lui MM. *Lafite-Dupont* (82), — *Jules Dumas* (280), — *Laurand* (394). — On remarque aussi les envois de deux fabricants de chemises étrangers, M. *Raimond* (967), de Marseille, — et M. *Morin* (273), du Blanc.

La lingerie pour dames, les trousseaux et les layettes, de M. *Alfred Philip* (387), — et de Mme *Bideau* (1931), fixent aussi les regards par leur élégance.

Des jupons à ressort et des crinolines de diverses coupes et de divers genres ont été envoyés par quatre fabricants : deux de Bordeaux, M. *Massie* (558), — et M. *Malfille* (193) ; — deux de Paris, M. *Pesqui* (1948), et M. *Dion* (1274).

Tous les corsets ont été exposés par des fabricants de Bordeaux, Mmes *Delmon* (1243), — *Saliné* (452), — *Dufour* (445) ; — MM. *Petit* (1583), — et *Baqué* (502).

Les modes sont représentées par les chapeaux de dames de Mmes *Foissac* (1445), — et *Pillault-de-Bit* (1978).

3ᵉ SECTION.

Chaussures et formes.

24 EXPOSANTS.

L'industrie de la chaussure est représentée par de nombreux exposants, qui sont presque tous de Bordeaux : MM. *Doré et Cⁱᵉ* (829), — *Donis* (762), — *Lavocat* (1044), — *Dumigron* (677), — *Magal* (459), — *Moline et fils* (1752), auxquels sont venus se joindre MM. *Huret* (1335), de Boulogne; — *Mallet-Perrolat* (706), de la Charité, — et *Bonnin* (449), de Draguignan, avec des chaussures imperméables. — MM. *Ferrère* (166), de Bordeaux, ont exposé des chaussures en toile cirée noire imitant le cuir; c'est une innovation qui ne peut être appréciée qu'à l'usage. Un cordonnier du Taillan, M. *Dejean* (1903), a exposé une paire de souliers sans clous ni coutures. — M. *Lacroix* (1343), de Paris, a envoyé des chaussons garnis de semelles hygiéniques en crins; — et M. *Queheille* (969), d'Orthez, des sandales de diverses qualités.

Des sabots ont été exposés par quatre fabricants de Bordeaux : MM. *Louvancour* (1367), — *Moustié* (467), — *Donnadieu* (555), — *Brandeau* (283), — et par M. *Courtois* (1483), de Gironde, — et M. *Gassies* (1920), de Loupiac.

Les fabricants de formes qui figurent à l'Exposition sont MM. *Chatagnier* (1487), — et *Lefort* (284), de Bordeaux; — M. *Gamaud* (1498), de Niort, — et M. *Gasnier* (1437), de Nantes.

Un cordonnier de Dieppe, M. *Loisel* (1947), a envoyé un podomètre.

4e SECTION.

Ganterie.

1 EXPOSANT.

C'est la fabrique de Saint-Junien que représente l'unique exposant de cette section, M. *Ferrand* (1105), avec ses gants selon le système Jouvin, coupés au ciseau et à la mécanique.

5e SECTION.

Chapellerie.

7 EXPOSANTS.

Les produits de l'industrie chapelière sont un peu disséminés. Les uns se trouvent dans la nef latérale droite, d'autres dans le passage qui y conduit en entrant par la porte principale. La première vitrine qui s'offre aux regards, est celle de M. *Ruet* (1530), de Bordeaux, qui renferme un lot de coiffures de fantaisie à bon marché. — Tout près est la vitrine de M. *Diégo* (458), qui contient de jolis modèles de chapeaux de soie, un entre autres en bois, et quelques chapeaux d'uniformes étrangers et français. — Deux autres vitrines appartiennent encore à des chapeliers bordelais : dans celle de M. *Besson* (1420), on voit d'élégants chapeaux de fantaisie en feutre et en étoffes diverses; — dans celle de MM. *Giraudeau et C*ⁱᵉ (420), des chapeaux en paille cousue. — Un chapelier espagnol, M. *Massol* (1452), de Santander, a envoyé des chapeaux en feutre et en soie de diverses formes; — un chapelier portugais, M. *Raxo* (1363), de Lisbonne, des chapeaux en feutre souples et des chapeaux de gendarmes. — Enfin, Mᵐᵉ Vᵉ *Toussaint* (855), de Paris, a exposé des fournitures pour casquettes.

6ᵉ SECTION.

Objets de voyage. — Parapluies. — Gainerie. — Portefeuilles.

13 EXPOSANTS.

Quatre fabricants bordelais, MM. *Barreau* (1028), — *Giral* (789), — *Gautier* et *Blanc* (928), — *Byse* (1966), ont exposé divers objets de voyage, malles, sacs de nuit, étuis à chapeaux, caisses à robes, etc. Le dernier présente en même temps un scellé instantané pour sacs à dépêches, et des appareils de sûreté pour sacs à finances. — Mᵐᵉ Vᵉ *Toussaint* (855), expose six sortes d'échantillons de ceinturonnerie. — Les fabricants de parapluies et ombrelles qui ont soumis leurs articles à la Société Philomathique, sont MM. *Teil* (385), — *Crollin* (1736), — *Saulière* (978), de Bordeaux; — *Fourcade* et *Lefort* (1491), de Paris, — et *Sarret-Terrasse* (344), d'Angers. — MM. Vᵉ *Chulizel et* Cⁱᵉ (323), de la même ville, ont envoyé des baleines en rotins de l'Inde. — MM. *Saint-Anne* et Cie (957), de Bordeaux, ont exposé plusieurs articles de gaînerie et de maroquinerie fabriqués avec beaucoup de soin et de goût; — et un autre gaînier bordelais, M. *Renaud* (1881), un écrin pour bijoux et boîte d'argenterie.

7e SECTION.

Dentelles et broderies.

18 EXPOSANTS.

La fabrication de la dentelle est représentée à l'Exposition par des dentelles mécaniques de MM. *Lockert* (471), — et *Ferguson* (185), de Paris; — par de la dentelle noire de M. *Loysel la Billardière* (1746), de Caen; — et par diverses parures qu'a exposées Mme *Bideau* (1931), de Bordeaux. — Un dessinateur parisien, M. *Roussel* (652), a envoyé plusieurs dessins pour dentelles. — Deux belles expositions de rideaux brodés sont dues : l'une à MM. *Meunier et Cie* (556), de Tarare, — et l'autre à M. *Saulnier-Lepelletier* (1532), de Paris. — On remarque ensuite les jolies guipures de Mme *Gandillot* (880), de Poussey (Vosges); — les superbes broderies de M. *Husson-Hemmerlé* (216), de Paris, qui a fidèlement reproduit sur des mouchoirs, et avec une admirable perfection, les principaux monuments de Bordeaux; — les broderies à la main pour meubles, de Mlle *Antoine* (1949), de Saint-Médard-de-Guizières; — les broderies sur canevas de Mme *Jobbé-Duval* (1197), de Rennes; — et enfin un portrait et un écran brodés en soie et en chenille, de Mme *Teunevin* (1880), de Paris.

8e SECTION.

Passementerie. — Accessoires de confection.

6 EXPOSANTS.

De riches collections des nombreux articles de passementeries ont été exposées par MM. *Guérinot* (71), — *Dieutegard* et *Anthiaume* (1076), — et *Ducros* (842), de Paris, — ainsi que par un habile passementier de Bordeaux, M. *Dumas* (1202), et par MM. *Clovis* et *Rallet* (806), de la Ferté-Macé. — M. *Haarhaus* (997), de Paris, a envoyé des ornementations plastiques en cuir, velours, soie, or, argent, acier, etc.

9e SECTION.

Fleurs artificielles.

5 EXPOSANTS.

Cette charmante industrie, où l'art a autant de part que la patience, occupe à Bordeaux une place justement considérée, et l'Exposition nous fournit l'avantage d'admirer quelques-uns de ses produits les plus gracieux. Que de fraîcheur, que de naturel dans les fleurs de Mme *Verdier* (813), — de Mme *Minvielle* (516), au premier rang, — et aussi de Mme *Callame* (222) et de M. *Guyonnet* (1235)! — Dans un autre genre, les bouquets en cuivre doré de M. *Arnoux* (1702), de Rochefort, sont aussi très remarquables.

10ᵉ SECTION.

Objets en cheveux.

10 EXPOSANTS.

Le métier de coiffeur n'est point ce qu'un vain peuple pense : c'est un art véritable, et un art merveilleux qui renouvelle tous les prodiges de la fable, qui donne la beauté à ceux qui en sont privés, et rend la jeunesse, avec ses flots de cheveux, à ceux qui l'ont perdue. Aussi Figaro n'a rien perdu de son empressement à exhiber son savoir-faire !

Voyez les élégantes coiffures de dames, les postiches, les spécimens de teinture de M. *Livertoux* (1070), — et les postiches variées de MM. *Cavalier* (954), — *Bossuet* (236), — et *Pigault* (1176). — Voyez aussi les tresses et les articles de bijouterie en cheveux, de M. *Allain* (768); — les tableaux et médaillons en cheveux, de MM. *Grébur* (1548), — *Dufour* (1481), — *Montaufier* (1195), qui soutiennent tous la réputation de la coiffure bordelaise. — A côté de ces exposants locaux figurent : M. *Dupuy* (37), de Nantes, avec des postiches et divers ouvrages en cheveux; — MM. *Portiglia* (586), de Chambéry; — *Dupré* (1553), d'Annonay; *Ducaffi* (331), de Sancoins, — et *Lehoux* (1088), avec divers tableaux en cheveux.

11ᵉ SECTION.

Objets de toilette.

4 EXPOSANTS.

Les mille articles qui se rapportent à la toilette ne sont représentés ici que par des peignes exposés par M. *Ravenet* (372), de Paris, et par M. *Koch* (234), de Bordeaux. — On y ajoute un certain porte-chapeau, dit *champignon des baigneuses*, de M. *Martinon* (398), de Bordeaux, et l'on pourrait y joindre les porte-manteaux de M. *Crollin* (1736), de la même ville.

12ᵉ SECTION.

Jouets d'enfants. — Articles de fantaisie. — Vannerie fine.

13 EXPOSANTS.

Deux fabricants d'articles de vannerie de Paris, MM. *Sanglier* (576) — et *Desson* (125), ont exposé de fort jolies collections de flacons, corbeilles, suspensoirs, vases, boîtes fantaisie en jonc et en osier. — Parmi les jouets d'enfants, les plus remarqués et les plus désirés sont assurément les petits équipages en miniature de M. *Pacquier*, de Paris, — et les voitures en fil de fer de M. *Barès* (752), de Toulouse. — Les oiseaux mouvants et chantants de M. *Bontemps* (841) ne manquent pas d'agrément, — et la petite poterie en fonte de M. *Tristchler* (837), de Limoges, est aussi assez intéressante. — Divers articles de fantaisie ont été envoyés par MM. *Turbiau* (147), — et *Schottlander* (141), de Paris; — un tableau en papier mosaïque, par M. *Marcelé* (300), — et un paysage en relief, liége et bois, par M. *Calmel* (542), de Bordeaux. — Un autre travail en relief a été exposé par un naïf amateur, M. *Deleaux* (977), de Bordeaux; sourions en le regardant, et aussi en regardant la singulière carte de M. *Darripe* (1721).

13e SECTION.

Objets à l'usage des fumeurs.

4 EXPOSANTS.

Une riche collection de pipes et d'articles variés, de M. *Hamm* (1954), de Paris; — un choix de pipes de terre imitant les pipes de Constantinople, de M. *Vautrain* (897), de Marseille; — différents modèles de blagues à tabac, de M. *Prudon* (1024), de Paris; — et une belle collection d'objets en ambre, de M. *Belladina* (46), de Marseille; voilà ce que l'Exposition offre aux fumeurs.

14e SECTION.

Brosserie. — Vannerie.

9 EXPOSANTS.

La plus intéressante exposition de brosserie, pinceaux et plumeaux, est celle de MM. *Payemant* (521), de Bordeaux, — qui ont pour concurrents directs

M. *Bignoneau* (1285), des Deux-Sèvres, qui a envoyé des soies et bois de brosses; — M. *Rottié-Boulet* (1908), de l'Oise, qui expose des brosses en filaments végétaux apportés de l'Amérique du Sud; — et MM. *Guillemin* et *Launet* (1333), de Dôle, qui ont envoyé des brosses en chiendent. — Ces deux derniers ont exposé en même temps des balais, ainsi que MM. *Abaut* (1083), — *Toullain, Doré et C*ⁱᵉ (931), — *Forgues* (1912), de Bordeaux; — et *Marquès* (1500), de Colayrac. — MM. *Lys frères*, vanniers à Bordeaux, présentent plusieurs articles de fantaisie en rotin et en osier.

XXVIᵉ CLASSE.

130 EXPOSANTS.

Dessin industriel. — Imprimerie. — Photographie. Reliure.

1ʳᵉ SECTION.

Dessin industriel. — Calligraphie.

12 EXPOSANTS.

Les envois de dessinateurs consacrant leurs talents à l'industrie, consistent en des plans d'usine de M. *Droux* (214 *bis*), ingénieur civil à Paris; — en dessins photographiés de machines, d'un autre ingénieur parisien, M. *Busson* (1952); — en dessins pour dentelles, de M. *Roussel* (652); — en un album du trait théorique et pratique, de M. *Merly* (11), charpentier à Angers. —

La calligraphie ne figure que par les spécimens de cahiers d'écriture de MM. *Godchau* (799), imprimeurs à Paris. — Nous remarquons ensuite une feuille du plan de Libourne, par un géomètre de cette ville, M. *Cassin* (1337), — et, touchant de plus près aux beaux-arts, les estampes de MM. *Monroux* (1308), de Paris, — et les jolis galets peints, représentant des vues de Bordeaux et des Pyrénées, de Mme *de la Verrière* (409), de Rives.

Disons un mot maintenant des œuvres d'un artiste véritable, dignes d'occuper une place d'honneur dans une exposition artistique et non dans une exhibition industrielle : les dessins à la plume de M. *Rodolphe Bresdin* (1854), disséminés au milieu des photographies, dans le transsept de gauche. Ces admirables compositions, dans lesquelles l'imagination la plus féconde et la plus fantaisiste est toujours secondée par une merveilleuse exécution, sont pour la plupart déjà célèbres. La *Comédie de la Mort* et le *Bon Samaritain* entre autres sont des œuvres très connues. La Société Philomathique, en fournissant à Bresdin une nouvelle occasion de montrer ces chefs-d'œuvre, a ajouté un intérêt réel à son Exposition.

2e SECTION.

Librairie. — Imprimerie. — Lithographie. — Chromo-lithographie. Gravure.

39 EXPOSANTS.

Les grandes industries de la librairie et de l'imprimerie sont supérieurement représentées à l'Exposition. Au premier rang, brille, comme en 1859, la maison *Charpentier* (1310), de Nantes, dont les publications de luxe occupent toute une grande vitrine. — Les envois de M. *Curmer* (355), publications artistiques; — de M. *Hachette* (76), librairie illustrée et non illustrée; — de M. *Rothschild* (2), livres illustrés sur l'agriculture; — de M. *Delalain* (775), livres classiques; — et de M. *Delagrave* (1743), de Paris, se font aussi remarquer à des titres divers. — Indépendamment de la maison que nous avons déjà nommée, la librairie de province est encore représentée par un beau livre de M. *Nadaud* (1841), d'Angoulême; par divers ouvrages bien faits de M. *Oudin* (1753), de Poitiers; et de M. *Clouzot* (1539), de Niort. — Quant aux imprimeries bordelaises mêmes, elles ont aussi une part brillante : M. *Gounouilhou* (341) continue à garder le premier rang, et soutient dignement la renommée qu'il a justement acquise et qui lui a déjà valu les plus flatteuses récompenses. — M. *Lacaze* a exposé sa réédition de l'*Histoire de Bordeaux*, de Devienne. — MM. *de Lanefranque* (1035), — et *Balarac* (708), divers imprimés. — Enfin un imprimeur de Madrid, M. *Rivadeneyra* (34), a envoyé plusieurs ouvrages d'une exécution remarquable. — Signalons, à la suite des imprimeurs, l'album typographique envoyé par un fondeur en caractères de Paris, M. *Derriey*.

La lithographie et la chromolithographie sont tout aussi brillamment représentées que la typographie. Parmi les exposants bordelais appartenant à cette industrie dont les progrès sont si intéressants, nous rencontrons MM. *Constant* (783), — *Chariot* (1324), — *Bécane* (380), — *Codirolle* (379), — *Fauché* (1910), — et *Bord* (1851). — Les exposants parisiens sont MM. *Nissou* (550), — *Moulin* (392), — *Testu* et *Massin* (641), — *Quentin* et *Derivière* (1266), — *Bourgerie-Villette* (853), — *Fort* (856), — *Gasté* (1533), — *Juliot* (1366), — et *Susse* (1385). — Citons avec eux M. *Pattriti* (85), qui expose quatorze tableaux d'un Chemin de Croix, — et M. *Vaurs* (146), qui a envoyé de l'imagerie religieuse en dentelle; — M. *Echillet* (1425), de Niort, a envoyé une carte géographique et diverses chromolithographies; — M. *de Lafollye* (1286), de Tours, soumet au Jury, sous le nom de *follygraphie*, une impression à l'encre grasse d'images dessinées à la lumière, — et M. *Bruneau* (1683), de Bordeaux, des épreuves photolithographiques.

Des bois gravés et des épreuves sont exposés par M. *Gouillaud* (570), — et des clichés et épreuves imprimées sur ces clichés par MM. *Mergel* et *Gagnebin* (707), de Bordeaux.

3e SECTION.

Cartonnage. — Reliure. — Cartes à jouer.

15 EXPOSANTS.

Deux importantes manufactures de cartonnage de Bordeaux doivent être citées avec éloges : la principale est celle de MM. *Cerf* et *Naxara* (88), qui ont une magnifique collection de boîtes de luxe et de fantaisie, de corbeilles pour mariages et baptêmes, et de boîtes plus communes pour l'expédition des pruneaux d'Agen; la seconde est celle de Mᵐᵉ Vᵉ *Paloc* (1145), qui a exposé un grand nombre de boîtes à bonbons. — Deux relieurs de Bordeaux, M. *Barrets* (404), — et *Latouche* (14), montrent de bons spécimens de leur travail. — Des registres sont présentés par MM. *Maurin* et *Toiray* (1790), *Sanders-Dufour* (1135), de Paris, — et par M. *Herreyres* (620), de Bordeaux. — Trois fabricants de Paris ont exposé des albums, MM. *Strauss* (1795), — *Almayer* (119), — et *Grumel* (152). — Des cartes à jouer ont été exposées par trois fabricants, deux de Bordeaux, MM. *Renard* (129), — et *Boisse* (825); — un de Paris, MM. *Avril et Cⁱᵉ* (129).

4ᵉ SECTION.

Fournitures de bureaux.

8 EXPOSANTS.

Des fournitures de bureaux de tous genres sont exhibées par M. *Pujibet* (233), de Bordeaux, — et par MM. *Maurin* et *Toiray* (1790), de Paris. — Les fabricants spéciaux d'articles compris dans cette section, sont : M. *Godchau* (799), avec son nécessaire métrique; — MM. *Duval et Cⁱᵉ* (665), avec leurs cachets de différentes couleurs et de différents types; — M. *Gérard* (1034), avec ses livres-couseurs; — M. *Guillemot* (1397), avec ses timbres humides; tous ces fabricants sont de Paris. — Un graveur de Marseille, M. *Jaubert* (1467), a aussi exposé des timbres humides, — et de Boulogne-sur-Mer, MM. *Blanzy et Cie* (893) ont envoyé les plumes d'acier et porte-plumes qu'ils fabriquent.

5e SECTION.

Photographie. — Peinture. — Articles pour ateliers de peinture.

56 EXPOSANTS.

La photographie qui, étant considérée comme un art industriel, est rangée dans ce groupe, occupe à l'Exposition une place considérable. Une quinzaine de photographes parisiens, parmi lesquels on compte quelques-uns des noms les plus connus, ont pris part à ce concours : M. *Nadar* (153), avec ses vues des catacombes et des égouts de Paris, prises à la lumière électrique; — M. *Franck* (134), avec une remarquable collection de portraits; — MM. *Neurdein* (135), — *Dusacq* (136), — *Vaury* (120), — *Gueuvin* (105), — *Varroquier* (100), — *Lepreux* (201 bis), — *Despaquies* (1708), — *Reutlinger* (1394), — *Bondonneau* (1393), — *Bulla* (1719), — *Couvez* (1514), avec des épreuves, vues et portraits de tout genre et de toute grandeur. — Les photographes bordelais sont plus nombreux encore et soutiennent dignement la lutte; on remarque les épreuves : de MM. *Terpereau* (444), — *Armand* (1875), — *de Parada* (1805), — *Salomon* (1622), — *Floire* (1765), — *Fourié* (1568), — *Danflou* (205), — *Comte* (514), — *Denisse* (408), — *Boureau*

(870), — *Martineau-Philadelphe* (1565), — *Danly* (1064), — *Panajou* (1868), — et *Mayer* (1811). — Les autres exposants appartiennent à diverses villes de provinces, et quelques-uns d'entre eux ne seraient pas déplacés sur des scènes plus brillantes, tels : M. *Girardeau*, dit *Honoré* (1468), de Cahors; — M. *Provot* (1704), de Toulouse, qui expose une photographie de grandeur naturelle; — M. *Terris* (1073), de Marseille; — M. *Perlat* (960), de Poitiers; — M. *Robuchon* (126), de Fontenay-le-Comte; — M. *Le Breton* (736), de Cette; — M. *Berthault* (330), d'Angers. — Un chanoine de Carcassonne, M. *Verguet* (311), a envoyé deux cahiers de photographies romaines et féodales; — — MM. *Baudesson* et *Houzeau* (1642), de Reims, des épreuves de photographie sur tissus; — M. *de Lurcy* (150), de Paris, des photographies sur émaux; — M. *Thiboust* (101), des spécimens de phototypie; — enfin, un amateur espagnol, M. *Cassignol* (1899), a envoyé des photographies photochromatiques.

Des vues stéréoscopiques ont été exposées par M. *Marinier* (109), et des stéréoscopes par MM. *Schiertz* (99), — *Léon et Lévy* (914), — *Schottlander* (141), — et *Gaudin* (139), tous de Paris.

C'est aussi uniquement à des industriels parisiens que sont dus les objets de diverses sortes se rapportant à la photographie : les verres et cuvettes de M. *Damain* (145), — le papier de MM. *Schaeffner et Mohr* (144), — les instruments d'optique de M. *Darlot* (102), — et les divers appareils de MM. *Gilles* (117), — *Koch* (112), — *Langlois* (115), — *Porson* (143), — et *Bellavoine* (133).

Le seul article pour atelier de peinture figurant à l'Exposition est un mannequin d'homme, de MM. *Gallibert et C*ⁱᵉ (703), de Paris.

XXVIIᵉ CLASSE.
Instruments de musique.

37 EXPOSANTS.

1ʳᵉ SECTION.
Pianos. — Orgues.

31 EXPOSANTS.

Cette partie de l'Exposition est une des plus brillantes ; non-seulement elle contribue à la décoration des galeries et elle procure aux visiteurs l'occasion quotidienne d'entendre de l'excellente musique, mais elle a encore l'honneur de posséder quelques-uns des noms les plus illustres de l'industrie musicale. Ainsi, sur l'estrade du fond presque tout entière envahie par les pianos, pianos droits, pianos à queue, pianos obliques, pianos mécaniques, orgues, harmoniums, nous avons la satisfaction de voir briller les noms de MM. *Érard* (1829)—*Herz* (*) (215),—*Pleyel* (1477),—*Debain* (*) (1457), — *Alexandre* (325) ; — nous y trouvons encore des pianos, orgues ou harmoniums de MM. *Zell* (1925),—*Pape* (28),—*Angenscheidt-Everard* (1531), — *Baudet* (178), — *Rodolphe* (*) (1526), — *Yot-Schreck et C*ⁱᵉ (365), — *Lacape* (1480), — *Aucher* (328), — *Fourneau* (1268), — *Kelsen* (1265), —

Kriegelstein (475), — *Mussard* (*) (1023), — *Elcké* (808), — et *Philippi* (*) (860), de Paris. — Un autre industriel parisien, M. *Gehrling* (461), a envoyé trois mécaniques pour pianos. — Trois facteurs de Bordeaux, MM. *Thibout* (974), — *Lacouture* (60), — et *Bergeret* (98), ont aussi exposé des pianos. — Des pianos encore ont été envoyés par MM. *Martin* (788), de Toulouse ; — *Bresseau* (258), d'Angers ; — *Mayer* (468), de Grenoble ; — et par un facteur espagnol, M. *Bernareggi* (895), de Barcelone. — Enfin, deux flûtes harmonium pianorgue et des harmoniflûtes ont été exposées par M. *Caudères* (898), de Bordeaux ; — un orgue dit *symphonista*, par M. l'abbé *Guichené* (734), de Mont-de-Marsan ; — un orphéi et des cymbales à piston, par M. *Ligier* (427), de Clermont-Ferrand, — et un transpositeur portatif par M. *Maureau* (*) (1191), de Villanblard (Dordogne).

2e SECTION.

Instruments à cordes et à archet.

2 EXPOSANTS.

Les deux seuls exposants de cette section, sont : M. *Carny* (716), de Niort, qui a envoyé quatre violons, un alto et cinq archets, — et M. *Verpillat* (936), de Paris, qui a envoyé des cordes harmoniques en soie.

(*) MM. Herz, Debain, Rodolphe, Mussard, Philippi et Maureau, sont représentés à Bordeaux par Mme Ve Billiot, au Bazar-Bordelais, 56, rue Sainte-Catherine.

3ᵉ SECTION.
Instruments en cuivre et en bois.
4 EXPOSANTS.

Le célèbre fabricant, M. *Sax* (1942), a enrichi cette section d'une belle collection de ses instruments. M. *Gautrot* (390), a aussi exposé plusieurs instruments en cuivre et en bois. Aux envois de ces grandes maisons de Paris viennent se joindre d'autres instruments en cuivre, de M. *Depuydt* (1045), — et deux flûtes en argent et une en cuivre, de M. *Genet* (1456), de Bordeaux.

XXVIIIᵉ CLASSE.
4 EXPOSANTS.

Philologie.

Section unique.

Une exposition industrielle ne paraît guère être un champ propre à l'appréciation des productions purement intellectuelles; néanmoins, quelques-unes de ces productions ont été soumises à la Société Philomathique, qui a cru devoir leur ouvrir une classe spéciale ; ce sont : un Traité de prononciation et de prosodie française, de M. *Montaubrie* (1010) ; — un Traité de comptabilité universelle de M. *Castro* (922) ; — un solfège populaire, de M. *Le Coispellier* (396), de Bordeaux, — et une carte philosophique de M. *Jônain* (1675), de Royan.

CINQUIÈME PARTIE

DESCRIPTION

DE L'EXPOSITION SPÉCIALE

D'OBJETS D'ART ANCIENS ET DE CURIOSITÉ.

Dans une assemblée générale tenue au commencement de l'année, la Société Philomathique résolut d'ajouter à son Exposition industrielle une Exposition d'objets d'art anciens et de curiosité. Dans ce but, elle nomma une Commission d'organisation composée de :

MM. E. Fourcand, Président de la Société ;
Lussaud, Secrétaire général ;
Le comte A. de Chasteigner ;
Dubouché ;
E. Dumas ;
Alexandre Léon ;
Souriaux.

Cette intéressante exhibition, qui a pu être ouverte le samedi 5 août seulement, est disposée dans les salles qui règnent au premier étage, dans toute la largeur de la façade du Palais de l'Industrie. Un vaste escalier établi au fond du premier transsept y conduit.

La première salle, à droite, au haut de l'escalier, contient tout ce qui a rapport à l'époque celtique et gallo-romaine.

La grande galerie qui vient ensuite renferme presque

tous les meubles, les coffrets, les glaces et les pendules. Du milieu de cette galerie, qui occupe toute la largeur de la grande nef de l'Exposition industrielle, on domine les trois nefs, et ce point de vue a quelque chose de vraiment féerique. Nous engageons le visiteur à faire, en cet endroit, une station de quelques minutes.

Sous la coupole du pavillon de la façade, on a établi un salon auquel on arrive par un double escalier orné de mains-coulantes en velours cramoisi. Ce salon, dont un divan circulaire occupe le centre, domine lui-même la grande galerie et les trois nefs. C'est là qu'on a placé la plus grande partie de l'orfévrerie, des émaux, des statuettes, de la porcelaine.

Au bout de la galerie, et près de l'escalier de sortie, se trouve la salle des faïences.

Afin de rendre cette cinquième partie de notre livre aussi intéressante que possible, nous avons fait précéder le *Guide* dans cette nouvelle Exposition, d'un *Manuel* succinct des origines des différentes espèces d'objets d'art et de curiosité qui sont représentées par un certain nombre de spécimens.

Ire DIVISION.

Manuel des origines.

ORDRE.

Tapisserie.
Armes.
Menuiserie. — Ébénisterie.
Horlogerie.
Verrerie. — Glacerie.
Tabatières.
Imprimerie.
Céramique. — Faïence. — Porcelaine. — Émaux.
Orfévrerie. — Bijouterie.

Tapisseries.

On donne le nom de *tapisserie* à toute étoffe servant à recouvrir les murs d'une chambre, d'une salle, etc.

L'art de faire des tapisseries nous vient de l'Orient. De la Médie et de la Perse il passa en Grèce, puis dans l'empire romain. Les Sarrasins l'importèrent en France sous Charles-Martel (huitième siècle), mais ce fut seulement sous le règne d'Henri IV qu'on commença d'établir dans notre pays des manufactures de tapisseries. La Flandre en possédait déjà de fort importantes.

L'usage généralement adopté aujourd'hui des papiers peints a presque anéanti la fabrication des tentures employées autrefois. Aubusson, Felletin, Beauvais fabriquent des tapis de pied bien supérieurs à ceux de Perse et de Turquie, mais ne font plus exécuter de tapisseries proprement dites. Nous n'avons donc qu'à signaler leurs vieux produits et à nous occuper exclusivement de la Manufacture impériale des Gobelins.

Les Gobelins. — *Gilles Gobelin,* célèbre teinturier de Paris, voulant donner une plus grande extension à son industrie, fit bâtir, de concert avec son frère, dans le faubourg Saint-Marcel et près de la petite rivière de *Bièvre,* dont l'eau était très propre à la teinture, un atelier plus vaste et mieux approprié que celui qu'il avait occupé jusque-là.

Le nouvel établissement prospéra, et ils l'appelèrent, en 1667, *Hôtel royal des Gobelins.*

Aux frères Gobelins succédèrent les sieurs Canaye, et à ceux-ci les nommés Glucq et Jean Liansen.

L'Établissement, qui avait toujours conservé le nom de ses fondateurs, fut acquis par Louis XIV, grâce à la perspicacité et aux conseils de son ministre Colbert, et devint, par édit de 1667, Manufacture royale, sous la direction du fameux Lebrun, premier peintre du roi.

On exécute aux Gobelins, depuis cette époque, des tapisseries, des étoffes pour meubles et des tableaux qui font l'admiration du monde entier, et qui sont destinés aux palais impériaux, lorsque l'Empereur n'en fait pas don aux chefs des autres puissances.

Armes offensives. — Armes défensives. — Armes de jet. — Armes de trait. — Armes d'hast — Armes à feu.

Les pierres, les branches d'arbres, les cornes des animaux, sont les premières armes dont on s'est servi. La massue, la hache, la lance, la pique, l'arc, remontent à la plus haute antiquité. Les différentes armes défensives, telles que casque, cuirasse, bouclier, etc., ont également une origine fort ancienne.

L'invention de la poudre à canon opéra une révolution complète dans les moyens d'attaque et de défense. Les béliers, les catapultes, furent bientôt remplacés par les canons; les arbalètes, par les arquebuses et les fusils.

On n'est pas d'accord sur le nom de l'auteur qui a inventé la poudre, et l'on ne peut préciser l'époque ni le pays où elle fut inventée. Il paraît constant qu'on n'a commencé à s'en servir dans les armées en Europe que dans la première moitié du quatorzième siècle, vers 1330.

Un ancien auteur, parlant de cette découverte « *due au hasard,* » dit qu'on l'a perfectionnée « au point de tuer à une lieue de soi des gens qu'on ne connaît pas et de vous faire sauter en l'air avec votre lit par une mine. » Les *progrès* ont continué depuis les remarques de l'écrivain que nous venons de citer. On peut tuer aujourd'hui à deux ou trois lieues de distance et tuer en quelques secondes vingt hommes avec le même pistolet.

Menuiserie. — Ébénisterie.

L'art du menuisier ébéniste, — du fabricant de meubles autrement dit, — remonte à une haute antiquité, comme presque tous les arts et presque tous les métiers. Les procédés en furent apportés de l'Asie en Grèce; de là ils se répandirent en Italie, où le luxe des Romains attirait tous les genres d'industries propres à flatter le goût, à contenter le caprice et à satisfaire la magnificence des vainqueurs du monde... La décadence fit sommeiller cet art ; mais il reprit son essor au quinzième siècle, grâce à l'habileté de Jean de Vérone, qui en étendit les applications en inventant des procédés pour teindre le bois de diverses couleurs et lui donner des ombres par le moyen du feu et des acides. Cette invention était d'autant plus précieuse que la découverte des deux Indes n'avait pas encore enrichi les arts d'une foule de bois remarquables par la variété de leurs couleurs, de leurs nœuds, de leurs veines et la finesse de leur grain.

Pendant que l'ébénisterie florissait en Italie, nous n'avions encore en France que des meubles communs et grossiers. Cet art ne commença à être pratiqué chez nous avec goût qu'au seizième siècle, sous François Ier.

Dans le dix-septième siècle, l'ébénisterie prit une grande extension, et Colbert établit aux Gobelins une manufacture de marqueterie, où Jean Macé, Philippe Bruneleschi, Benoît de Majano, etc., et surtout André-Charles Boule et son fils firent des ouvrages d'un fini parfait et d'une ornementation dont la grâce n'a pas encore été surpassée. (Notre Exposition possède plusieurs beaux échantillons du talent de ces derniers ; nous les signalerons à leur place.)

Dans le dix-huitième siècle, on se mit à fabriquer des meubles de luxe en bois des Indes massif ; mais ces ameublements étaient d'un prix fort élevé et ne pouvaient convenir qu'à un petit nombre de personnes opulentes. Ce n'est que vers la fin du dix-huitième siècle, et surtout dans ces derniers temps, qu'on est parvenu, à l'aide de nombreux perfectionnements, à réunir dans les ameublements une extrême modicité de prix, avec la richesse des formes et le brillant éclat des surfaces.

LAQUE. — Les meubles, les coffrets de *laque*, sont ceux qui ont reçu sur leur surface une forte couche de vernis de ce nom. Les plus beaux laques nous viennent de l'Orient, et principalement de la Chine et du Japon.

PLACAGE. — Les meubles *plaqués* sont ceux qui sont revêtus de feuilles minces de bois dits *de placage*. On n'employait anciennement pour ce travail que des bois étrangers, tels que le citronnier, l'acajou, le santal, le gaïac, l'aloès, le bois de rose, le bois de fer, etc.; aujourd'hui on emploie en feuilles de placage la plupart des bois de la France.

MARQUETERIE. — Les meubles dits *de marqueterie* sont ceux faits de petites plaques très minces de bois, de métal, etc. Il y a des ouvrages de marqueterie dans lesquels on trouve à la fois des bois rares, des métaux, des émaux et des pierres précieuses.

Ajoutons, pour rendre justice au goût des ouvriers de notre pays, que les meubles qu'on fabrique aujourd'hui en France sont recherchés avec empressement par les nations étrangères.

Horlogerie.

PENDULES. — Pour diviser le temps en parties égales, les peuples policés de l'antiquité avaient inventé le *cadran solaire*, la *clepsydre* (horloge d'eau), et le *sablier* (horloge de sable).

On pense généralement que les horloges à roues étaient connues dès le quatrième siècle.

La première horloge à roue qui ait paru en France fut envoyée à Pépin-le-Bref par le pape Paul I*er*, en l'an 760.

Sous Louis XI (quinzième siècle), il y eut des horloges portatives à sonnerie. On rapporte à ce propos qu'un gentilhomme ruiné par le jeu, étant dans la chambre du roi, prit l'horloge et la cacha dans sa manche, où elle vint à sonner... Au lieu de punir le voleur, Louis XI, apparemment en bonne humeur ce jour-là, lui donna généreusement, dit-on, ce qu'il avait dérobé.

Ce ne fut que vers 1550 que la mécanique des grosses horloges se perfectionna. L'horloge de la cathédrale de Strasbourg, qui passe pour une des plus merveilleuses de l'Europe, fut achevée en 1573.

Les horloges de chambre n'ont été appelées *pendules* qu'après l'invention, par Galilée, du pendule que Huyghens, savant hollandais, appliqua aux horloges en 1657.

Montres. — Les premières montres de poche furent fabriquées à Nuremberg, en 1500, par Pierre Hele. On les appela communément *œufs de Nuremberg*, parce qu'elles avaient une forme ovale.

Les montres appelées *montres-horloges*, dont on se servait sous Henri IV, étaient très volumineuses, et on les portait sur la poitrine, pendues au cou.

Sous Louis XIV, la perfection des montres consistait dans leur petitesse; on en plaçait dans le chaton d'une bague ; on en montait même en pendants d'oreilles.

Le savant Huyghens, dont nous avons déjà cité le nom, appliqua le premier le ressort spirale aux montres, en 1673.

Les chronomètres qu'on fabrique aujourd'hui donnent l'heure avec une telle précision, qu'il semble impossible qu'on puisse jamais mieux faire.

Verrerie. — Glacerie.

VERRE. — Le verre s'obtient en exposant pendant un certain temps, à l'action d'un feu violent, un mélange de silice (espèce de sable) et de différentes matières.

Pline rapporte que des marchands qui voyageaient dans la Phénicie s'arrêtèrent sur les bords du fleuve Bélus pour cuire leurs aliments, et qu'ayant mis, à défaut de pierres, des mottes de *natrum* mêlées de sable pour soutenir leur vase, il coula bientôt, du milieu du foyer embrasé, un petit ruisseau de matière enflammée qui, en se refroidissant, présenta à leurs yeux étonnés un corps solide et transparent : c'était du verre, et cela se passait plus de mille ans avant Jésus-Christ.

L'art de la verrerie paraît avoir passé successivement d'Italie en France, vers les premiers siècles de notre ère ; et de France en Angleterre, vers 674. C'est surtout depuis la fin du dernier siècle que les verreries ont pris, en France, une grande extension. Celles de Bohème et de Venise jouissent depuis longtemps d'une réputation méritée.

MIROIRS. — Les flaques d'eau, les sources, les

ruisseaux, ont fourni aux hommes les premiers miroirs.

Lorsqu'on commença à en fabriquer, on les fit de métal. L'usage en était établi chez les Égyptiens dès la plus haute antiquité.

L'apparition des premiers miroirs étamés eut lieu, semble-t-il, au treizième siècle.

GLACES. — L'art de faire des glaces a pris naissance à Venise.

En 1634, Eustache Grandmont et Jean-Antoine d'Anthonneuil en fabriquaient à Paris. Colbert, en 1666, fit ériger leur établissement en manufacture royale et y fit ajouter de vastes bâtiments. Dès cette époque, on commença à fabriquer en France d'aussi belles glaces qu'à Venise, mais on ne connaissait encore que les glaces soufflées. Les glaces coulées ont été imaginées, en 1688, par Thévard ou par Lucas de Néhon.

Tabatières.

Le tabac n'est connu en Europe que depuis 1560. Nicot, ambassadeur de France à la cour du Portugal, offrit cette plante à Catherine de Médicis.

On aspira d'abord la fumée du tabac, à l'imitation des Indiens ; puis on imagina de le râper et de l'introduire dans les narines : de là l'usage des tabatières.

Amurat IV, empereur des Turcs, le czar Michel Fédérowitz, et un roi de Perse défendirent à leurs sujets l'usage du tabac sous peine d'être privés de la vie ou d'avoir le nez coupé. Urbain VIII excommunia, dans une bulle, ceux qui prendraient du tabac dans les églises, etc., etc. Voilà pour les détracteurs du tabac. Les panégyristes de cette plante prétendirent, de leur côté, qu'elle rendait la vue aux aveugles, l'ouïe aux sourds, la parole aux muets, la mémoire et l'intelligence aux idiots : ils la considérèrent tout bonnement comme une panacée universelle. Les marquis des règnes galants virent surtout dans l'usage du tabac un moyen naturel de montrer une main délicate et blanche encadrée dans une manchette de fine dentelle.

Les trois règnes de la nature fournissent des matières propres à faire des tabatières : il y a des tabatières de bois et de carton ; il y en a d'or et d'argent, de corne et d'écaille, etc. On peut avoir une tabatière pour un sou, mais il y a des tabatières qui valent... une fortune !

Imprimerie ou art typographique.

L'origine de l'imprimerie, — comme l'origine d'une foule d'autres inventions, — est encore entourée de fables et de nuages que les recherches et les études auxquelles on se livre avec ardeur aujourd'hui commencent à dissiper.

XYLOGRAPHIE. — La *xylographie*, ou impression au moyen de planches de bois gravées en relief, date du quatorzième siècle. Cette industrie était florissante au quinzième ([1]).

CHALCOGRAPHIE. — Quelque temps après naquirent la *chalcographie*, ou impression au moyen de planches

---

([1]) *De l'origine et des débuts de l'imprimerie en Europe*, par Auguste Bernard.

de métal gravées en creux, ou en relief, comme pour la xylographie; et la

Typographie, ou impression au moyen de lettres mobiles, c'est-à-dire l'*imprimerie* proprement dite.

On trouve quelques éditions de cette époque qui sont imprimées moitié en xylographie, moitié en typographie.

Les premiers essais typographiques de Laurent Koster, de Harlem, eurent lieu dans l'intervalle des années 1420 à 1425; ceux de Guttemberg, qui passe cependant pour avoir inventé l'imprimerie, ne datent que de 1436.

Ulric Géring, Martin Krantz et Michel Friburger établirent en France la première presse typographique en 1469, et imprimèrent en 1470, sous le titre de *Gasparini Pergamensis Epistolarum*, le premier livre qui ait été imprimé chez nous.

Incunables. — Les éditions du quinzième siècle sont appelées *incunables*, du latin *incunabula* (berceau, commencements), parce qu'à cette époque l'art de l'imprimerie était encore dans l'enfance.

L'imprimerie royale, aujourd'hui imprimerie impériale, fut établie par François Ier, en 1531. Elle possède des poinçons, matrices et caractères des langues de tous les peuples de la terre qui ont une écriture.

Céramique. — Faïence. — Porcelaine. — Émaux.

Vases antiques. — Au commencement de toutes les civilisations, les cornes des animaux furent les premiers vases dont on se servit. Bientôt, cependant, on imagina les vases de terre cuite; puis on fabriqua des vases de bronze, d'argent, d'or, de marbre, de pierres fines. La Grèce paraît être le berceau de cet art, dans lequel les peuples de l'antiquité déployèrent une grande magnificence.

Les vases peints, qu'on appela d'abord vases étrusques, — parce qu'on supposait qu'il ne s'en était fabriqué qu'en Étrurie (actuellement la Toscane), — ne nous sont connus que depuis le dix-huitième siècle.

C'est aux vases antiques que les vases modernes ont emprunté leurs formes élégantes.

Poterie. — On désigne généralement sous le nom de *poterie* la vaisselle et les vases grossiers fabriqués avec des terres rendues solides par le feu.

Faïences. — La faïence n'est autre chose que de la poterie recouverte d'un émail opaque ou d'un émail transparent, et quelquefois peinte de plusieurs couleurs.

Les Italiens ont tiré de l'île de Majorque leurs premières poteries émaillées, qu'ils appellent encore aujourd'hui *majorica* ou *mayolica* (majolique). La ville de Faenza, en Italie, a commencé à en fabriquer vers 1299. Nous avons donné le nom de *faïence* à ce genre de poterie parce que la manière de la fabriquer a été importée de Faenza en France. Quelques auteurs prétendent cependant que la faïence tire son nom de la ville de Fayence (chef-lieu de canton du Var), où furent fabriquées, suivant les uns, les premières faïences françaises ; où furent inventés, suivant les autres, les procédés mêmes de cette fabrication.

Porcelaine. — On fait remonter la fabrication de la porcelaine à plus de deux mille ans avant Jésus-

Christ. Cependant, au temps où Fabricius mangeait ses légumes dans une écuelle de bois, peut-être la porcelaine n'était-elle pas encore connue en Europe. Les Portugais commencèrent à la fabriquer vers 1500. Au commencement du dix-huitième siècle, on fabriquait en France de la porcelaine tendre, tandis qu'en Saxe on fabriquait de la porcelaine dure. Ce n'est que depuis la découverte du kaolin, dans les environs de Limoges, à la fin du dix-huitième siècle, que nous ayons fabriqué de la porcelaine dure. La porcelaine dure diffère de la porcelaine tendre par la composition et par les procédés de fabrication. La porcelaine tendre se rapproche des faïences fines par la nature de son vernis, qui se raye aisément. Elle se fabrique à meilleur marché que la porcelaine dure, mais elle a l'inconvénient de ne pas aller sur le feu.

Émaux. — L'*émail* est une préparation particulière du verre, auquel on conserve une partie de sa transparence ou qu'on rend opaque, et auquel on donne différentes couleurs.

L'art d'émailler sur de la terre et sur les métaux est très ancien; mais l'art de l'émaillerie tel qu'on le pratique en France depuis plus de deux siècles, et qui consiste à exécuter, avec des couleurs métalliques, toutes sortes de sujets sur une plaque d'or ou de cuivre [1], était ignoré de l'antiquité.

Nous trouvons dans la *Gazette des Beaux-Arts*, sous

---

[1] On rejette généralement les plaques d'argent, parce qu'elles font boursoufler l'émail.

la signature de M. Albert Jacquemart, quelques considérations sur l'émaillerie proprement dite qui conviennent parfaitement à notre cadre, et que nous nous empressons de transcrire.

« On prépare d'abord, dit M. Albert Jacquemart, un excipient métallique de la forme voulue, vase, plateau, salière, assiette ou flambeau, et c'est sur la surface unie, rendue plus vive par un décapage à l'acide, qu'il faut faire adhérer l'enduit fusible coloré. Ici le genre se subdivise en trois espèces très distinctes : si, sur le dessin tracé en esquisse, on soude de légères cloisons contournées qui en suivent les contours, et forment par conséquent un trait en haut relief, on a l'*émail cloisonné*, dont les cases diverses reçoivent les poussières vitrifiables qu'une fusion ultérieure fixera sur le métal.

» L'invention de ce travail paraît devoir être attribuée aux Gaulois; il a été particulièrement employé dans l'Inde, en Chine, et plus tard à Byzance.

» La seconde espèce, très voisine, est dite *en taille d'épargne* ou *champlevé*. Voici comment la définit M. le comte de Laborde dans sa précieuse *Notice sur les émaux du Louvre* : « On donne indistinctement le
» nom d'émail *en taille d'épargne* ou *champlevé* à celui
» dont les traits du dessin sont ménagés en relief ou
» *épargnés* sur la planche du métal, de telle manière
» que, toutes les parties suivant les contours étant
» devenues évidées par le fait de la saillie, elles seules
» reçoivent les émaux. »

» Mais l'espèce essentiellement française, à laquelle

nous avions hâte d'arriver, c'est l'*émail peint*. Là le cuivre, l'argent ou l'or ne sont plus qu'un dessous, un excipient destiné à disparaître sous le travail de l'artiste, qui, débarrassé des entraves du procédé, peut montrer toute sa science de dessinateur, aborder les scènes les plus compliquées et corriger les erreurs d'un premier jet en retouchant et cuisant autant de fois que l'exige la perfection de son œuvre.

» Comme les potiers italiens, et avec autant de raison, les émailleurs de Limoges ont moins cherché les délicates modifications de la couleur que la perfection du contour et la vigoureuse hardiesse du modelé; aussi les grisailles sont-elles fréquentes sur leurs vases, et nous allons particulièrement exposer comment elles se font. On applique d'abord à la spatule, sur le cuivre, un ton noir uni destiné à recevoir un premier feu; c'est le fond sur lequel on décalque son sujet, dont on trace les contours et les premières demi-teintes avec un émail gris; puis, par des teintes de plus en plus blanches, on amène successivement les lumières de telle sorte que les dernières touches, superposées les unes aux autres, forment un léger relief d'un blanc éclatant. L'artiste cuit d'ailleurs, comme nous l'avons dit, autant de fois qu'il le juge convenable, et, comme cette cuisson, faite dans un four ouvert, est surveillée par le peintre lui-même, les accidents sont peu à craindre.

» Ici encore, à la marche que suit le procédé, on peut remarquer l'influence réciproque des arts l'un sur l'autre. Issue de la peinture sur verre, l'émaillerie de

Limoges commence par imiter les verrières à tons vifs, et, pour y mieux réussir, elle applique sur paillons d'argent des couleurs translucides, véritable verre coloré qui augmente l'éclat du travail ; elle suit alors les miniaturistes dans leur enluminure simple et leur manière de frapper les lumières, sur les draperies, au moyen d'un haché d'or. Puis, lorsque l'école de Fontainebleau introduit chez nous le goût du haut style et de la peinture italienne, le Primatice, le Rosso, Raphaël et Jules Romain deviennent les inspirateurs de l'école de Limoges ; on copie leurs cartons, on imite leurs compositions sérieuses, leur dessin châtié. Par l'une de ces transitions dont les médailles nous ont déjà fourni l'exemple en s'appropriant l'art italien, les émailleurs préparent la grande école française. »

Orfévrerie. — Bijouterie.

L'orfévrerie comprend la bijouterie et la joaillerie, mais on désigne plus particulièrement sous le nom d'*orfévrerie* les gros ouvrages pour lesquels on emploie les métaux précieux.

Dès la plus haute antiquité, chez les Égyptiens et chez les Hébreux, l'orfévrerie et la bijouterie étaient en honneur : l'histoire des Pharaons et l'histoire du peuple juif sont remplies de faits qui l'attestent.

De l'Asie l'art de travailler l'or et l'argent passa en Europe.

La découverte de l'Amérique (1492), en augmentant les matières d'or et d'argent, donna un grand essor et comme une nouvelle vie à l'orfévrerie, qui ne commença pourtant à se perfectionner véritablement que vers le milieu du dix-septième siècle.

Les artistes de la Renaissance et ceux du dix-huitième siècle nous ont en général légué des ouvrages pleins de grâce et de charme. Pendant la Révolution et sous le Directoire, le style antique prit faveur; les camées et les intailles firent fureur. On était grécomane alors comme aujourd'hui nous sommes anglomanes.

M. Paul Mantz, — dans la *Gazette des Beaux-Arts,* — a défini d'un seul mot le caractère des ouvrages d'orfévrerie produits depuis la Révolution jusqu'en 1815, en disant des artistes un peu marquants de cette période : « Ils sont académiques. »

IIᵉ DIVISION.

Guide.

Les quatre salles réservées à l'Exposition des objets d'art anciens et de curiosité ont permis à la Commission d'établir quatre grandes divisions. Première salle : *Antiquités celtiques et gallo-romaines;* deuxième salle (galerie) : *Meubles et pendules;* troisième salle : *Faïences;* quatrième salle (salon du pavillon) : *Émaux et porcelaines.*

Il n'y a de mélange que juste ce qu'il en faut pour rompre la monotonie qu'offrent souvent les exhibitions, même les plus intéressantes.

Nous allons parcourir ces quatre salles dans l'ordre que nous venons d'établir, et, ne pouvant décrire en détail toutes les richesses qu'elles renferment, nous signalerons du moins ce qui nous aura paru vraiment remarquable, et quelquefois aussi ce qui pourra nous servir d'indication pour retrouver plus facilement certains objets.

Ceci dit, gravissons les premiers degrés du vaste escalier.

ESCALIER D'ENTRÉE. — Sur le palier nous trouvons : un vieux canon de bois, cerclé de fer; deux grandes potiches, belles imitations des potiches chinoises; une curieuse fontaine verte en terre vernissée, et deux panoplies, formées avec un goût parfait, et composées d'armures du Moyen Age : hallebardes, épées, dagues, pertuisanes, casques, boucliers, arbalètes, arquebuses, mousquets, etc., du seizième siècle principalement. La plupart de ces armes appartiennent à MM. le comte de Chasteigner, Souriaux, Cailhava ; la ville en a aussi prêté quelques-unes.

La cage de l'escalier est tendue, — ainsi que les parois de la galerie, des deux salles et du salon du pavillon, — de tapisseries des Flandres, de Beauvais, d'Aubusson et des Gobelins, des seizième et dix-septième siècles, toutes dignes à certains égards d'être examinées.

En face, en arrivant, nous voyons d'abord deux scènes champêtres empruntées aux mœurs des Flandres, et qui indiquent sûrement la provenance de ces tapisseries, remarquables par leurs couleurs vives et cependant harmonieuses. Elles rappellent les brillantes et joyeuses compositions picturales des petits maîtres flamands, toujours si estimés, et que les manufactures du nord ont dû copier souvent, à l'égal des tableaux et des dessins des maîtres les plus illustres. Nos manufactures françaises, à leur début surtout, ne procédaient pas ainsi ; elles recherchaient principalement les sujets mythologiques, ceux tirés de l'histoire ancienne et de l'histoire romaine, et les sujets de chasse.

Au-dessus des scènes champêtres, se trouve une scène mythologique : Le beau berger Endymion, admis d'abord dans le ciel par son grand-père Jupiter, en fut bientôt chassé pour avoir manqué de respect à Junon, sœur de Jupiter, et condamné à un sommeil perpétuel, ou seulement de trente ans suivant quelques auteurs. Diane, déesse des chasseurs, s'éprit d'une vive passion pour lui pendant qu'il dormait, et le transporta sur une montagne de l'Asie-Mineure, où elle venait souvent le visiter. C'est cette dernière scène que la tapisserie représente : Diane vient d'arrêter son char d'or que traînaient des biches plus rapides que l'hirondelle, et elle semble s'oublier dans la contemplation du beau visage d'Endymion, tandis que les Amours de sa suite jouent dans les clairières avec ses chiens.

Une autre tenture, placée tout à fait à gauche, vers le haut de l'escalier, retrace également cette fable avec une légère variante.

Sur la gauche, deux tapisseries rappellent la célèbre guerre de Troie, dont Homère et Virgile ont si admirablement retracé ou inventé les émouvantes péripéties. On sait que Priam, roi de Troade, ayant toléré l'enlèvement d'Hélène par son fils Pâris, eût à soutenir contre les Grecs confédérés sous Agamemnon le siége de Troie, sa capitale.

Dans le premier carré de tapisserie, on voit Pâris cherchant à s'opposer, le javelot en main, au débarquement des Grecs, dont les douze cents vaisseaux sont rangés en ligne jusqu'à l'horizon.

Dans le carré placé en haut, l'artiste a représenté l'entrée du cheval de bois dans les murs de Troie.

Ces deux tapisseries ont perdu leur éclat; mais le grand nombre de figures qu'elles renferment, la richesse de leurs bordures, et le fait *historique* qu'elles rappellent les rendent intéressantes.

Des dix ou douze tapisseries tendues dans la cage de

l'escalier, quatre appartiennent à M. Tierret. Les noms des autres propriétaires nous sont inconnus.

Arrivons au bout de l'escalier, et tournons immédiatement à droite pour pénétrer dans la salle des antiquités celtiques et gallo-romaines. Nous voyons en face de la porte une tapisserie flamande, très fine, bien dessinée et admirablement conservée ; en voici la description :

Une draperie simulée, à franges d'or et à fond de paysage, est tendue et guirlandée de fleurs, entre deux colonnes, par des Amours ailés qui lui font comme une troisième bordure. Le milieu est entièrement occupé par d'autres Amours qui papillonnent autour d'un écu armorié, qu'une Renommée soutient d'une main, tandis que de l'autre elle tient élevé un serpent roulé en cercle et se mordant la queue, emblême de l'éternité. Dans le bas, sur le gazon fleuri, le petit Cupidon enchaîne le Temps qu'il a terrassé à demi. L'écu, surmonté de la couronne ducale, est d'*argent* (?), *à deux loups au naturel* (?)*, passant l'un sur l'autre, et une bordure de gueules, chargées de huit croix de saint André, d'or.* Le sujet de cette gracieuse tenture pourrait se traduire, il nous semble, par cette phrase : Sous la bannière des ducs de X..., l'Amour triomphant enchaîne à jamais le Temps. — Dans le bas, à gauche, on lit le nom du peintre célèbre qui a fourni le modèle de cette tapisserie : D. TENIERS IVN. PINX : 1684 ; et à droite, le nom de celui qui l'a tissée : IOAN. LEYNIERS. FECIT., et la marque de fabrique — un triangle entre deux B. (Cette tapisserie appartient à M. Mousquet.)

SALLE DES ANTIQUITÉS CELTIQUES ET GALLO-ROMAINES.
— Cette salle contient, entre autres choses :

1° Des armes et ustensiles en silex, pierres dures, bronze, des temps primitifs, recueillis dans la Gironde et les départements voisins.

2° Des poteries gauloises, gallo-romaines et du Moyen-Age.

3° Un Hercule, grandeur nature, de l'époque gallo-romaine, en bronze, creux, trouvé en mille morceaux dans le ruisseau de la *Devèze*, près de l'église Saint-Pierre, à Bordeaux, en 1832, et que M. Labet, conservateur des armes du Musée de la ville, aidé de M. Maggesi, sculpteur, a habilement rajusté — nous dirions volontiers refait, si nous ne savions avec quel soin et quel scrupule MM. Labet et Maggesi ont conservé jusqu'aux plus petits morceaux de bronze repêché.

4° Des statuettes, bustes et autres objets de bronze de l'époque gallo-romaine et du Moyen-Age.

5° Les types principaux des bronzes et des terres cuites extraits de la collection d'antiquités égyptiennes léguée à la ville par M. le docteur E. Godard.

Le tout provenant du Musée des antiques.

Parmi les collections que quelques amateurs éclairés ont envoyées, nous citerons :

6° Une collection d'objets taillés en silex, et un caillou des premiers habitants de nos contrées (époques celtique et gallo-romaine), notamment de l'Agenais, mis en parallèle d'instruments de la Nouvelle-Calédonie de l'époque actuelle. (Envoi de M. Gassies.)

7° Une collection de flèches en silex de types très

variés, provenant tous des landes de la Gironde. (Envoi de M. Lalanne).

8° Une collection d'objets celtiques et gallo-romains. (Envoi du comte de Chastaigner.)

9° Un instrument en caillou de rivière, et des fragments de trois espèces de poteries trouvés dans un tumulus, en Périgord. (Envoi de M. Félix Léal.)

GALERIE. En sortant de la salle des antiquités celtiques et gallo-romaines, nous nous trouvons dans la galerie, où les meubles, les pendules, les coffrets, et quelques vitrines renfermant des objets rares et précieux sont rangés sur trois lignes. Nous allons d'abord suivre la ligne du milieu et dire quelques mots sur tout ce qui s'y trouve. Puis nous parlerons des objets placés le long des murs.

Dans la ligne du milieu, nous trouvons d'abord :

1° Un bahut du dix-septième siècle, époque Louis XIII, en ébène, sculpté et monté sur son banc. Les deux vantaux sont ornés de bas-reliefs dans des encadrements hexagonaux. Le bas-relief de droite représente l'audacieux et imprudent Phaéton prenant les rênes du char du Soleil, son père, pour éclairer le monde; celui de gauche nous montre Jupiter, précipitant d'un coup de foudre le jeune téméraire dans l'Eridan.

2° Un meuble d'un travail florentin, style grec, que d'habiles réparations ont rendu complet. Des cabochons de pierres précieuses et des oves de marbres rares encadrent la porte que surmonte une petite mosaïque ronde représentant un papillon. (Appartient au comte de Kerkado.)

3° Un meuble en ébène, du dix-septième siècle, époque Louis XIII, dont le bas est garni de vitres. Le second étage porte, en bas-relief, sur ses vantaux, la naissance de la Vierge et le baptême de Jésus-Christ.

4° Au dos de ce meuble est suspendu un cadre renfermant six gravures, qui rivalisent de finesse avec celles des ouvrages illustrés les plus soignés. Elles ont été obtenues par J.-B. Grateloup, au moyen de procédés inventés par lui et dont il a emporté le secret dans la tombe; car, des planches qu'on a retrouvées, et qui avaient été *préparées* par lui, on n'a pu tirer que de mauvaises épreuves. Ces planches sont, paraît-il, parfaitement unies, et ne laissent paraître aucune trace de burin.

5° et 6° Deux vitrines : la première, contenant diverses peintures sur marbre, des statuettes du Japon, des tabatières incrustées, etc.; et la seconde, une collection de miniatures, de pierres gravées, et d'écuelles en marbres rares.

7° Un petit meuble du dix-septième siècle (époque Louis XIII), en ébène, à deux vantaux ornés de bas-reliefs. Celui de gauche montre des anges annonçant aux bergers que le fils de Dieu vient de naître; celui de droite, représente le sujet de l'Annonciation proprement dit. Des figures symbolisant la Foi, l'Abondance, le Commerce, l'Industrie, ont été sculptées aux angles des vantaux. Une ravissante guirlande de petits Amours jouant, dansant, faisant de la musique, se développe sur les deux tiroirs établis au-dessous de la corniche, et concourt admirablement à l'ornementation de ce petit meuble, qui est, sans contredit, un des mieux sculptés de l'Exposition.

8° Nous trouvons en cet endroit, adossée contre le meuble que nous venons de décrire, une vitrine fort intéressante de M. le vicomte Paul de Chasteigner. Nous y remarquons :

I. Un éventail ayant appartenu, à n'en pas douter, à Marie-Antoinette lorsqu'elle était Dauphine. Il porte au centre un écu aux armes du Dauphin, écartelé de France ; et, sur les côtés, deux médaillons représentant un dauphin que couronne, d'une couronne de roses, un bras sortant d'un nuage (dextrochère à droite, sénestrochère à gauche). Dans le bas, sur la monture, se trouvent les armes de France.

II. Deux ou trois élégantes statuettes en porcelaine de Sèvres, pâte tendre.

III. Une tabatière à la Brunswick.

Puis des couteaux, des boîtes en émail de Saxe, des montres, etc., et dans le haut, un cadre rond contenant quatorze faux camées, à sujets blancs sur fond bleu de ciel. Ces camées, appelés camées *Wedgwood*, se fabriquent en Angleterre.

9° A côté de cette vitrine nous en trouvons une autre qui contient différents objets de marbre, et des mosaïques charmantes montées sur tabatières.

10° Une table à colonnes torses. Sur le dessus, fabriqué en marbre de stuc richement coloré, on voit Louis XIV à cheval ; et tout au tour, des fleurs, une lettre, un jeu de cartes dispersées. (Appartient à M. de Béchade de Pommiers.)

11° Une crédence du seizième siècle, lourdement sculptée sur toutes ses faces, et qu'on croirait sortie d'un temple indien. Ses deux piliers, ronds, massifs, renflés outre-mesure et non moins sculptés que le reste du meuble, semblent faits pour supporter un édifice; et cependant l'ensemble a quelque chose de fort séduisant.

12° Sur ce meuble on a placé un charmant bronze représentant le centaure Chiron enlevant la nymphe Déjanire. (Ce délicieux groupe appartient à M. de Bussy.)

13° Voici un vieux bahut espagnol (seizième siècle) fort curieux, car il possède encore, presque intacte, son originale ferrure dorée, appliquée sur des carrés de velours cramoisi. (Appartient à M. Julien Dumas, de Limoges.)

14° Au-dessus se trouve une petite chiffonnière décorée de paysages dans le goût de Paul Bril.

15° Une table à colonnes torses et à dessus en marbre de Florence, envoyée par M. de Gervain. Des bouquets formés de tulipes, de jacinthes, d'anémones, de pervenches et de campanules garnissent les coins; au centre, se prélasse un petit oiseau. Ce charmant et précieux travail, qu'on désigne en Italie sous le nom de *lavoro a composto*, et que nous pourrions appeler en français *marqueterie de marbre*, ne nous semble cependant pas, nous devons le dire, complètement fait de marbre.

Nous voici arrivés au milieu de la galerie, où nous trouvons des vitrines renfermant des objets fort rares et fort précieux; quelques-uns même, à n'en pas douter, doivent être uniques.

16° La 1re VITRINE est pleine de livres rares et précieux. Ce sont :

Des manuscrits enluminés, des quatorzième et quinzième siècles pour la plupart, et ornés de lettres initiales, de vignettes et de sujets, peints et dorés au pinceau, sur parchemin;

Le premier volume de la belle édition in-folio, en 2 volumes, des *Métamorphoses* d'Ovide, dont les gravures, dessinées avec talent, ont été gravées avec une finesse et une délicatesse extrêmes par B. Picart. La première gravure (celle que nous avons sous les yeux) sert de frontispice à l'ouvrage, et résume en quelque sorte les récits ingénieux et fantastiques du poète latin; elle est datée de 1731.

Nous ferons surtout remarquer, comme une chose splendide et vraisemblablement unique, un gros volume relié en maroquin rouge, et dont chaque feuillet d'environ 45 centimètres de hauteur sur 30 de largeur offre une écriture bizarre, encadrée d'une riche bordure où courent les plus délicates arabesques peintes et dorées qu'aient jamais exécutées les miniaturistes laborieux et patients du Moyen Age. — Ce volume, entièrement écrit et enluminé à la main, est un *Alcoran* ou *Coran*. Les feuillets sont en papier de soie, collés sur vélin. (Ce précieux ouvrage appartient à M. Marrot, banquier à Sainte-Foy, Gironde).

Dans le bas de la vitrine se trouvent quelques riches échantillons d'étoffes de l'extrême Orient, des éventails, des mousquets, des pistolets d'un travail remarquable, etc.

17° Tout ce que contient la DEUXIÈME VITRINE : les émaux, les bijoux, les boîtes, les éventails, les bois, etc., mérite d'être examiné avec un soin minutieux, bien que nous ne décrivions que quelques-uns des objets qui s'y trouvent.

Cette coupe en émail, sur cuivre, dont la hauteur est d'environ 14 centimètres et le diamètre d'à peu près 20, ferait certainement envie au conservateur des objets d'art du Louvre. Elle a été faite à Limoges par l'émailleur Jean Courtois ou Courteys, en 1545, et on peut affirmer que c'est une des meilleures choses qu'il ait produites. Le profil en est gracieux, les ornements riches, l'émail d'une pureté et d'un éclat extraordinaires.

L'unité de temps et de lieu prescrite aux écrivains et aux artistes, semble avoir peu préoccupé Jean Courtois lorsqu'il a décoré l'intérieur de sa coupe. — Le titre qu'il a donné à sa composition : *GE. VII* (*Genèse*, ch. VII), ne s'applique même pas au véritable sujet, au sujet principal qu'il a représenté.

La *Genèse*, au chapitre VII, dit que Noé et les siens entrèrent dans l'arche avec deux couples de chaque espèce d'animaux, et que le déluge couvrit la terre. Or, que voyons-nous au premier plan : Noé, somptueusement vêtu et drapé, ayant à ses côtés sa femme, et assistant à la sortie des animaux de l'arche du salut, échouée sur le gazon.

Cette scène, — la scène principale, avons-nous dit,

puisqu'elle est au premier plan, — est relatée dans le chap. VIII de la *Genèse*, et non pas dans le chap. VII.

Au second plan, nous sommes presque en plein déluge : l'arche, — une toute petite arche, — flotte au gré des flots d'un torrent dont les eaux commencent à envahir la plaine, et où un très grand nombre de méchants trouvent déjà la mort. C'est là la seule scène qui traduise le chapitre VII.

Au troisième plan sont des montagnes à pic, et les coupeaux les plus élevés de l'une d'elles supportent une troisième petite arche. — C'est encore ici une scène décrite dans le chapitre VIII de la *Genèse* : *L'arche s'arrêta sur le mont Ararat, en Arménie*, etc.

On voit, par ce que nous venons de dire, que Courtois n'a compliqué sa composition d'une si singulière façon que parce qu'il a tenu à représenter dans un même ensemble le commencement, le milieu et la fin du déluge.

Les réflexions qui précèdent, et qui ont été suggérées par l'examen attentif et minutieux que nous avons fait de cette coupe, ne sauraient en rien affaiblir notre admiration pour un aussi parfait travail d'émaillerie.

Le reste de la coupe, — c'est-à-dire le revers et le pied, — est orné de bustes accompagnés de griffons, de mufles d'animaux, et de médaillons ovales encadrant des figurines d'une exquise délicatesse. Des arabesques d'or, fines et brillantes, courent capricieusement autour de tout cela sur l'émail noir du fond, et nous pouvons dire hardiment que M. de Pontac possède là une petite merveille d'émaillerie.

Un autre émail, également sur cuivre, et non moins remarquable que le précédent, se trouve aussi dans cette vitrine. C'est un plat ovale d'environ 30 centimètres sur 20. A l'intérieur, l'artiste a représenté la *Cène*. Dans le haut on lit : cœna domini, et sur la nappe de la table : *Franciscus Limosin fecit 1636*. Ce travail est donc bien et dûment du célèbre Limosin et de sa meilleure manière, car on ne saurait rien trouver, croyons-nous, dans son œuvre, qui soit à la fois plus brillant, plus parfait de dessin et plus élégant d'ornementation. Le sujet de la Cène se trouve admirablement encadré par une bordure de chérubins qui étendent leurs ailes diaprées sur le bord du plat. Le revers est entièrement occupé par un écu bleu de roi, *chargé* d'une aigle blanche à double tête, et *timbré (surmonté)* d'un casque *taré (posé, tourné)* au tiers (c'est un casque de comte ou de vicomte, par conséquent) orné de lambrequins bleus et blancs. Le fond noir de l'émail est égayé d'arabesques d'or. (Ce délicieux plat appartient au comte A. de Chasteigner.)

Parmi les belles montres de la même vitrine, nous en remarquons particulièrement trois :

1. Une montre, de moyenne grandeur, ayant la forme, bizarre pour ce genre de bijou, d'un carré long à pans coupés. Les deux côtés de sa boîte sont formés de deux pierres précieuses jaunâtres (ce sont deux topazes) enchâssées dans une monture d'or émaillée de croisettes noires sur fond blanc. Quelques personnes pensent que cette montre est du quinzième siècle, mais nous ne partageons pas cette opinion, et nous croyons

qu'on n'en peut faire remonter la fabrication au-delà du dix-septième siècle. (Ce bijou unique, et d'un prix inestimable, appartient au comte de Kerkado.)

II. Une montre Louis XVI, en or, enrichie de fins émaux, de brillants et de perles, et portant sa *chaîne châtelaine* assortie. (Appartient à M. Laffargue.)

III. Une montre Louis XVI, dans le genre de la précédente, et dont le boîtier ouvert laisse voir une délicieuse miniature représentant Marie-Antoinette. (Appartient au baron de Brivasac.)

Cette petite *coupe,* dont la tige est ornée d'agréments bleus d'une simplicité toute primitive, est en verre de Venise gravé au burin. Les deux longs verres couverts qui l'accompagnent sont en verre de Bohême richement taillé. Le plus grand porte deux médaillons avec portrait surmontés d'une couronne de marquis; et sur l'autre, on lit : VIVAT PRINCEPS EUGENIUS.

Le prince Eugène de Savoie-Carignan, généralissime des armées de l'Empereur d'Autriche, a vraisemblablement trempé ses lèvres dans ce verre de luxe et a dû le voir se changer alternativement en coupe d'ambroisie et en calice d'amertume, car le vainqueur des Turcs et de Villeroi fut à son tour vaincu par Vendôme et Villars !

Près des verres nous trouvons dans une petite boîte ronde un camée d'un travail admirable, mais qu'on ne saurait parfaitement apprécier qu'à la loupe. Le sujet de ce camée se trouve décrit sur le couvercle de sa boîte placé à côté; nous copions textuellement : « Camée antique, fond violet, figures blanches, représentant

Apollon allant au bain environné de naïades et de nymphes; un fleuve, des arbres indiens, surmontés du fils du Soleil sur son char. »

La *coupe* ovale, avec couvercle, placée au centre, et dont le sujet symbolique et les fleurs sont en biscuit, est une porcelaine de Sèvres très-pure.

Le *Bouquetier*, que surmonte un Amour, est en faïence de Nevers, supérieure à tous égards.

Voici des bois qu'on ne se lasserait pas d'admirer : *Saint Sébastien attaché à un arbre et percé de flèches*, et une *Tête de saint Jean-Baptiste décollé* dont on voit, tout à côté, une parfaite reproduction ou *surmoulage* en bronze faite à Paris dans les ateliers de M. Barbedienne. (La tête de saint Jean-Baptiste appartient à M. Desmaisons; le saint Sébastien appartient à M. Fabre de la Bénodière.)

Voilà un petit reliquaire-breloque, dont la tige renferme deux statuettes microscopiques : *Saint Jean et la Vierge*. Il prend la forme d'une olive montée sur un pied, lorsqu'il est fermé, c'est-à-dire lorsqu'on a replié le long de la tige, où elles sont fixées au moyen de charnières, les petites boîtes en forme de demi-lunes, destinées à recevoir les relique.

Nous répétons que tout ce que contient cette vitrine mérite un examen attentif.

Continuant notre promenade dans le milieu de la galerie, nous trouvons :

18° Un cabinet dans le genre du précédent, auquel il fait pendant.

10° Une table à colonnes torses dont le dessus, en

stuc noir, offre un sujet de chasse blanc hachuré de noir encadré par d'élégants rinceaux blancs. (Appartient à M. de Béchade.)

20° Un cabinet à moulures d'ébène, avec applications d'écaille, d'argent, et de cuivre estampés. L'intérieur est garni de tiroirs avec incrustations de bois, d'ivoire et de pierres transparentes montées sur cuivre doré. Des glaces disposées dans le fond produisent des effets de perspective variés. Ce meuble appartient au Musée de la ville; il est catalogué comme ouvrage de la fin du seizième siècle.

21° Une table habilement plaquée. Elle supporte un coffret gothique en bois de chêne et une petite chiffonnière.

22° Une armoire en vieux chêne, à deux étages et à quatre vantaux, fort gracieuse d'ornementation quoique assez grossièrement sculptée. Nous pensons qu'elle date du seizième siècle.

23° Une armoire en ébène, à deux étages, et de la fin du seizième siècle. Les deux vantaux du bas portent, sculptés en bas-relief dans un encadrement hexagonal, deux sujets religieux comme on en voit si souvent sur les meubles des quatorzième, quinzième, seizième et dix-septième siècles. Le second étage est garni d'une foule de tiroirs, et montre dans le milieu une sorte de petit parvis dont le placage produit des effets de perspective.

24° Derrière ce meuble sont suspendus trois passe-partout. Celui du milieu renferme un dessin à la plume, légèrement lavé au bistre, et représentant une

Mise au tombeau, par Raphaël. Les deux autres contiennent des portraits (tiers nature) au crayon noir rehaussé de blanc (deux ont aussi de la sanguine) sur papier gris, par Van Dyck.

Les belles collections de dessins des musées de Paris et de Lille, que nous avons visitées et étudiées dernièrement, nous autorisent à dire que ces dessins ont tous les caractères des maîtres auxquels on les attribue.

Nous sommes arrivés au bout de la galerie en suivant le milieu... Tournons à gauche maintenant, et revenons sur nos pas en longeant le mur, où se trouve une belle collection de pendules, envoyées principalement par MM. Denusset, Guestier, Béchade, et par le New-club, et qui sont presque toutes des époques Louis XIV et Louis XV.

Nous ne signalerons, dans cette longue file d'objets divers, que ce qui doit plus particulièrement attirer l'attention. Ce que nous avons dit des meubles que nous venons d'examiner, nous dispensera d'entrer désormais, à propos de ces objets, dans des détails et des descriptions qui allongeraient outre mesure ce travail et seraient, croyons-nous, peu goûtés du visiteur. Nous dirons cependant un mot des nouveaux types qui pourront se présenter, mais ce sera tout.

Le premier meuble remarquable, qui se trouve contre le mur, tout près de l'escalier de sortie, est une armoire à quatre vantaux du seizième siècle. Les têtes de chérubins qui ornent sa corniche peuvent faire supposer qu'il faisait partie d'un ameublement de sacristie.

Un peu plus loin, nous voyons une commode Louis XV, surmontée d'une belle glace à biseau.

Faisons quelques pas, et nous pourrons admirer une jolie crédence — époque François Ier — à deux étages, ornée de cariatides à tête de bélier et d'un couronnement fort élégant, mais qui n'appartient évidemment pas à ce bon spécimen de grosse ébénisterie du seizième siècle.

Sur une élégante commode Louis XV, en ébène, nous remarquons une curieuse boîte persane, en beau laque, où sont représentés des sujets de chasse. (Cette boîte appartient à M. de Lentz, consul de Russie).

Nous trouvons un peu plus loin un meuble d'église du seizième siècle très complet : des colonnes en spirale, des têtes d'ange, et, dans le milieu du couronnement, une statuette de la Vierge, composent ses principaux ornements.

Viennent ensuite des secrétaires, des commodes en marqueterie, etc.

Un coffret allemand, en fer, gravé sur toutes ses faces, est posé sur une encoignure. Au-dessus, un *fixé* — ou peinture éludorique — représentant l'*Adoration des Mages*. Il n'y a pas dans l'Exposition d'autre échantillon de ce genre de peinture, inventé récemment par un français nommé Vincent de Mont-Petit. Son procédé consiste à peindre à l'eau et à l'huile sur du taffetas, qu'on fixe ensuite sur la face intérieure d'un verre. (Appartient à M. Beaudin, architecte.)

Escalier du salon du pavillon. — L'escalier de droite, — le visiteur faisant face au salon du pavillon, —

est orné du portrait en médaillon de Rouget de Lisle, l'auteur de *la Marseillaise*, par notre célèbre statuaire contemporain David (d'Angers), mort il y a quelques années seulement. Ce médaillon est rond, de marbre blanc, et porte cette inscription : « *Rouget de Lisle, par P.-J. David (d'Angers), 1820.* » Cette précieuse sculpture a été offerte, nous croyons, par David (d'Angers) lui-même, à l'oncle de la personne qui la possède actuellement.

Au-dessus des deux rampes ont été placées des statuettes de bois, béates, raides et guindées comme les primitifs fantoccini, mais qui n'en sont pas moins d'*authentiques* divinités de l'Inde. L'inscription placée sur le socle dit leur provenance : « Idoles de l'empire » Birman, enlevées dans une des pagodes du Pégu en » 1853, et importées en France par le capitaine J. » Vandercruyce en 1855. » Certaines sectes de l'Inde adorant jusqu'à des pierres informes, on peut supposer que ces statuettes étaient classées comme idoles de première catégorie, et qu'elles occupaient une place d'honneur dans la pagode où M. Vandercruyce les a prises.

Entre les deux escaliers qui conduisent au *salon du pavillon* se trouve un grand placard renfermant une foule d'objets beaux ou rares, précieux ou curieux. Nous y remarquons :

Parmi les ivoires, deux petits cors, dits *olifants*, richement sculptés; l'un appartient à M. de Pontac, l'autre à M. Charles Durand, architecte; — *la Mendiante* et *le Mendiant*, statuettes (bois et ivoire) d'un grand effet (Appartiennent à M. Juillet, de Pauillac); — le portrait en buste, sur socle de bois, d'un Père du couvent de *la Merci*, décédé à Bordeaux en 1680 : il est représenté à mi-corps, drapé dans son froc à capuchon.

Quelques beaux émaux italiens aux couleurs intenses, — et deux Vierges, grisailles rehaussées d'or, de Laudin, qui réussissait surtout dans ce genre d'émaillerie. Presque tous ses ouvrages sont signés de son monogramme formé ainsi : .I.L.

Quelques coffrets de fer des quinzième, seizième et dix-septième siècles, et une collection des plus belles serrures de notre Musée d'Armes.

Sur la corniche du placard se trouve un Christ, buste de marbre blanc, presque de grandeur naturelle et d'un joli caractère. (Appartient à M. Ch. Durand.)

Cette belle collection d'éventails, que deux vitrines ne peuvent contenir, appartient à M. Souriaux.

Voici (après l'escalier de gauche du Salon du Pavillon) quelques petits meubles de placage; — une pendule Empire, de Cronier, représentant, entre deux grandes pyramides, une nymphe svelte, jouant avec une guirlade de fleurs; — un cartel (pendule qui s'attache contre un mur), — deux bras de cheminée, style rocaille, très élégants; — et, enfin, le portrait sur émail d'une des plus belles, des plus aimables et des plus gracieuses femmes du Directoire, du Consulat, de l'Empire, et nous pouvons même dire de notre époque, puisque Mme Récamier (c'est son portrait que nous avons sous les yeux) n'est morte qu'en 1849, et l'on sait que par une bien rare faveur de la nature, — qui l'avait faite aussi bonne, aussi secourable que belle, — elle conserva jusqu'à un âge fort avancé sa grâce et sa beauté. Sur le cadre de ce portrait on lit : « Mme Réca- » mier. Émail de Soiron père, émailleur de l'Empereur. » Donné par elle-même à son oncle M. Matton, com- » missaire près la Monnaie de Bordeaux. » Mme Récamier, — née Julie ou Juliette Bernard, à Lyon en 1777, — avait épousé à seize ans M. Jacques-Rose Récamier, riche banquier. Elle fut l'amie de Mme de Staël, et son salon de la rue de Sèvres, à Paris, était fréquenté par les hommes les plus marquants. Chateaubriand, entre autres, était un des familiers de la maison.

Tout près du portrait de Mme Récamier, nous voyons une des plus belles armoires, du dix-septième ou du dix-huitième siècle, que nous ayons encore rencontrées. On ne saurait rien imaginer de plus luxueux que les guirlandes de fleurs, en haut relief, qui courent dans sa corniche et autour de ses vantaux. (Appartient à M. Guestier.)

Non loin de cette armoire se trouvent deux commodes qui méritent un coup d'œil. La première est une commode hollandaise du dix-huitième siècle, en laque peinte. On y voit une chasse au lion; un sujet représentant des pèlerins; et des guirlandes de fleurs du plus frais coloris. La seconde est une commode genre Boule, — probablement de Boule lui-même, — mais elle est mal conservée. (Elle appartient à M. de Montardy.)

Ces deux chenets à grosses boules de cuivre viennent du château de Cadillac.

Au-dessus de votre tête se trouve une grande pendule de Boule, toute pareille à celle que ce célèbre artiste fit pour la chambre de Louis XIV, à Versailles, et qu'on y voit encore. Les rinceaux, en cuivre doré, du socle et de l'encadrement, sont de la plus grande élégance. Un Génie, à demi couché sur le socle, tient dans sa main droite une balance; et le Temps, armé de sa faux toujours prête à moissonner, sert de couronnement. Le cadran est signé Thuret, à Paris.

Tout au bout, nous trouvons une armoire du dix-septième siècle, qui ne manque ni d'élégance ni de caractère.

Nous voici arrivés à notre point de départ. Nous allons suivre maintenant le côté opposé à celui que nous venons de parcourir, c'est-à-dire le côté qui est à droite lorsqu'on se trouve près de l'escalier d'entrée et qu'on fait face à la galerie.

Les objets intéressants sont clair-semés de ce côté, aussi nos stations seront-elles peu nombreuses.

A droite et à gauche de la porte qui donne accès dans la salle des antiquités celtiques et gallo-romaines, se trouvent deux panneaux d'ébène (seizième siècle), sculptés avec art, et ayant appartenu à une riche armoire. (Ils font partie de la collection de M. Laffargue.)

La glace qui vient ensuite est celle que nous aimons le mieux, à cause du grand mérite que nous trouvons à son cadre d'ébène sculpté.

Sous cette glace est un coffre, sorte d'entre-deux de fenêtre, genre Boule, qui, s'il n'est pas de cet habile ouvrier, a du moins toute la perfection et l'élégance d'ornementation de ses plus beaux ouvrages. (Appartient au comte A. de Chasteigner.)

Une petite, — trop petite vitrine, — appartenant à M. F. Guénard, contient plusieurs gentils objets, qu'il est difficile de bien voir.

Nous ne dirons rien des grandes armoires qui garnissent ce côté, car elles n'ont rien de remarquable; néanmoins elles ont leur utilité, puisqu'elles peuvent servir de terme de comparaison.

Un coffret de bois, avec de délicates incrustations d'ivoire, mérite d'être signalé; ce coffret, qui fut, dit-on, donné par l'infortunée Marie Stuart à un gentilhomme nommé Viot de Mercure, était resté dans cette famille jusqu'à ces derniers temps; il appartient aujourd'hui à M. Labernardière. Une table en marqueterie, aux armes de France, une autre table dorée, placée au centre de la balustrade, et une pendule, que nous allons décrire, sont ensuite les objets les plus remarquables de cette série.

La pendule dont nous venons de parler est placée près de la balustrade. Elle est plutôt petite que grande, et n'est ornée ni de rocailles ni de statuettes. Elle remonte au règne de Louis XVI, mais n'a rien d'élégant; elle est simplement bizarre. Dans les pendules ordinaires, les aiguilles pivotent verticalement dans le centre du cadran, sur le bord duquel les heures et les minutes sont marquées. Dans celle-ci, les cadrans seuls (car il y en a deux) sont mobiles; ils ont la forme d'un cercle et tournent horizontalement l'un au-dessus de l'autre, le plus bas marquant les heures, l'autre les minutes, et ce, au moyen d'une étoile fixe placée devant. Ainsi, il est midi à cette pendule lorsque le n° 12 du cadran inférieur et le n° 60 du cadran supérieur se trouvent juste en face de l'étoile. On peut appeler cela une ingénieuse complication (Appartient à M. Dutreuilh.)

Au bout de la galerie nous trouvons deux jolis petits meubles du dix-septième siècle, placés à droite et à gauche de la porte de la salle des faïences.

Salle des faïences. — Cette salle présente un arrangement des plus heureux. Une innombrable quantité de fontaines, de plats, de saladiers, de bidons, de vases, d'assiettes, en garnissent les parois, qu'achèvent de décorer de vieilles tapisseries. Au centre, des fauteuils des seizième, dix-septième et dix-huitième siècles, aux formes impossibles, aux dossiers gigantesques, garnis de tapisserie ou de cuir gaufré, sont rangés autour d'une immense table recouverte de guipures, et dont le service, fantaisiste et bizarre, semble avoir été oublié là depuis des siècles. On se croirait presque en plein Moyen Age, dans la salle d'un château gothique. Il ne manque sur ces fauteuils que les chevaliers dont les vêtements de fer semblent faire sentinelle sur les paliers.

Les faïences sont classées par catégorie suivant leur provenance, et chaque catégorie est séparée des catégories voisines, soit par un meuble, soit par une console. Nous allons dire un mot de chacune de ces catégories, en commençant par la droite, et apprécier, presque toujours d'une manière générale, les objets qui les composent.

1° FAÏENCES DIVERSES. — De la porte d'entrée à la grande armoire sculptée, on a placé les faïences de provenances diverses, trop peu nombreuses pour former une catégorie distincte, et aussi celles dont l'origine n'est pas parfaitement établie. Nous y remarquons beaucoup de faïences du Midi : d'Avignon, de Montpellier, de Béziers, de Carcassonne ; des faïences mexicaines, et des plats hispano-moresques au vernis nacré et chatoyant. — Ce bras de cheminée, à un flambeau porté par une figure en relief sur plaque ovale, date vraisemblablement de Louis XIII ou de Louis XIV. Ce petit cheval fringant est un brûle-parfums. Nous devons signaler encore une fontaine de grès *à la fleur de lis*, et un bol couvert en faïence de Perse. La petite table, placée près de la porte, est en faïence de Delft.

Meuble. — Voici une grande armoire allemande qui forme division. Elle appartient à M. F. Klepper, consul de Hanovre, et paraît remonter au seizième ou au dix-septième siècle. Ses deux vantaux, dont les moulures forment des ogives en accolade, sont chargés de sculptures dont les principales représentent : l'Adoration des Mages, la Naissance de l'Enfant Jésus, le Baptême de Jésus-Christ. Dans le montant central, on voit saint Mathieu écrivant ; à ses côtés, un Ange tient son encrier, et sert à dissimuler l'ouverture de la serrure.

2° MAJOLIQUES OU FAÏENCES ITALIENNES. — Entre cette grande armoire et l'encoignure se trouvent les majoliques ou faïences italiennes de Faenza, Savone, Naples, etc., et toute la série des faïences vernissées, depuis le quinzième siècle. On y remarque quelques échantillons d'un éclat presque égal aux émaux.

3° FAÏENCES DE MOUSTIER (Basses-Alpes). — De l'encoignure à la division suivante, indiquée par un petit meuble, se trouve une série complète des faïences de Moustier qui constituent un genre de faïences très variées. On en remarque quelques-unes qui sont évidemment des copies du genre italien. La majeure partie de ces faïences sont à dessins bleus; quelques-unes cependant sont polychromes, ou plutôt à ce qu'on appelle les *quatre couleurs*. Un grand nombre d'échantillons sont remarquables par la finesse de la pâte et la blancheur de l'émail.

Cabinet. — Le joli petit cabinet en bois de chêne sculpté que nous avons sous les yeux rappelle le style des ouvrages de l'époque de Marie de Médicis (dix-septième siècle). Il est orné de charmantes statuettes représentant l'Abondance, la Force, la Justice, la Vérité, et supporté par quatre colonnes en spirale.

De ce meuble à la division suivante, indiquée par un autre petit meuble, nous avons les faïences de Rouen.

4° FAÏENCES DE ROUEN. — Les faïences de cette ville sont les plus renommées et les plus variées de France. Nous remarquons dans cette exposition : le *Rouen polychrôme à la guirlande de fleurs*, le *Rouen à dessin persan*, le *Rouen à la corne d'abondance* (fort recherché des Parisiens), le *Rouen au carquois*, le *Rouen à la pagode*, le *Rouen aux arbres d'amour*.

Nous signalerons particulièrement une fontaine polychrome *à la guirlande*, et, sur l'étagère la plus élevée, un grand plateau de service *à la corne*.

Meuble. — Le petit meuble à deux étages et à quatre vantaux, placé en cet endroit, a tous les caractères des ameublements de l'époque Louis XIII.

Depuis ce meuble jusqu'à la console qui suit, toutes ces faïences sortent des fabriques de Marseille.

5° Faïences de Marseille. — Les faïences de Marseille sont extrêmement remarquables par la beauté et la délicatesse de leurs bouquets, et par la grande fraîcheur de leur émail. On y distingue, parmi des cache-pots et des soupières d'une grande beauté, un petit pot au lait d'une délicatesse exquise, et quelques pièces d'un des services aux poissons de la veuve Perrin. La fontaine placée sur la console, et qui forme division, est une des pièces capitales de cette collection.

6° Faïences de Nevers. — Elles occupent l'espace compris entre la fontaine dont nous venons de parler et l'encoignure.

Ces faïences sont surtout remarquables par l'émail bleu qui les caractérise. Cette collection possède des échantillons à dessins blancs et jaunes, à dessins au manganèse, et des faïences bleu doré citées comme le *nec plus ultra* de ce genre de fabrication.

Tout le fond de la salle, à droite et à gauche de la grande armoire qui renferme de magnifiques porcelaines de la Chine et du Japon, est occupé par les produits des anciennes faïenceries bordelaises. La collection est fort riche.

7° FAÏENCES DE BORDEAUX. — La faïence bordelaise n'est pas très variée de ton, mais on voit par les nombreux échantillons qui sont exposés que les fabriques de Bordeaux ont dû être très florissantes au siècle dernier. On y remarque un très grand nombre de vases de pharmacie, sortis évidemment de la fabrique de Hustin, qu'on considère comme le créateur de la faïencerie bordelaise. On sait, en effet, que vers 1705 la fabrique de Hustin a été montée sur l'emplacement de la rue qui porte aujourd'hui son nom. Après avoir fabriqué pendant trente ans, Hustin reçut de M. de Tourny, en 1745, le brevet de faïencier royal.

Nous devons faire remarquer plusieurs plats et plusieurs assiettes d'un service armorié et portant l'inscription CARTUS. BURDIG. Ce *Cartus. Burdig.* a fait grand bruit dans le temps, et plusieurs journaux de Paris s'étaient demandé, après bien des recherches biographiques infructueuses, ce que pouvait être ce faïencier Cartus, et en quel siècle il avait vécu. La traduction de cette inscription était cependant bien facile à trouver, et on peut affirmer qu'il n'est pas ici un seul amateur de faïences qui ne connaisse la signification de ce mauvais latin, doublement, on peut le dire, latin de cuisine. *Cartus. Burdig.* est mis évidemment pour *Carthusia Burdigalensis* : Chartreuse de Bordeaux; ce qui prouve que les Chartreux de Bordeaux faisaient fabriquer de la faïence spécialement pour eux. Leurs assiettes à soupe, nous en avons là un échantillon, portaient au-dessous des deux écus accolés et de l'inscription *Cartus. Burdig.*, le mot POTAGE. Les Révérends

Pères avaient aussi probablement leur service particulier, car nous voyons une écuelle sur laquelle est écrit :
R. P. Pierre. Anno 1768.

Plusieurs pièces de la collection sont marquées d'un
J et d'un B entrelacés. D'autres portent, aussi entrelacés, un C et un B. Un petit lion est marqué L R, et
deux burettes V. H.

Un des successeurs de Hustin fut Monsau, qui jouit
d'une réputation méritée. Nous avons de lui deux pièces, au moins, d'une authenticité incontestable, et elles
sont fraîches et brillantes comme de l'émail. C'est :
1° un bénitier où se lit la date 1779 suivie d'un M, et
dans le bas duquel on voit un ange écrivant le nom de
Monsau sur un cartouche ; 2° une petite gourde, placée
à côté du bénitier, et qui est signée en dessous :
Monsau 1783. (Appartient à M. A. Charroppin.)

Nous ne savons si les deux *Chimères* que nous
avons vues à cette section y resteront pendant toute la
durée de l'Exposition ; mais, où qu'elles soient placées,
le visiteur les retrouvera sans peine et les admirera
certainement comme nous les avons admirées, car ce
sont deux faïences tout à fait hors ligne. La provenance en est, croyons-nous, inconnue. (Elles font partie de la riche collection de M. Souriaux.)

Viennent ensuite les faïences de Strasbourg.

8° Faïences de Strasbourg. — Au début, cette section était la plus pauvre, mais elle est bientôt devenue
fort riche. Elle renferme des échantillons très variés
et d'une grande élégance de forme.

Le *Médermiller* est une variété de faïence de Strasbourg. Parmi les échantillons exposés dans la même section que le Strasbourg, nous en remarquons quelques-uns en terre légère qu'on appelle *terre de pipe*.

9° BERGERAC. — Un peu plus loin se trouvent placées les faïences de Bergerac. Elles ne manquent ni de finesse ni d'éclat, et mériteraient d'être mieux connues.

Ne passons pas devant la dernière console, après laquelle se trouvent les faïences de Delft, sans admirer ce délicieux groupe représentant deux amours qui se battent pour un cœur abandonné sur le gazon.

10° FAÏENCE DE DELFT (Hollande). — C'est la dernière catégorie.

Les faïences de Delft sont les plus variées du monde et les plus communes, parce qu'on en fabrique des quantités considérables. Elles jouissent néanmoins d'une grande réputation pour la beauté de leur émail et de leur couleur.

Quelques échantillons de grès de Flandre et d'Allemagne, et quelques poteries d'étain sont déposés sur un petit dressoir du seizième siècle, placé près de la porte.

TABLE. — La table, nous l'avons dit, est superbe et produit, par la profusion des objets divers dont elle est chargée, la meilleure impression et l'effet le plus inattendu.

Nous y remarquons deux potiches gigantesques à dessins bleus; une surtout, avec serpents et dauphins, surmontée d'un cygne; une belle soupière de la faïencerie de la veuve Perrin, de Marseille: deux léopards en forment les anses, et deux rougets le bouton; une fort curieuse collection de plats dans lesquels sont admirablement imités, en haut relief, des fruits et des légumes; des verres de Venise et de Bohême en profusion, et quatre candélabres du plus pur style Louis XVI: ce sont des enfants nus qui tiennent élevées des branches de lis.

Parmi les personnes qui ont le plus contribué à enrichir cette admirable collection, nous citerons : MM. Dr Azam; Balguerie (Junior); de Briolle; Henri Brochon; Ad. Charroppin; comte A. de Chasteigner; vicomte Paul de Chasteigner; Dr Delmas; Dr Desmaisons; A. Dubouché; de Gals; baron de Gervain; Alexandre Léon; Scott, consul de Sa Majesté Britannique; Souriaux; la pharmacie des Enfants-Trouvés, et la pharmacie des Sœurs de Saint-Projet. Nous regrettons de ne pouvoir donner une plus longue liste de noms, mais nous avons cité tous ceux qui nous sont connus.

En sortant de la salle des faïences, nous allons directement dans le salon du pavillon et nous y montons par l'escalier de droite, c'est-à-dire par le premier que nous rencontrons.

SALON DU PAVILLON. — *Vitrine de droite.* — Dans cette vitrine, où la belle collection d'émaux, d'objets d'art et de curiosité de M. Fabre de La Bénodière a été placée, nous remarquons : des verres, des tasses et des écuelles émaillés avec ornements en relief; — deux ou trois jolis échantillons d'émail chinois; beaucoup d'émaux de Laudin; un petit Mercure antique, en bronze, trouvé à Pompéi et envoyé par M. F. Chaboureau; deux beaux bâtons pastoraux sculptés, l'un en bois, l'autre en ivoire, appartenant à Monseigneur le Cardinal Donnet. La crosse d'ivoire, qui est d'un travail byzantin assez remarquable, n'a pas sa hampe.

Les statuettes et les portraits, brillants comme de l'argent et enchâssés dans du cristal, appartiennent à M. le Dr Dupouy, d'Agen. C'est M. Honoré Boudon de Saint-Amans, fils du célèbre naturaliste Agenais, qui est l'inventeur de ces ravissants cristaux. Plusieurs statuettes, envoyées par MM. de Briolle et de Pelleport, sont très curieuses au point de vue archéologique. Vers le fond de cette vitrine, en haut, on voit deux vieux émaux italiens, croyons-nous, représentant le Christ en croix, et le Christ descendu de la croix. Dans le bas se trouve un bougeoir à deux branches, en porcelaine de Saxe, ayant appartenu au duc de Penthièvre (Marie de Bourbon). Il représente un berceau formé de branchages de fleurs, sous lequel un petit bonhomme joue de la musette.

Le boudoir que nous trouvons après cette vitrine renferme un délicieux petit ameublement Louis XV, en tapisserie des Gobelins, et une pendule Louis XIV, en cuivre doré, appartenant à Mme Castéja, et sans rivale en son genre : tout un essaim de divinités est venu s'abattre sur un rocher à pic et se repose maintenant de ci, de là, avec la grâce et la nonchalance qu'y peuvent mettre des déités. Le Génie de la France, porté par un nuage, a pris place au sommet et reçoit des mains d'un envoyé céleste le flambeau avec lequel il éclairera les autres nations. On lit sur le socle : PAR F. T. GERMAIN SCU^{vr} ORF^{re} DU ROY 1753.

Vitrine du fond. — La vitrine du fond contient des services de porcelaine de Sèvres très délicats ; — deux ravissantes potiches, vieux Sèvres, à côtes de melon, ornées de roses, et dont les anses sont formées par deux rubans bleus, noués sur le col (elles appartiennent à M. Scott, consul de S. M. Britannique) ; — des statuettes en biscuit, du plus grand mérite ; — des plats attribués à Bernard Palissy ; — des chandeliers en argent ciselé, faits à Bordeaux, et appartenant à M. Louvet de Paty ; — une petite soupière, avec sa soucoupe, en porcelaine de Saxe, presque ronde, à médaillons blancs, dans lesquels sont peints des paysages, sur fond truité à dessin imbriqué ; le bouton du couvercle est formé d'un petit dahlia. Cette ravissante soupière est placée sur la première étagère, à droite. (Elle appartient à Mme de Santa-Coloma.) Dans le bas on voit un calice en or ciselé d'un travail fort remarquable et dont le pied rappelle le galbe de la célèbre coupe de Benvenuto Cellini. Au dernier étage se trouve une fort riche collection de plats espagnols en argent repoussé. MM. Amédée Georges, Alexandre Léon et Léon Meyer ont fourni un riche contingent à cette vitrine.

Dans le petit *boudoir* qui vient ensuite se trouve la splendide garniture de cheminée, vieux Sèvres, bleu de Roi, provenant de la dernière vente de la duchesse de Berry, et appartenant à M. Burguet, architecte. Elle se compose de trois vases riches et élégants. — Celui du milieu, qui contient la pendule, est orné sur son col du portrait de Louis XVI. Son large socle, sur lequel sont posées des divinités à demi-couchées, offre le portrait du duc de Penthièvre au milieu de six autres médaillons à portraits. Le vase de droite porte sur sa panse le portrait de Mme Elisabeth de France, et sur son socle celui de la Dauphine. Le vase de gauche est de même orné de deux portraits : celui de la reine Marie-Antoinette, et celui du Dauphin. Le cadran de la pendule est signé : Baltazar, à Paris.

Vitrine de gauche. — La plus grande partie de la dernière vitrine qui nous reste à examiner est occupée par la brillante collection d'émaux et d'objets de curiosité de M. de Marpont, receveur général à Limoges. Nous ferons principalement remarquer : un bénitier en émail, parfaitement conservé; — quelques tableaux (émaux de Limoges) très brillants, portant le monogramme de Laudin que nous avons déjà fait connaître; — un brûle-parfums chinois en émail cloisonné, ayant la forme d'une soupière, et dont les trois pieds et les anses de cuivre représentent des animaux chimériques (c'est le seul échantillon d'émail cloisonné que possède l'Exposition); — trois plaques de râpes à tabac : une en ivoire sculpté, portant l'écu de France *brisé* d'un lambel, ce qui indique un puîné de France (les armes de Louis-Philippe, comme duc d'Orléans, portent cette brisure); les deux autres, en émail, offrent le portrait de Louis XIV, encore jeune, sur un fond de paysage représentant l'île de Malte; — deux petits coffrets reliquaires, et deux chandeliers byzantins émaillés; — un saint Pierre en prière, émail grisaille d'une grande beauté; — au-dessous, deux chandeliers en émail, sur lesquels sont représentées les têtes des douze Césars; — une délicieuse miniature, qui rappelle les plus délicates et les plus poétiques productions de Boucher et de Prud'hon, et qui pourrait symboliser l'Humilité ou la Rêverie : c'est une jeune fille blonde, les yeux à demi baissés et portant à sa ceinture un bouquet de fleurs; — une Vierge, en ivoire sculpté et rehaussé de quelques légères dorures, dont le visage a cette expression indéfinissable de douceur et de raillerie, de bonté et de malice que présentent assez souvent la sculpture et l'iconographie religieuses pendant le Moyen Age. — Tout au bout de la vitrine, nous voyons : une croix byzantine, émaillée et enrichie de rubis, sur plaque de velours; — une croix grecque d'un joli travail, ornée de perles de corail; — un peigne de sacre épiscopal en ivoire, dont les sculptures rappellent des scènes de la Passion de Jésus-Christ; — un poignard, dont le manche et la gaîne sont en ivoire : les sculptures de la gaîne représentent *le Rappel de la mort;* — puis enfin, dans le haut, un fort ancien triptyque (émail de Limoges) d'environ 55 centimètres de hauteur sur 45 de largeur, et dont les douze petits tableaux retracent les principales scènes de la Passion de Jésus-Christ, avec ce sentiment naïf ordinaire à l'iconographie chrétienne du Moyen Age.

Quelques belles tapisseries concourent à l'ornement de ce salon. Celle du centre, représentant le Triomphe de Marc-Antoine et de Cléopâtre, est de toute beauté. Elle appartient à M. Thierrée et provient des Gobelins. Les autres se font surtout remarquer par leur grande fraîcheur. Elles ont été fabriquées à Beauvais et appartiennent à M. Am. Larrieu.

Escalier de sortie. — L'escalier de sortie est orné comme l'escalier d'entrée. On y trouve des armures, des panoplies et quelques jolies tapisseries. Nous signalerons particulièrement le Triomphe de Constantin (appartenant à MM. Laroque et Jaquemet). Une autre tapisserie, fort belle aussi, a été placée au-dessus de la porte d'entrée de la salle des faïences; elle représente également le triomphe d'un empereur romain.

LISTE DES EXPOSANTS

PAR ORDRE ALPHABÉTIQUE.

(Les chiffres placés en regard de chaque nom indiquent la page où il est question de l'exposant.)

A

Abaut,	215
Admant,	189
Adolphe,	108
Aimé-Forestier,	132
Aladane et fils,	156
Alamijeon jeune,	135
Alauzet,	110
Albert,	204
Albertella,	203
Alexandre et fils,	222
Alessandrini,	91
Alis frères,	189
Allain,	212
Allard,	187
Alliès,	116
Alliès,	153
Allmayer,	219
Alvergniat,	120
Amalric et Cie,	94
Amenc,	132
Amiet, Montagnon,	195
Amieux et Carraud,	153, 154
André,	178
André et Fontaine,	137
André et Goëtz,	181
Andreucceti,	177
Angaud,	117
Angenscheldt - Everhard,	222
Anthoni,	108, 121
Antoine,	135
Antoine (Mlle),	210
Ardant,	190
Ardura,	155
Arguinano,	149
Armana (d'),	147
Armand,	220
Armengaud,	136
Arnaud,	172
Arnaud,	176
Arnoux,	212
Asse,	201
Astier,	80
Aubert père et fils,	102, 110, 113
Aubréville (d'),	124
Aubry,	190
Aucher frères,	222
Audineau frères,	107
Audinot,	188
Audouin,	123
Audubert,	174
Auffroid,	150
Auger,	134
Auger,	153
Avril et Cie,	219
Avril (Mlle),	205

B

Bachan et Cie,	142, 149
Bacus,	202
Bacquey et fils,	117
Bader,	134
Badimon,	88
Baignol frères,	124
Balbreck aîné,	120
Balguerie,	117
Balguerie,	146
Baillou,	165
Bajard fils,	89
Balarac,	217
Bancel,	135
Baptiste et fils,	174
Baqué aîné,	196
Baqué,	206
Bails,	147
Baradat,	168
Baradeau,	89
Bardié,	200
Barazer,	172
Barbary,	176
Barbé,	104
Barhou et fils,	181
Bardonneau,	187
Bardou,	136
Barès,	213
Bareyt,	152
Barbot,	101
Bardin et Lévy,	104
Baron,	176
Barbier, Guissani,	178
Barets,	219
Barraud,	94, 112
Barlerin,	156, 162
Barre,	181
Barrière,	97, 204
Barrière,	163
Barthe,	149
Barot,	164
Bascou,	117
Basselaye,	94
Bataille,	97
Baudesson, Houzeau,	221
Barnest,	126
Barraud,	209
Barrier et Lapaire,	111
Bassié et fils,	182
Bayle,	160
Bauche,	167
Bauche,	180
Baudet,	223
Baudoin,	139
Banizette et Guimberteau,	174
Bauquin fr. et Maufra,	80, 82, 87, 88, 106
Beauvais,	131
Beauduc,	90

Béane, 218	Biraben, 157	Boucher et Cie, 125
Bedat, 201	Bisquit-Dubouché, 148	Boude, 131
Bedin, 89	Bizard et Labarre, 111	Boué, 132
Bel et Guirail, 190	Bizet-Pacherly, 174	Boulla, 195
Belladina, 214	Bizeul, 170	Bounaud, 200
Belanger, 94	Blanc, 173	Bouquayrol, 166
Bellavoine, 221	Blanchard et Cie, 98, 180	Boyries, 86
Bellenger (Ve), 195	Blanchard fils, 156	Bonneville et Cie, 134
Bellic, 168, 186	Blanchard, 150, 152	Bourdron, 201
Bellié, 165	Blanchou, 147	Bourgeois, 145
Bellier, 131	Blanzy et Cie, 220	Bourgeoise et Cie, 178
Bellot aîné, 148	Blazy et Luchaux, 126	Bourgeois-Hennetrier
Belouin, 137	Bloc, 205	182
Belvallette frères, 108	Blot, 189	Boudey, 143
Beuotto, 190	Babin, 148	Boureau, 220
Benoit, 89	Bobot-Descoutures, 191	Bourgerie-Villette, 218
Bemteau, 108	Boccardo, 154	Boutigny, 150, 151
Berard, 204	Bocquet, 122, 124	Boulinaud, 182
Berdot, 203	Bodeau, 108	Bouvin, 111
Bergereau, 163	Boireau, 86	Boyer, 137, 187
Bergeret, 223	Boissière, 188	Boyer et Varennes, 166
Bergeon et Cie, 107, 108	Boisse, 219	Bragelongue (de), 100
Bermond, 140	Boivin, 79	Brandeau, 207
Bernard, 170	Bolognési, 152	Brassens, 165
Bernareggi et Cie, 223	Boilvin, 106	Bréjat, 189
Bernier frères, 191	Bonafous-Murat (Ve),	Bresseau, 223
Benoit, 122	173	Bresdin, 216
Bertaud, 162	Bondonneau, 220	Bresca, 147
Berthault, 221	Bonnard, 177	Brethon, 90, 115
Bertaux frères, 184	Bonifet, 86	Breton-Lorien, 165
Bertaud, 162	Bonnet, 89, 182	Breton, 133
Berthomieux, 175, 189	Bonnin, 115, 117	Briand, 173
Bertin (Ve), 195	Bonnet jeune, 127	Briez, 197
Bertrand frères, 165	Bonnin fils, 207	Brillet, 182
Beunier, 154	Bontems, 213	Briolle (de) et Cie, 172
Besset, 154	Bord, 218	Brissard, 115
Besnard, 183	Borde, 107	Brisset, 137
Bessard et Genest, 166	Bosquet-Pouchaud, 97	Brisset père, 183
Besnier, 157	Bossés, 86, 106, 111	Brisset (Ve), 110
Besson frères, 208	Bouquet, 94	Brisson et Cie, 83
Bettemh st frères, 204	Bouquet fils, 94	Brisson et Tamisey-
Bettmann, 163	Bouquet, 190	Lagrave, 185
Beurton, 186	Besson frères, 94	Brisson fils, 117
Bézial, 112	Botts et Cie, 159	Brocot, 187
Bézial et Souheyrol, 107	Bouilly, 86, 126	Bronno-Bronski (de) 99
Bidault père et fils, 133	Bonniol, Salles, 205	Brout-Perrain, 169
Bideau (Mme), 206, 210	Bourgeois-Pensée 182	Bruère, 122
Bienvaux, 139	Bousquet, 115	Bruchaud et Cie, 149
Biers, 171	Bssuet, 212	Brun, 116
Billau, 105	Boyenval fils, 132	Brun frères, 107
Blandie, 123	Boyer, 168	Brun et fils aîné, 131
Billot, 183	Bozzoli, 189	Brun, 97, 131
Bignoneau, 197, 215	Boubès, 173	Brune (Mme), 143
Bilhau et Cie, 193	Bouchurt-Florin,	Brunet, 143
Billoquet et Cie, 155, 159	193, 198	Bruneau, 218

Brut,	202	Cartier (de),	130	Chapa, Charrier et Dubernet,	125
Buchard,	203	Cartier-Bresson,	191		
Buguet,	115	Carvin fils,	173	Chappaz,	152
Buffaud frères,	111	Carue,	166, 167	Chaperon, Perrigault,	83
Buisson-Robin,	152	Casanole,	203		
Bulla frères,	220	Casimir fils,	124	Chapoton-Feinas,	138
Busson,	215	Cassaigne,	93	Chappui,	188
Buzard,	153	Cassignol,	221	Chardounaud et Ducros,	159
Byse,	209	Cassin,	85, 216		
		Castaing et Cie,	127	Chariol,	218
C		Castanet,	115	Charpentier fils,	217
		Castel,	124	Charras et Cie,	141, 154
Cabanes,	84, 146	Castellet y Balta,	147	Charrier,	192
Cabanes,	97	Casthelaz,	130, 133	Charton-Rey et Himbert,	116
Cabirol,	166	Castilla,	159		
Caburro,	115	Castillon-Duperron,	96, 160	Charvet (Ve) et fils,	89, 179
Cacqueray,	94				
Caillau,	143	Castillon,	140	Chatagnier,	207
Caire fils,	108	Castillo, Rapnouil,	148	Chassaigne,	93
Cairon et Taitaut,	170	Castro,	224	Chaumel,	86, 165
Calbet père,	173	Caton,	107, 161	Chaumet et Cie,	143
Calla	102	Cauderès,	223	Chaumont,	182
Callebaut,	117	Caussemille et Cie,	128	Chausson,	157, 183
Callame,	201	Caut,	141	Chatizel (Ve) et Cie,	209
Calmel fils aîné,	214	Cavalier et fils,	212	Chauvet fils,	151
Calvet,	167	Cayla,	93	Chauvet fils,	192
Cambon,	154	Cayrou et Cie,	127	Chauvet,	181
Campagnac,	168	Cazal,	117	Chauvin et Cie,	178
Camelot,	197	Cazeaux,	128, 146	Chamasse,	147
Canonville,	206	Cazeaux et Cie,	202	Chazelle (de),	156
Canut,	95	Cazenave et Cie,	133	Chefdeville,	194
Capérony jeune,	135	Cazenave,	157	Cheftel,	161
Capeyron,	104	Cazenave et Cie,	155	Chénard, Raboteau,	215
Carbonnier,	138	Cazeneuve,	112	Chénaillier,	124
Carbonnel,	133	Cazentie,	181	Chêneaux,	150
Cardailhac-Cadet,	84	Cerf et Naxara,	218	Chenel,	89
Carde,	175	Célisse,	158	Chèvènement,	134
Carde frères,	102	Certain,	184	Chiapella,	146
Carde,	176	Cessac.	173	Chipoulet, Arnaud,	144
Cardot,	137	Cessac,	155	Chomereau-Lamothe,	94
Carénon et Cie,	159	Chabert et Cie,	166		
Carnavant,	79	Chabran,	164	Chonneaux,	140
Carny,	223	Chaigneau frères,	165	Choquet fils,	120
Carrère,	165	Chalopin,	116	Choumara,	158
Carrère jeune,	184	Challeton de Brughat,	130	Chrétien fils,	126
Carrères, Descos,	175			Claes,	124
Carrère aîné,	184	Chambon-Lacroisade,	125, 181, 183	Claparède et Cie,	121
Carrie,	112			Clavery,	159
Carré (Ve et fils),	116, 182	Chambrelent,	92	Clavier,	187
		Chabrol,	184	Clavières et Lambey,	82
Carré,	176, 181	Chameroy et Cie,	172	Clère-Drapier et Cie,	200
Cartier-Cassière,	133, 155, 158	Champion et Aumètre,	108	Clérisse,	191
Carrière,	204	Chantecaille,	149	Cistac-Tristan,	140
Cartier,	148	Chapoix,	156	Clouzet,	217

18

Cobère, 205	Creuzé, 148	Déjean, 140
Codirole, 218	Crollin jeune, 209, 213	Dejran, 207
Coffignon frères, 185	Crugy, 90	Delabarre aîné, 174
Coiffard, 205	Cuny, 147	Delabarre, 160, 181
Coignet, 170, 193	Curé, 174	Delabrierre, 140
Coint et Cie, 118	Curmer, 217	Delacour, 102, 108
Colas frères, 80	Cussan, 87	Delagrave et Cie, 217
Colardeau, 156	Cuzol fils et Cie, 153	Delahaye, Nettier, 162
Collarino, 179	Cyr, 94	Delalain et fils, 217
Coloubie-Colo, 96		Delaporta, 185
Combès aîné, 171	D	Delarue, 180
Compagnie française de coton, 93		Delas et Cie. 188
	Daille, 118	Delastre, 135
Compagnie houillères de l'Aveyron, 79	Daldrieu fils, 123, 171	Deleaux. 214
	Dalemagne, 177	Delettrez, 106
Compagnons charpentiers, 175	Dalle, 196	Delhaye-Herbecq, 192
	Dallier, 134	Delluc, 107
Comte, 220	Damain, 221	Delmas, 127
Condis fils, 174	Damas-Barrenengoa, 157	Delmon (Mme), 206
Conseil, 93		Delorme, 151, 153, 193
Constant, 105, 218	Damourette, 102, 110	Delpérier, 83
Contre, 135	Daney, 80, 81, 187	Delrieu, 177
Coquatrix, 197	Danflou, 220	Demarçay et Fourrault, 191
Cordebart, 89	Danglis, 94	
Corneau frères, 81, 125	Danicau, 134	Demarle et Cie, 173
Corneilhan (Cte de). 99	Danty, 221	Dencausse et Olivier, 136
Cornevin, 174	Danvin, 152, 153	
Cornilliac, 124	Darfeuille, 141	Denigès, 108
Corniquel, 137	Dariste, 150	Denis, 178
Cornu, 117	Darles, 88, 121	Denisse et Cie, 220
Cortadellas, 143	Darlot, 121, 221	Denizot, 88, 156
Coste, 147	Darré, 108	Déon fils, 137
Cosnard, 151	Darribet, 179	Députation gén^{le} de la prov^{ce} d'Halava, 147
Couderc, Soucaret, 195	Darriet frères, 101, 112, 175	
Coudreau, 155		Depuydt, 224
Couffe, 154	Darripe, 214	Dérivis, 135
Coulon, 147	Darroux, 88	Deroche et Morin, 121
Couppé, 187	Darroze, 92, 132	130
Courdouzy, 159	Dartis, 104	Derrieu, 169
Courtines, Monnet, 168	D'Astima, 147	Derriey, 114
Courtois, 104	Daubrée et Cie, 102, 116, 138	Derriey, 217
Couret, 118, 131		Desarps, 200
Courtois fils, 103, 137, 207	Daudin, 115	Deschandeliers, 154
	Dauphin et Cie, 151	Descoins, 107
Cousseilhat, 149	Dausque et Cie, 127	Descors et Prevel, 127
Cousin frères, 101, 106	Dauzat, 168	Descreux, 183
Coussin, 156	Debain, 222	Déségaulx 153, 155, 158
Cousinet fils, 172	Debatiste, 111	Desens et Cie, 166
Coutures, 188	Debonlieu, 107	Desespringalle et Moreau, 130
Couvez et Cie, 220	Debotas-Daval, 186	
Couytigne, 157, 158	Decasse, 156	Despouys, Laurellhe, 126, 134
Crabey, 182	De Celles, 117	
Crespin et Manadé, 152	Declercq, 201	Desmottes, 133
Cressier, 122	Delfarges, 151	Despaquies, 220
Cresswell, 204	Dégranges, 183	Despax aîné et Cie, 98

Despax et neveu, 131, 143	Duhalle, Lamblin, 102	Duprat, 175, 189
Desport aîné, 89	Duban fils, 192	Dupré, 203
Despujoulets, 183	Dubarry, 80	Dupré, 212
Desson, 213	Dubé, 153	Dupuch, 81
Desvaux, 194	Dubédat, 90, 96	Dupuch, 178
Desvignes, 150	Dubernat, Goubeau, 126	Dupuy, 93, 99
Detraux et Cie, 196	Dubois et Casse, 120	Dupuy et Cie, 185
Devaux, 200	Dubois et fils, 137	Dupuy (Mme), 145
Devèze (La), 147	Dubois et Dormoy, 106	Dupuy, 147
Devillebichot, 150	Dubos, 128	Dupuy, 161
Diaz, 152	Duboscq, 89	Dupuy, 212
Diego, 208	Dubourg, 89	Durand, 102, 110
Dietz, 101	Dubreuil, 80	Durand, 201
Dieutegard, Anthiaume, 211	Duhuisson, 93	Durand, 202
Digney frères et Cie, 128	Duhurch, 199	Durantin - Boudet et père, 188
Dibarce, 79	Ducaffy, 212	Durenne, 81
Dion, 206	Duchassaing de Fontbressin, 99, 156	Duret, 155
Directeur (le) de la Compagnie résinière de Ségovie, 96	Duchesne, 157	Duroni et Murer, 120
	Duchon-Doris, 159	Duros (Mme), 163
	Duclos fils et Cie, 143	Durst et fils, 200
	Duclot, 146	Duru et Cie, 121, 180
Directeur (le) du Pénitencier St-Jean, 86, 176	Duclou, 151, 153	Dusacq et Cie, 220
	Duclou-Larégénie, 78	Dussaq et Cie, 80
	Ducom, 149	Dussaux, 179
Disdier jeune, 98, 134	Ducommun, 123	Dutant et fils, 163
Dizac, 100	Duconquéré, 154	Dutoya fils, 162
Doerr-Perruchot (Ve), 148	Ducosté, 195, 198	Dutrou, 120
	Ducoup, 93	Dutruc et Grillat, 152
Dollfus-Moussy, 193	Ducros (Mme) et Ce, 211	Duval, 114
Domageau et Cie, 170	Dufossard, 96	Duval et Cie, 219
Domerq, 184	Dufourc, 140	Duzan, 133
Donis, 207	Dufour (Mme), 206	
Donnadieu, 207	Dufour, 187	E
Donnet, 153	Dufour frères, 108	
Doré et Cie, 207	Dufour, 212	
Doris et Cie, 163, 207	Dufrèche, 131	Echillet, 218
Dormoy, 106	Dugard frères, 193	Egrot, 124
Dornemann, 133	Dugdale, 101	Elcké, 223
Dot fils aîné, 97, 190	Dumarchay, 113	Elèva, 144
Douat et Griffon, 103	Dumas, 163	Enfer et ses fils, 116
Doublier aîné, 150, 152	Dumas-Frémy, 132	Engelmann et Graf, 189
Doucé et Cie, 114	Dumas, Lagrange, 105	Eon, 90
Doucet et Cie, 157, 158	Dumas, 206	Erard (Ve), 222
Douenne (Ve et fils), 82	Dumas, 211	Espagnet, 116, 184
Doumaux jeune, 181	Dumigron, 207	Estivant frères, 82
Doussin, 86	Dupérier, 172	Estivant et Cie, 82
Doyen, 108	Duplanté, 200	Estrangin de Roberty, 132, 139
Dreyfus, 193	Dupleix, 98	
Dromart, 96	Dupont, 134, 183	Etournaud et Gaillaud, 148
Droux, 114, 215	Dupony et Busquet, 196	
Drouyn, 170	Dupouy, 162	Eude-Vieugué, 195
Droz, 151, 158	Duprat, 154	Eymery, 100
Druelle, 120, 130	Duprat, 172	Eymery, 172

F

Fabre,	108	Fort jeune,	191	Galland.	92
Fagalde,	157	Fougeray,	117	Galland,	199
Faget,	114	Four et Cie,	128	Gallet-Lefebvre,	98
Faget,	176	Fourché frères, 151, 155		Gallibert et Cie,	222
Fauché,	110	Fourdrin,	189	Gallicher,	173
Fauché,	178	Fourmaintreau - Courquin,	171	Gallié,	184
Fauché,	182	Fournet, Duchesne, 194		Gallifet et Cie,	152
Fauché,	193	Fourneaux,	222	Gallimard,	176
Fauché,	218	Fournier,	127, 140	Gamand,	207
Faucher,	144	Fournier,	200	Gandillot et Cie,	81, 90
Fauchier-Dol,	171	Fournier,	201	Gandillot (Mme),	210
Fauconnier,	109	Fosses,	132, 181	Gandy jeune,	199
Farge,	107	Fosse,	143, 150	Ganidel,	91
Farjat,	197	Fossey y Cie,	83, 88	Gannat,	154
Faugère, Craton,	80	Fouqueau-Desbrosses,	202	Ganneron,	87
Faure,	87, 103	Fouraignon (Mme),	192	Ganser,	201
Faure,	147	Fourcade et Lefort,	209	Gardère et Cie,	112
Fau,	158	Fourié,	220	Gariel-Chennevière	194
Fau et Cie,	151, 153	Fournet,	97, 131, 173, 196	Garnier,	126
Favier,	201	Fourton,	125	Gasnier,	207
Favreau,	100	Foussié,	179	Gasnot, Ve Olivier,	144
Fayaut,	134	Fragneau,	102, 118	Gassies,	203
Félix et Cie,	90	Fraigneau (Mme),	196	Gassies,	207
Fenaille et Chatillon	132, 141	Franc,	121	Gasté,	218
Ferbos,	204	Fraissinet et Cie,	181	Gattier,	205
Ferguson et Goodwin,	196	Fraisse,	108	Gaubert,	202
Ferguson fils,	210	Franceschi,	92	Gaudin,	221
Ferrand,	184	Franck de Villecholle,	220	Gaurier, Lemoine,	153
Ferrand,	208	François,	160	Gauthier et Cie,	117
Ferrère,	207	Freeman,	203	Gauthier et Blanc,	209
Ferry et Cie,	144	Frémont,	108	Gautrot,	224
Fichet,	180	Frémont, Richard,	138	Gay,	100
Fils,	203	Fremier fils aîné,	138	Gayrin	84, 184
Fisse, Sieuzac,	162	Fretté,	149	Gazagne,	103
Flament et Cie,	111	Fremy,	136	Gehrling,	223
Flamin et Cie,	183	Friederich,	114	Gelin,	159
Fleuriot sœurs et Ballias,	185	Fritzner,	117	Gendron,	144
Floire,	106, 220	Frouin,	199	Genet,	224
Fleury,	99, 155	Frouvière jeune,	180	Gent,	173
Fleury-Desmares,	194	Fruneau,	163	Georget,	189
Fleury,	112	Fumey père et fils,	122	Gérard et Lafage,	111
Fleury,	168	Fusellier,	87, 112	Gérard,	219
Fleury,	194			Gerfaux,	185, 204
Flipo-Flipo,	198	**G**		Germain et Furt,	178
Foissac (Mme Mrie),	206			Germain,	172
Fonclair-Lapeyre,	94	Gabay,	147	Geros,	97
Fontaine,	130	Gaillard,	83, 125	Gertoux,	162, 170
Fontès,	152	Gaillard et Pagès,	197	Géruzet,	198
Forsant,	145	Galiber fils,	193	Gesla,	188
Fort,	218	Galice,	116	Gibeaud jeune,	148
		Gallais,	201	Gigodot Laprévôté et Nallet,	130, 185
				Gilles frères,	121, 201, 221
				Gillet,	121

Gindre, 98, 190	Grugé père, 84	Hiriart (V^e), 137
Giolito, 204	Grumel, 219	Hogg, 161
Giorsello, 94	Gsell-Laurent, 189	Holier et Cavayé, 143
Giral, 209	Guédon, 177	Hostein, 86
Girard, 86	Guenault, 147	Hosteins (Mme), 99
Girard, 137	Guérie, 164	Hougron et Cie, 136
Girard, 182	Guérin, 157	Houry, 190
Girard frères, 120	Guérineau, 192	Hugla, 172
Girard et Cie, 168	Guérinot, 211	Huard, 183
Girardeau dit Honoré, 221	Guerre, 182	Hubert, 140
Giroudeau et Cie, 209	Guesde, 150, 154	Hubert (V^e), 193
Girodias, 94	Guettier, 122	Hugedé, 178
Giroust, 171	Gueuvin, 220	Hugron, 182
Gloumeau, 94	Guibbert, 191, 192	Humbert, 99
Goby, 93, 99	Guichené (l'abbé), 223	Huot et Cie, 150
Godbarge, 171	Guignan, 122	Hurard, 154
Godchau et Cie, 216	Guignon, 113	Huret, 207
	Guillemin, Launet, 215	Husson-Hemmerlé, 210
	219 Guillem, 161	Husson, 204
Godet, 166	Guillemot, 219	Huret, Lagache, 196
Goëtz, 147, 192	Guillot et Cie, 151	Hutrel, 188
Gogois, 171	Guiollet, Quennesson	
Commard, 132	156	
Gontier, 201	Guionet, 211	**I**
Goodwin, 117	Guiraud, 171	
Goudichaud (Mme), 145	Guiraud, 194	Imbault, 138
Goudouin, 114	Guitteaud, 94	Imbaud aîné et Cie, 84
Gouëzel, 120	Gutierrez, 157	Imbert et Cie, 102
Gouguet, 84	Guy et Merle, 170	Itier (Mme), 153
Gouillaud, 218	Guz et Cie, 90	Izambert, 89
Gounouilhou, 217		
Gourdel, 189		**J**
Gourguechon, 174	**H**	
Gouvrion, 189		Jabouin aîné, 199
Gracian-Garros, 78	Haaraus, 211	Jackson et Cie, 179
Gradis, 150	Hachette et Cie, 217	Jacquand 134, 135
Grand, 133	Hamm, 214	Jacquin, 204
Grandet, 180, 181	Hardy et Duruflé, 194	Jaille, 98
Grandmaison, 150	Harispe, 157	Jamet, 126
Granier, 147, 148, 159	Hartaux et Trouillet,	Jandin, 144
Grassin-Balédans, 90	82	Jandin et Duval, 195
181	Hautrive et Cie, 172	Jacquemet, 192, 197
Grasset, 133	Hays, 88	Jarlaud, 201
Grébur, 212	Henry, 175	Jarno, 94
Gré et Nuyens, 139	Hermagis, 121	Jaubert, 220
Greffier, 160	Hémery, 187	Jauze, 115
Grémailly, 154	Hénaut, 165	Jean, 189
Grenié, Ladevèze, 168	Henk père et fils, 108	Jobbé-Duval (Mme), 210
Grenier et Cie, 157	Héraud, 86, 110, 112	Jolion-Bourasset, 171
Greslé, 126	Hermenk et Bribes, 162	Jonain, 224
Gretillat, 122	Herreyres, 219	Jones, 189
Grillat et Marius, 152	Herrouet, 150	Jouannin et Cie, 169
Gryninger, 182	Hervé, 88	Jouet, 164
Groulez, 102	Herz, 222	Jouffre, 200
Groult, 143	Hidien, 87	Joulié, 202

Jourdain, 137	Laffitte, 155	Laurand, 206
Jourdan, 162	Lafollye (de), 218	Laurendeau, 122
Jourdan-Brive fils et Cie, 140, 152, 153	Lafon et Dupont, 198	Laurendeau-Bouchard, 155
Jourde et Nouvialle, 151, 153, 158	Lafont, Dufour, 151	Lavergne, 102
	Lafont et Gay, 194	Lavergne (de), 90
	Lagane, 119	Lavie et Cie, 143, 155
Jubert frères, 108	Laguna, 147	Laville aîné, 86
Julian et Roques, 133	Lahoutau, 165	Lavocat, 207
Juliot, 218	Lagardère, 133, 174	Lazan (Mde de), 147, 155
Jundt fils, 136	Lagasse, 161	Lebaigue, 130
Junius, 168	Laguier, 202	Le Bailly, 141
	Laglaye, 203	Le Breton, 85
K	Laignier-Villain et Odelin, 137	Le Breton, 129, 130, 221
Kelsen, 222	Lajarrige et Cie, 79	Le Brun-Virloy, 80
Kielwasser, 163	Laliman, 146	106, 172
Klotz, 190	Lallemant, 163	Leclerc et Pellevoisin, 133
Koch, 201, 221	Lamarque, 89, 121	Leclère, 87
Koch, 213	Lambert frères, 149	Le Coispellier, 224
Koechlin et Drouet, 167	Lambert, 146	Leconte, 130, 163
Kriegelstein, 223	Lambey et Cie, 79	Lecoq, 90, 113, 114
Krug, 172	Lamothe, 152	Lecoupeur, 194
	Lamothe, 200, 204	Lecuyer, 124, 181
L	Lamothe (de), 85	Ledet, 200
	Landa, 94	Lefort, 207
Laâge fils (de), 148	Lanefranque (de), 217	Legal, 137
Labat, 112, 164	Lanet frères et fils, 117	Legé et Danguy, 179
Labayle, 92	Langhendries-Parez, 157	Legendre, 87, 181
Labbé, 87	Langlais, 108	Léglise, 199
Labesse et Adam jne 92	Langlois, 121, 221	Legrand, 151
Labit-Emar, 98	Lanoëlle, 176	Legros, 107
Laborde-Bois, 137	Laporte (Ve) et fils, 194	Léguevaques, 131
Laborde, 88	Laporte, 86, 116	Lehoux, 212
Laborde, 178	Laporte, 181	Lejeune et Cie, 102
Laborie et Desbats, 189	Laporte, 204	Lelom et Cie, 97
Laborie et Gayet, 173	Lapouze, 144	Le Lorrain, 94
Laburthe, 116	Laprade et fils, 151	Lemaigre, 201
Lacape, 222	Larenity, 156	Lemurié, 161
Lacaux frères, 152	Largeteau, Lussac, 146	Le Mat, 132
Lacaze, 155	Larnaudès et Lacour, 135, 136	Léon, Delest et Cie, 95
Lacaze, 217		Léon et Lévy, 221
Lachaise, 189	Larroche et Cie, 128	Léon, 175
Lacharder-Besson, 195	Larue et Cie, 192	Léon et Cie, 80
Lacombe aîné, 198	Lassabatie, 160	Leperdriel, 151, 162, 163, 164
Lacoste, 107	Lassale, 160	Lépine, 161
Lacoste et Sigalas, 108	Latapie, 201	Lepreux, 178, 220
Lacour, 103	Laterrière (de), 181	Le Ray, 153
Lacroix, 133	Latouche, 219	Lermat-Robert, 148
Lacroix, 136	Latreille, Ladoux, 173	Lerouge, 108
Lacroix, 207	Latry, 203	Leroux, 201
Lacouture, 223	Lauberau et Collet, 103	Leroux, Le Bastard, 137
Lafaye et Cie, 166	Laubis frères, 201	Leroux, Préville, 94, 100
...fitte et Cie, 104	Laumonnier et Gaudin, 108	
Laffite-Dupont, 206		
Laffitte, 148		

Leroy, 84, 123	Malapert, 183	Masson, 83
Leroy, 87	Malavergne, 114	Massonnet, 186
Le Sade, 150	Maléga, 151	Massonnet et Cie, 87, 102
Lescat, 96, 152	Malet de Roquefort, 146	Massot et Cie, 185
Lespinasse et fils, 83	Mallet fils, 127, 140	Massot et Boubal, 162
Lespine, 108	Malfré, 165	Mattei, 147
Lessance frères, 137	Maldinet, 160	Mathieu-Plessy, 130
Letang, 115	Malineau, 86	135, 136
Lethuillier-Pinel, 102	Malo et Cie, 103, 166	Mathieu fils, 161
Leuzi, 169	Manavid, 205	Mathieu, 153
Level-Minet, 171	Malsang, 132, 135	Maublanc, 126
Lévignat, 173	Mandoul neveu, 194	Maudin, 89, 103
Lexhy-Géradon, 81	Mannequin, 88, 110	Maugas, 84
Lhermitte, 180	Mantelin, 182	Mauger-Provost, 144
Lhuillier et Cie, 79	Marcelé, 214	Maurin et Toiray, 219
Liéto, 178, 203	Marchais, 186	Maureau, 223
Lieuzère, 188	Marche et Cie, 151	Maurel, 80
Ligier, 223	Mareschal, 115	Maurel, 122, 186
Livertoux, 212	Marchand fils, 108	Mauruc, 118
Lizariturry, 127, 140	Marchegay, 88	Maury, 115
Lobis, Bernard, 101, 115	Maréchal, 116	Maybon et Cie, 174
Lockert, 210	Maréchaux, 87	Mayer, 221
Loisel, 208	Mariage, 156	Mayer, 117
Loizeau, 170	Marinier, 221	Maynard et Boudot,
Lompuy (de), Buche	Maris, 126	106, 126
et Cie, 151, 153	Marleix, 203	Mays frères, 110
Lopez y Lopez, 157	Marquès, 215	Maxwell-Lyte, 97
Lopez, 158	Marquet, 198	Mazauric, 133
Loquay, 88, 105	Marquet, 132, 133, 162	Mé, 203
Lorrain, 201	Marquette, 151, 158	Méjean-Fumat, 124
Loste, 92	Marquet, 107	Melle, 187
Lotherie (de), 149	Marmet, 126	Meillant, 165
Lotte, 88	Marrot, 133	Meller, 200
Loubet, 184	Martelli-Escoffier, 140	Mellet (de), 88
Louis, 85		150	Menard, 151
Louit frères et Cie, 143,	Martel, 186	Ménager, 186
155, 157, 158	Marteville, 81, 180	Ménier, 147
Louvancour, 207	Martinez, 157	Ménière et Soanen, 182
Louvel, 144	Martin, 159	Merceran, 197
Loyre, 85	Martin, 184	Merget, Gagnebin, 218
Loysel La Billardière,	Martineau, 221	Mercier, 111
210	Martinon, 213	Méric et Cie, 157
Lumeau, 165	Martin fils aîné, 223	Méric, 179
Lurcy (de), 221	Martin-Delacroix, 139	Méry, Samson, J. Sam-
Luzet, 150	Martin, 195	son et A. Fleuriot,
Lyon, 97, 131, 181	Martinet jeune, 176	194, 196
Lys frères, 181, 215	Martougen, 117	Merle, 192
	Marville et Cie, 205	Merle et Cie, 175
M	Masbon, 81	Mery, 215
	Massé, 181	Meslé, 201
Magat, 207	Massérano, 178	Mesnet, 83
Magne, 182	Massie, 206	Messire, 104
Maille, 87, 114	Massinu-Magné, 152	Mestreau et Cie, 148
Maitreau, 186	Massy et Parrot, 193	Meukow et Cie, 148
Malan jeune, 152	Massol, 209	Meunier et Cie, 210

Meurant, 113
Meynard, 151
Meyzounial frères, 88
Mijeon fils, 118, 196
Mille, 162
Mimard, 87
Ninghini, 189, 200
Minick et Bécuwe, 124
Ministère de la Guerre, 93
Ministère des Colonies, 94
Minvielle (Mme), 211
Mognau, 204
Moignon fils et Cie, 148
Moline et fils, 207
Monges, 161
Mongin et Cie, 182
Monicolle, 109
Monroux frères, 216
Montagne, 181
Montaubrie, 224
Montaufier, 212
Montbelley frères, 188
Montet, 178
Montigny, 118
Morane jeune, 110
Moreau, 159
Moreau fils, 111
Moreau-Chaunier, 88
Moreau et Dubois, 154, 157
Morel aîné, 170
Morin, 178
Morin, 189
Morin, 206
Motet, 170
Mothes jeune (V^e), 86
Moulhac, 202
Moulis et Cantero, 164
Moulin, Dégrange, 149
Moulin, 218
Moullon, 148
Moure, 131
Moure, 146
Moulinié et Labat, 112, 164
Mouillon et Edou, 200
Mousseau, 111, 124
Moustié, 207
Mussard aîné, 223

N

Nacqué et Rival, 174

Nadar, 220
Nadaud et Cie, 217
Natal-Lani, 125
Naud, 124
Nègre frères, 137
Nègrerie, 89, 176
Nercam, 124, 146, 171
Neurdein, 220
Neut et Dumont, 103
Nissou, 218
Niveduab, 204
Noël, Vasserot, 159
Nordhoff et Cie, 126
Nouguiés, 144
Nottin, 165

O

Odeph, 93
Oeschger-Mesdach, 82
Oetlly, 118
Odelin et Truelle, 137
Official deguy, 157
Oger, 157
Olanyer, 146
Olibet, 144
O lagnier, 148, 150
Olivier, 102
Olivier, 174
Ollion, 201
Oppenhein et Cie, 150
Oudin, 217
Ouvière, 120
Ouvrier (d'), 115
Ouvrier, 165
Ouvry et Beraudy, 186
Oursule, 86, 170

P

Pacquier, 108, 213
Pajot, 172, 190
Paillard, 187
Paloc (V^e), 219
Panajou, 221
Pape, 122
Papin, 144, 153
Paquau, 175
Paquerée, 90
Paquet-Jolibert, 96
Parada (de), 220
Parent, Schaken, Caillet et Cie, 113
Paris, 88
Parod, 115
Pascal et Cie, 162

Patritti, 218
Patrouilleau, 111
Patysieviez, 177
Paulet, 149
Patrier, 134
Paul, 94, 100
Pauly (V^e) et Pauly, 83
Pautrot, 187
Pauvif, 184
Pauwels et fils, 183
Payemant et fils, 214
Pécaut, 79
Pédroni, 96, 97
Pelane, 197
Pélissier-Tabuteau, 105
Pelletier et Cie, 157
Pe'on et Cie, 104
Penne, 106
Pennelle et Bertin, 194
Pérals, 152
Perathon, 137
Pérault, 174
Perboyre, 141
Pérès et Gironès, 136
Périchon, 134, 135
Périé, 126
Périer, 149
Perlat, 221
Perotin, 152
Perret, 102
Perrier, 154
Perriollat, 130
Perrotte, 108
Pérusat, 151
Pesqui et Cie, 206
Petit, 186
Petit, 206
Petiteau, 171
Petitjean, 180
Peychez aîné, 165
Peyrou, 104, 108, 115
Philip, 206
Philip-Benoît, 94, 100
Philippe, 86
Philippi frères, 223
Phocion-Michel, 164
Pialoux, 89
Picard, 137
Picquenot, 205
Pieux-Aubert, 112, 166
Pigault, 212
Pillault-de-Bit, 206
Pilter, 87
Pinard et Cie, 81
Pinedo, 187

Pinet fils, 87	Quantin (Vᵉ), et Derivière, 218	Rivoiron, 195
Pinson, 200		Robert et Cⁱᵉ, 192, 193
Piquet, 122	Queheille, 207	Rebolin, 133
Plagnol, 174	Quétel-Trémois, 113	Robin fils, 156
Pleyel, Wolf et Cⁱᵉ, 222	Quintana, 95	Robuchon, 221
Poigné, 152		Rodel et fils frères, 153
Poirier, 113	R	Rœderer et Cⁱᵉ, 148, 160
Poitevin, 194		Rodolphe, 222
Poncet Deville, 146	Raabe et Cⁱᵉ, 188	Roger, 176
Poncin et Cⁱᵉ, 194	Raboisson et Cⁱᵉ, 111	Rolin, 106
Ponsian-Ormières, 89, 175, 181	Raymond, 201	Rolland (de), 172
	Raimond, 206	Rollet, 171
Pontié, 123, 162	Rallet et Clovis, 211	Rollindes, 141
Pontois, 192, 194	Ramat, 146	Roque, 108, 137
Popart, 186	Ramuzat, 156	Roque, 130
Porson, 201, 221	Raspail, 140, 151	Rouchier, 144
Porte, 103	Ratier, 78	Rouchier fils aîné, 144
Porteu, 196	Ratouis père et fils, 110	Rougez, 120
Portiglia, 212	Rauque fils et Cⁱᵉ, 140	Roughol, 116
Pouchain, 196	Ravenet aîné, 213	Rougié aîné, 162
Peu-Duvallon, 100	Raxo, 209	Rouné, 147
Pouchaud, 174	Réau, 158	Roulet et Chaponnière, 140
Pouey, 153	Réaux fils aîné, 149	
Pouget, 133	Rebel, 87	Rommelin, 164
Pougnet, 149	Redeuil jeune, 144	Rossignol, 143
Poulenc, Wittmann, 130	Redier, 120, 122	Roura, 127
Poupin fils aîné, 192	Redon, 89	Rouillard, 176
Poupon, 155	Redond et Roger fils, 175	Rousseau, 150
Pournaux-Leblond, 117		Roussel, 81
Pourquié, 128	Reisier et Cⁱᵉ, 144	Rousse, 149
Poussard et Cⁱᵉ, 140	Rémond, 182	Roussel fils, 176, 210, 215
Pouydebat jeune, 137	Remy et Cⁱᵉ, 205	
Poyel, 152	Renard et Jouvin, 131	Roussel-Pilatrie, 191
Pozzi, 79	Renard, Jouvin et Boude, 219	Rousseville frères, 185
Prats y Julian, 153		Rothschild, 217
Prats, 173	Renaud, 155	Rous, 87
Predhumeau, 200	Reiss frères, 203	Rottée-Boulet, 215
Preis (Vᵉ), 184	Renaud, 87, 102	Roturier, 150
Prevel, 194	Renaud, 183, 210	Royer fils aîné, 108, 146
Prévot et Cⁱᵉ, 156	Renaud-Gouin, 87	Rouquayrol, 166
Prioleau, 109	Resseguier, 188	Roux et fils, 132
Privat et Cⁱᵉ, 104, 110, 123	Rétif, 108	Roux, 87
Provot, 221	Reutlinger, 220	Roux, 131
Proyart, 93	Rey de Bellannet, 126	Roux, 143
Prud'homme, 129	Reynaud, 89	Roze, 139
Prudon et Cⁱᵉ, 136, 214	Reynaud et Cⁱᵉ, 158	Ruet, 208
Pujibet, 219	Ricaud, 189	
Pujols, 183	Richard fils, 182	S
Puchaud (Mˡˡᵉ), 146	Richard, 123	
Pujos, 88	Richard et Cⁱᵉ, 78	Saboulard, 175
Purrey, 143, 153, 157	Rieux, 204	Safrané, 155
	Rivadeneyra, 217	Sage, 153
Q	Rivaud, 87	Sagnier, L. et Cⁱᵉ, 121
	Rives, Juhel et Cⁱᵉ, 108	Sagniers, L. et Cⁱᵉ, 122
Quantin-Aubineau, 186	Ritouret, 164	Sailland, 149, 150

Saint-Amand, 199	Seillan, 149	Thibout, 223
Saint-Anne et Cie, 209	Semiac, 161	Thiberge, 130, 133
Saint-Charles (Mme), 124, 138	Sénac, 132	Thiel et Cie, 149
	Sénéchal, Liénard, 79	Thiboust et Cie, 221
Saint-Gaudens-Salmon, 190	Séris, 90	Thiéry, 104
	Séris, 123	Thirion, 103
Sainte-Marie, 182	Sérisié, 161	Thierry et Cie, 198
Sainte-Marie, Dupré frères, 159	Sérisié, 200	Thiphaine, 166, 167
	Sarrano, 155	Thomas, 79
Saint-Marc, 136	Sézalory, 107	Thomas et Cie, 130
Saint-Martin, 132, 150	Sézalory aîné, 107	Thomas-Lachambre 98
Saint-Ours (de), Cibrie et Cie, 173	Sieuzac et Cie, 151, 157	Thoré (de), 100
	Sigalas, 108	Thourot frères, 122
Salesse aîné, 155	Simon jeune, 185	Thuillier, 82
Salin fils, 92	Skawinski, 86	Tinel et Cie, 140
Saliné (Mme), 206	Société de la verrerie de Peuchot, 188	Tissendié et Lucas, 98, 132
Salomon, 220		
Samain, 88	Soguel, 186	Tissier aîné et fils, 197
Sancié, 117	Pedro Soler y Grattell, 147	Tissier, 197
Sanders-Dufour, 219		Tivet et Cie, 151
Sanglier, 213	Solon, 189	Topart frères, 186
Sans et Cie, 130	Sorrel, 137	Toselli, 183
Sans-Monfort, 134	Soubiran, 136	Touchard, 185
Sansen, 200	Soudanas, Touzet, 190	Touranne et fils, 144
Sarda et Cie, 153, 157, 158	Souleau, 146	Tourin, et Brenot, 115
	Souque, 156	Toussaint (Ve), 209
Sargent, 108	Souques, Cail et Ce, 156	Toussain, Doré, 215
Sarraille, 176	Souvestre, 104, 111, 183	Touzé, 200
Sarrazin, 90	Sourzac, 137	Transon, 131
Sarrazin, 98	Strauss, 219	Trannin, 117
Sarret, Terrasse, 209	Sthummer, 203	Tremblaire (de la), 151
Saudemont, 132	Stoker, Girodon et Montet, 125	Trenty, 173
Saujot et Tiengou, 140		Trilles frères, 146
Saulière, 209	Susse frères, 187, 218	Tritschler fils aîné, 213
Saulnier-Lepelletier, 210	Sylva fils, 147	Tritschler, 87
	Symon, 203	Trouillon, 173
Saulo, 204	**T**	Trouchot - Mauvernay, 150
Sauvaire, 178		
Sauviac, 147	Tajan, 80, 89, 184	Teunevin (Mme), 211
Sax, 224	Talon-Taffin, 144	Turbiau, 214
Savary et Cie, 102	Tardif, 159	Tussaud, 115
Savineau, 116	Taris, 96	
Savineau, Doucet, 121	Tartaro, 144	**U**
Sentis et Verdun, 88	Teil, 209	Ursule (sœur), 99
Scellos, 116	Tellier, 158	Ulmer, 104, 174
Schaeffner et Mohr, 136, 221	Terpereau, 220	
	Terrière frères, 88	**V**
Schiertz, 201, 221	Terris, 221	
Schnegg, 200	Téry, 138	Vallandé, 90, 146
Schneider, 168	Tesnière, Berthod, 175	Valon Taffin, 144
Schoofs-Coquart, 144	Tessier, Solier, 145	Vandenbroucke, 124
Schottlander, 214, 221	Testu et Massin, 218	Vaquié, 86, 110
Schouteeten-Tiers, 150	Théron fils, 89	Varailhon-Lafilolie, 106
Schupp, Humbert, 144	Theynard, 181	Varroquier, 220
Seguin, 149	Thèze et Lacombe, 111	Vassal, 147

Vasseur,	140	Victor Michel,	122, 165	**W**	
Vaurs,	218	Vien,	158		
Vautrain,	214	Vigier,	200	Wagret, Serret et Cie,	
Vaury,	220	Vigneau,	127		188
Vasquez,	78, 166	Vignes aîné,	131	Walcot, William et Cie,	
Vayson,	197	Vignon,	89, 93		115
Vedy,	120	Villalard et fils,	137	Wallé, Clerc, Brière,	
Velten,	130	Villard,	81, 175	de l'Isle et Cie,	156
Venancourt (de),	150	Villette,	147	Weil,	81
Verdery,	86	Vimeur,	114	Wirth frères,	203
Verdier,	122	Virebent frères,	199	Wormatia (La),	137
Verdier (Mme),	211	Virly,	151, 155		
Verguet,	221	Visa,	159	**Y**	
Vernazobres,	194	Vitoria, Passarel,	136		
Vernaut,	157	Vitrac,	203	Yeardi,	140, 141
Vernay,	112	Vivez,	116	Yot, Schreck et Cie, 222	
Verhnet, Redat,	145	Vorster,	135		
Verpillat,	223	Voruz aîné,	113, 167	**Z**	
Verrière(Mmedela),	216	Vrau,	196		
Verrier,	116	Vrignaud, Terral et		Zalleux(de)et Baffi,112	
Verset,	175	Pittetti,	201	Zell,	222
Vialla,	147	Vullierme et fils,	187	Zimmermann,	137
Viardot,	203	Veyneau,	86		

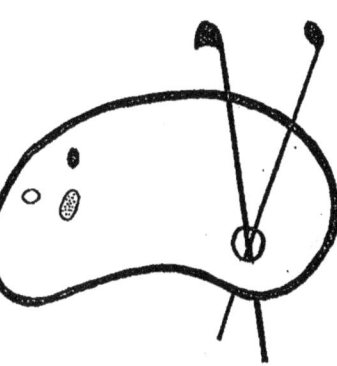

DEBUT D'UNE SERIE DE DOCUMENTS
EN COULEUR

Contraste insuffisant
NF Z 43-120-14

VALABLE POUR TOUT OU PARTIE DU
DOCUMENT REPRODUIT

RENSEIGNEMENTS

ET

RECOMMANDATIONS

CASINO D'ARCACHON

SAISON D'ÉTÉ 1865

BAINS DE MER
D'ARCACHON
à une heure de Bordeaux

CASINO. Vaste et splendide établissement, ouvert toute l'année et situé dans la forêt, à 300 mètres de la plage, au milieu d'un parc de 190 hectares, sillonné de routes carrossables, parsemé de jardins et de villas.

Soirées musicales et dansantes. — Grands bals. — Bals d'enfants. — Concerts. — Orchestre dirigé par J. Massip. — *Représentations* théâtrales. — Séances de prestidigitation et de magnétisme. — Théâtre enfantin (burattini et fantoccini).

Salons de réunion. — Pianos. — Musique. — Brochures. — Journaux français et étrangers. — Bibliothèque.

Gymnase. — Équitation. — Poneys pour les enfants.

EXCURSIONS dans la forêt. — Chasse. — Chevaux, voitures et chars pour la promenade. — Service d'omnibus.

VILLAS MEUBLÉES dans le parc. — Expositions variées. — Confortable et dispositions pour tous les goûts et toutes les fortunes.

GRAND-HOTEL, sur la plage, et établissements de bains.

RESTAURANT CHINOIS. — Table d'hôte. — Dîners à la carte. — Salons particuliers.

LA BAIE D'ARCACHON, appelée modestement *Bassin d'Arcachon*, présente une circonférence de 100 kilomètres. La salure de l'eau y est de deux millièmes plus forte que dans la Méditerranée et de quatre millièmes que dans l'Océan. — « Le bain de mer n'est ordinairement qu'un procédé hydrothérapique. — A Arcachon, la mer tiède et à peine agitée constitue un bain médicamenteux qu'il est presque toujours possible de prolonger » *(Dictionnaire des eaux minérales)*, spécialement propice aux enfants et aux personnes à constitutions délicates ou nerveuses ne pouvant supporter le choc de la lame et des vents de la mer.

Grandes fêtes nautiques sur le bassin. — Régates. — Joutes sur l'eau. — Pêches aux flambeaux. — Excursions au cap Ferret, à l'île des Oiseaux, aux parcs aux huîtres. — Pêche en pleine mer. — Bateaux à vapeur. — Tilloles et chaloupes pour les promenades.

Trajet direct de tous les points de la France.
Bureau de poste. — Bureau de télégraphie privée pendant toute l'année.
Église et Temple pour la célébration des cultes catholique et réformé.

ARCACHON

BUFFET DE LA GARE

Restaurant Chinois

DIRIGÉ PAR M. SÉBA

Table d'hôte à 10 heures du matin et à 6 heures de soir.
Repas à la carte. — Salons particuliers.

TABLE D'HOTE.		TABLE PARTICULIÈRE.	
Déjeuner	3f 00	Déjeuner	3f 50
Dîner	3 50	Dîner	4 00

CHAMBRES A 3 ET 4 F.

VOITURES A LA DISPOSITION DES VOYAGEURS.

Les visiteurs d'Arcachon ne peuvent se dispenser d'aller voir le gracieux RESTAURANT CHINOIS, qui, dès leur arrivée, sollicitera leurs regards et excitera leur admiration. Ils en sortiront aussi satisfaits de la cuisine que de la beauté de ce charmant édifice.

MANUFACTURE D'AUBUSSON

Allées de Tourny, 36, à Bordeaux

ANCIENNE MAISON DUMAZET

LAPORTE & LABEILLE

Tapis, Nattes et Toiles cirées

en tous genres

GROS ET DÉTAIL

DESCENTES DE LIT — **DEVANTS DE CANAPÉ**
ET FOYERS — ET CARPETTES

Toiles cirées pour appartements, pour escaliers et pour tables ; Sparterie, Nattes, Coco et Paillassons en tous genres.

Savonnerie, Jaspés écossais brochés, Camayeux, Moquettes pour tapis, Moquettes pour meubles, Tapis d'Aubusson et veloutés, Tapis de table, etc.

GARDE, CONSERVE ET ENTRETIEN DE TAPIS.

Exportation.

FABRIQUE DE LIQUEURS
SIROPS, CARAMELS ET FRUITS CONFITS

J.-H. SECRESTAT AINÉ
26, 28, 30 et 34, rue Notre-Dame.

GROS ET EXPORTATION

Spécialités :

LŒTITIA, élixir oriental, goût exquis et riche flacon.
CARMELINE, liqueur de Notre-Dame du Mont-Carmel (identique à la Grande Chartreuse)

| MÉDAILLE unique BORDEAUX 1859 | **Bitter SECRESTAT** « Donne à ton meilleur ami » un verre de *Bitter.* » H. SECRESTAT. | MÉDAILLE 1re classe St-PÉTERSBOURG 1860 |

« Les boissons amères rendent parfaite l'assimilation, et sont d'une grande utilité contre l'obésité précoce. »
D' BARBIER.

« Dans les maladies chroniques, les amers, en rendant les digestions plus faciles et l'assimilation plus complète, peuvent opérer des cures étonnantes. »
SYDENHAM.

« Le **Bitter-Secrestat** est, sans contredit, le plus riche en principes amers; nous nous en sommes servi plusieurs fois avec succès; il prépare avantageusement les voies digestives en activant la sécrétion du suc gastrique et la contractilité muqueuse de l'estomac, deux conditions importantes de la digestion.
» Cette liqueur tonique apéritive et stimulante donne de l'énergie à l'appareil digestif tout entier, et active l'opération vitale qui convertit en chyle les substances alimentaires.
» L'action fortifiante des amers sur le cerveau et le système nerveux a de l'influence sur l'homme et notre moral ; le sentiment d'une vigueur plus grande agit sur le développement et le caractère des passions.
» Nous pensons que le **Bitter** est destiné à remplacer complètement l'**Absinthe** dont l'expérience a démontré les dangereux effets sur les plus robustes santés.
D' ANSELMIER.

(Extraits de la *France médicale*, du 12 février 1859.)

La supériorité des produits ci-dessus et celle de ses liqueurs martinique, de ses curaçao, de ses marasquino, et autres liqueurs, ont valu à cette maison des récompenses partout où elle a exposé.

Mme ALPHONSINE

BRODERIES

TROUSSEAUX ET LAYETTES

Cette ancienne Maison, autrefois sur le cours de l'Intendance, actuellement

allées de Tourny, 22, au 1er

peut se passer d'éloges, sa réputation suffit pour la recommander.

COMMISSION, EXPORTATION

V.-Rre RAVER

ÉDITEUR ET MARCHAND

DE MUSIQUE

13, allées de Tourny, 13

Grand abonnement de lecture musicale, — Pianos et Harmoniums (vente et location), — Instruments de musique de toutes sortes.

Toute musique demandée sera adressée dans le plus bref délai.

Conserves alimentaires.

RÖDEL & FILS FRÈRES

Bordeaux, rue du Jardin-Public, 39

Cette maison doit son origine à M. Rödel père qui, seul élève d'Appert, fut envoyé par le gouvernement français en 1824, à Bordeaux, pour y monter une fabrique de conserves alimentaires pour les marins de la flotte et de l'État.

En 1828, M. Rödel, avec le concours éclairé de Mme Rödel et de ses fils, entreprit l'exportation et les fournitures des navires du commerce, et grâce à la bonne qualité des produits livrés, cette maison est parvenue à un développement d'affaires très important.

Les récompenses que MM. Rödel et fils frères ont obtenues à toutes les Expositions auxquelles ils ont concouru, sont une preuve de la supériorité de leur fabrication.

Ce qui distingue encore et surtout, cette maison, c'est qu'en outre des conserves de luxe, qu'elle prépare avec tant d'habileté, elle s'est adonnée aussi aux **conserves de viande et légumes frais** pour la nourriture des matelots, des passagers d'entrepont et des émigrants; ces conserves, qui sont à très bon marché, remplacent avec avantage, sous le double rapport du goût et de l'hygiène, les salaisons, dont l'emploi continu est cause du scorbut et d'autres maladies parmi les équipages.

MM. Rödel et fils frères possèdent, à Étel (Morbihan), une autre usine spécialement destinée à la préparation des **sardines à l'huile** et des **poissons frais**.

Glaces et Miroiterie

EXPORTATION — EXPORTATION

J. BRIAN

8, place du Parlement, 8

A BORDEAUX

Depuis cinquante ans environ qu'elle existe, cette Maison, une des plus importantes de notre ville, a acquis une légitime et brillante notoriété. Par ses rapports directs avec les plus grandes manufactures de France et d'Allemagne, M. Brian est en situation de pourvoir instantanément aux exigences de sa nombreuse clientèle, soit de l'intérieur, soit de l'extérieur.

Ayant longtemps habité les colonies, et notamment les mers du Sud, M. Brian a pu étudier avec fruit, sur place, les goûts des habitants, et mieux que personne il est à même de les satisfaire : ses assortiments variés en sont la preuve.

Indépendamment des pièces riches, des beaux médaillons à cadre sculpté et des glaces d'apparat, M. Brian tient aussi la miroiterie, les **verres à vitre blancs ou en couleur**, etc., etc.

BOUILLY

rue Sainte-Catherine, 125, et rue des Ayres, 45.

FABRIQUE
D'APPAREILS D'ÉCLAIRAGE
DE TOUTES SORTES

Installation complète pour tous les genres d'établissements.

Pose de conduits pour gaz et eaux.

GRAND ASSORTIMENT
DE LUSTRES, CANDÉLABRES, LAMPES
et Suspensions au gaz et à la bougie.

PIÈCES D'ÉTALAGE POUR VITRINES.

ARTICLES D'ORFÉVRERIE RUOLZ.

M. Bouilly a joint récemment à son commerce cette dernière catégorie d'articles, et il possède, sous ce rapport, un des assortiments les plus riches qu'on puisse voir à Bordeaux. Il offre surtout aux grands établissements, cafés et hôtels, la plus grande variété de cafetières, théières, couverts, etc.

Prix de fabrique et première qualité.

ÉBÉNISTERIE
TENTURES EN TOUT GENRE

Au nombre des beaux établissements qui existent à Bordeaux, nous devons signaler celui de

M. Ch. SINGER,

qui par son élégance, son bon goût, et le grand assortiment de ses meubles et de ses tentures, se fait distinguer et placer au rang des premières maisons en ce genre.

Ces magasins, récemment ouverts au public, **cours de l'Intendance, 6**, sont pourvus d'une telle variété de meubles de luxe et de fantaisie, qu'ils offrent aux nombreux visiteurs, qui ne cessent d'y arrêter leurs regards, une exposition véritable et permanente du goût le plus recherché.

Ce qui ne saurait qu'augmenter encore et assurer la vogue de cet établissement exceptionnel, c'est qu'on y trouve aussi des meubles à des prix modérés et sur la bonne confection desquels on peut compter.

MAGASINS DE NOUVEAUTÉS

MAISON DE CONFIANCE

40, rue Saint-Rémi, au coin de la rue des Lauriers.

Ancienne Maison François David aîné

PAUL COMPÈRE

SUCCESSEUR DE Hy PASSEVEAU

Prix fixe.

APERÇU DES SPÉCIALITÉS DE LA MAISON.

Étoffes de soie noires et nouveautés. — Velours noir et de couleur. — Cachemire des Indes. — Châles français et autres châles fantaisie nouveautés. — Dentelles. — Guipures. — Voilettes. — Étoffes de fantaisie laine pour robes (fabriques de France et d'Angleterre). — Meubles. — Mousselines brochées et brodées. — Tapis. — Services de table unis et damassés. — Blanc de fil et de coton. — Mouchoirs batiste, blancs et de couleur. — Jaconas, mousselines et percales imprimés. — Draperie. — Pantalons et gilets.

DEUIL ET DEMI-DEUIL	JUPONS CONFECTIONNÉS
CONFECTION POUR DAMES	CORBEILLES DE MARIAGE

Envoi d'échantillons franco.

NOTA. — Toute latitude est laissée à l'acheteur d'échanger, dans la quinzaine de l'achat, sa marchandise ou d'en reprendre le montant.

Vve BILLIOT
AU BAZAR BORDELAIS
56, rue Sainte-Catherine, 56
BORDEAUX

PIANOS ET HARMONIUMS
des premiers facteurs de Paris, ÉRARD, PLEYEL, HERZ, DÉBAIN, etc.

HARMONICORDES

ORGUES A PERCUSSION pour salons, et TRANSPOSITEURS AVEC PÉDALIERS pour chapelles et église
MÉCANISMES POUR JOUER SANS ÊTRE MUSICIEN.

Instruments d'occasion très bon marché.

Transpositeurs indépendants et portatifs, nouvelle invention de T. Maureau.
ATELIER DE RÉPARATIONS POUR HARMONIUMS ET PIANOS.

ÉCHANGES — LOCATIONS — ACCORDS
Musique d'harmonium religieuse et profane.

PLACE DU CHAPELET, 4,
RUE MAUTREC, 21, ET RUE J.-J. BEL, 8.

au centre des administrations et des promenades
et tout près du Grand-Théâtre,

L'HOTEL DU COMMERCE

TENU PAR

M. ANDRIEU

depuis plus de vingt ans,

vient d'être remis à neuf.

Il offre des chambres confortables dans des prix modérés, un salon de compagnie, des salons pour repas de commande, et un RESTAURANT A LA CARTE ouvert aux habitants de l'hôtel et au public.

On trouve aussi chez M. Andrieu un assortiment complet de VINS DE BORDEAUX de tous les prix et de tous les âges.

MAGASINS DE LA GIRONDE

MAGASINS GÉNÉRAUX
WEIPERT & DUBOIS

AVEC

Salle de ventes publiques, et Faculté d'entrepôt fictif

AUTORISÉS PAR DÉCRET DU 18 DÉCEMBRE 1861

LA BASTIDE-BORDEAUX

DIRECTION : sur les lieux d'exploitation.
AGENCE : à Bordeaux, place Richelieu, n° 1.

CES ÉTABLISSEMENTS

SONT RELIÉS DIRECTEMENT

d'un côté au **Chemin de fer d'Orléans**, et de l'autre côté à la **Garonne**

PAR UNE **VOIE FERRÉE**.

MAGASINAGE A DÉCOUVERT
MAGASINAGE A COUVERT
TRANSIT

de la Gare de La Bastide à la Garonne, et *vice-versâ*.

Emplacements

RELIÉS A LA VOIE FERRÉE, PROPRES A DES DÉPÔTS PARTICULIERS ET A DES USINES.

E. ROUSSELLE

32, allées de Tourny, 32

BORDEAUX

Chemises, Gilets de flanelle et Caleçons

SUR MESURE

CRAVATES NOUVEAUTÉS

COSTUMES POUR BAINS DE MER

Cette Maison, dont les étalages élégants et luxueux se font remarquer sur les allées de Tourny, se recommande aussi par la confiance qu'elle a inspirée.

PATISSERIE

MM. JEGHER ET SPINAS

20, allées de Tourny, 20

La vogue de cette Maison date de plusieurs années, et la réputation méritée de tous ses produits, surtout de ses **Pâtés de foie gras** et de ses **Pâtés grisons**, lui a valu la clientèle la plus riche et la plus aristocratique.

CAVE DE BORDEAUX

L.-A. CAPETTER

PROPRIÉTAIRE-NÉGOCIANT

COMPTOIR :

34, cours de Tourny,

CHAIS ET MAGASINS :

32, rue Condillac.

Cette Maison, ouverte depuis peu de temps, offre un assortiment très complet de VINS FINS, SPIRITUEUX de toutes provenances et de tous âges, LIQUEURS ASSORTIES, etc. Le soin avec lequel son installation a été faite lui promet un avenir assuré et prospère.

GROS ET DÉTAIL.

EXPORTATION.

Le Restaurant
DU CHAPON FIN
n'a jamais été vendu.

Il a toujours été et est encore tenu dans la même maison,

rue Montesquieu, 7.

M. RIOM, propriétaire du **Chapon fin**, a seulement loué cet établissement pendant quelques années. Aujourd'hui M. Riom a repris son établissement, qu'il a agrandi, restauré et meublé à neuf, et, comme il l'a toujours fait pendant son exploitation, il donnera des consommations de première qualité et continuera par ses soins et par sa probité à mériter l'estime et la confiance de ses clients, de même qu'à justifier la réputation exceptionnelle et si étendue de sa cave.

FABRIQUE SPÉCIALE DE BILLARDS
EN TOUS GENRES
A BORDEAUX

MAGASINS
33
rue Bouffard.

JOULIÉ

ATELIERS
73
rue d'Ornano.

Membre de l'Académie nationale, agricole,
manufacturière et commerciale, de la Société française de statistique universelle,
et de la Société libre
des sciences, belles-lettres, arts et industries de Paris;

breveté s. g. d. g., pour ses

TAPIS DE BILLARD EN CAOUTCHOUC

*Système infaillible pour la justesse des coups
et le roulement des billes, n'absorbant aucune poussière, et que la
consistance de son tissu met à l'abri de toute dégradation.*

Billards de luxe. — Jeux de salon et de jardin. — Spécialité de bandes en caoutchouc vulcanisé. — Billards anglais. — Jeux polonais. — Toupies merveilleuses. — Jeux de tric-trac (parquets en pierre d'un seul morceau). — Dominos. — Damiers. — Boston. — Échecs. — Marques. — Tablettes à jeux et tous les articles pour cafés et cercles.

Fabrique de tapis imperméables en caoutchouc pour salon et corridor.

Nous recommandons particulièrement aux visiteurs de l'Exposition de remarquer le magnifique billard (536) style renaissance, garni en caoutchouc, que M. Joulié a exposé. Ils pourront apprécier ainsi le mérite du tapis en caoutchouc.

Articles généraux
POUR LA CONSTRUCTION

G. DESBAZEILLE & Cie
successeurs de Ch. ROLLET fils de l'aîné
72, rue Fondaudège, — et Petite rue du Colysée, 20,
BORDEAUX.

Cette Maison se recommande par son assortiment complet de ces articles, tels que plâtre, briques doubles, simples et creuses, lattes, tuiles plates et creuses, carreaux de faïence et ordinaires, plâtre calciné, ciments de Wassy, romain et de Portland, ardoises, chaux hydraulique, fontes, spécialité de plaques et tuyaux, châssis de lanternes et éviers Curé, rideaux de cheminée, fourneaux portatifs, appareils inodores, poteries, etc., etc. Elle se recommande, en outre, par la modicité de ses prix.

Transport à domicile, en gare et à quai, *gratis*.

23, — cours d'Albret, — 23
DUCOURNEAU ET FILS
MARBRIERS.

MARBRERIE DE BATISSE, MARBRERIE D'ÉGLISE
Gravure et Sculpture,
MONUMENTS FUNÈBRES
GRAND ASSORTIMENT DE CHEMINÉES

PRODUITS ALIMENTAIRES

LOUIT FRÈRES & C°
FOURNISSEURS BREVETÉS DE S. M. L'EMPEREUR

BORDEAUX
Maison fondée en 1825

CHOCOLAT-LOUIT

Le CHOCOLAT-LOUIT a acquis auprès des Consommateurs, en France et à l'étranger, une réputation d'excellence que lui ont, seule, value la perfection et le mérite réel de sa fabrication.

15 médailles de premier ordre, obtenues dans les Expositions Européennes, ont consacré le suffrage du public.

PRIX DU CHOCOLAT-LOUIT.

SANTÉ		VANILLE	
Qualité fine.............	2f »	Bonne qualité.........	2f 50
» supérieure.......	2 50	Qualité fine...........	3 »
» surfine...........	3 »	» supérieure.......	3 50
» extra-fine.......	3 50	» surfine...........	4 »
» par excellence....	4 »	» extra-fine........	5 »

TAPIOCA-LOUIT

GARANTI PREMIER CHOIX DU BRÉSIL

épuré, préparé et pulvérisé en semoule fine pour potages et entremets

Qualité supérieure, en boîte jaune de 250 et 500 gr., le 1/2 kil... 1 fr. 90 c.

Exiger que chaque boîte soit scellée par une bande et porte intacte sur l'étiquette la signature de la Maison.

Tapioca au Cacao pour déjeuner, en boîte marron de 250 et 500 gr., le 1/2 kil... 1 fr.
Racahout pour les enfants...... ... 2

THÉ DE LA CHINE

DIRECTEMENT IMPORTÉ PAR

LOUIT FRÈRES & C°

Qualité uniquement composée des meilleurs thés noirs

Ces thés sont extraits des boîtes d'origine et divisés par paquets de 120, 150 et 300 gram., et renfermés aussitôt dans des boîtes de ferblanc.

La boîte petite........ 2 fr. 25 c.
La boîte moyenne... 3 »
La boîte grande...... 6 »

Dépôts chez les principaux Commerçants

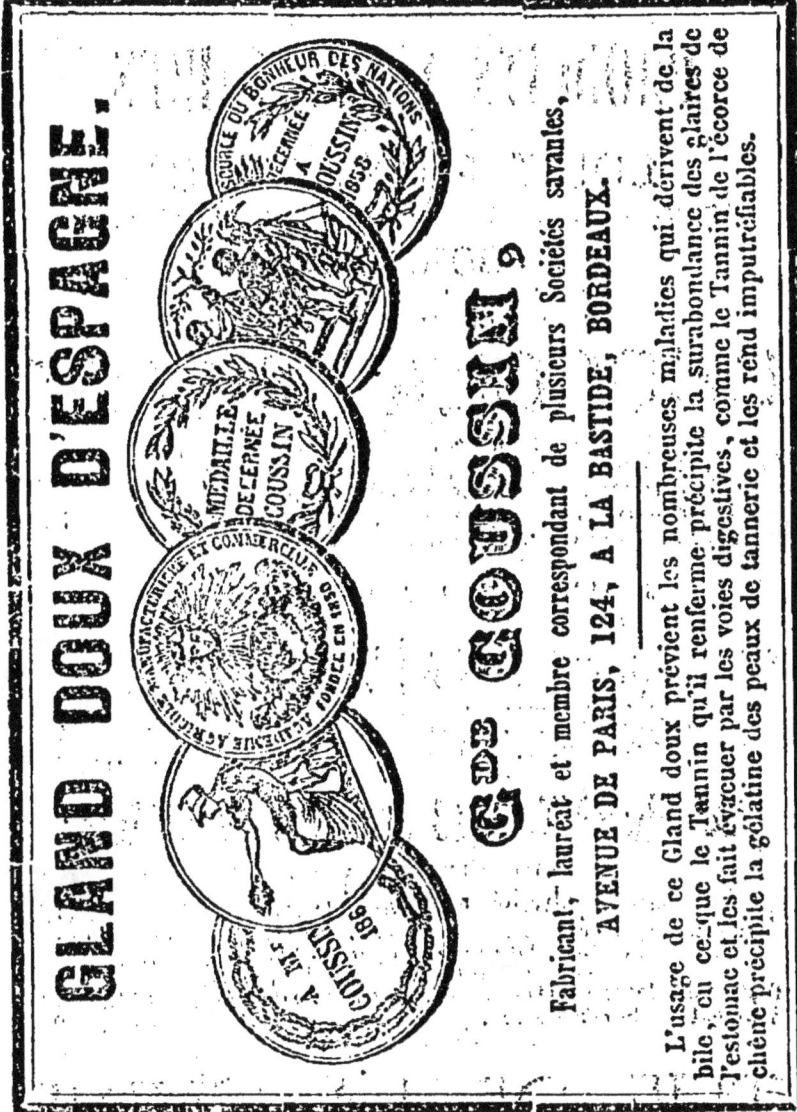

DÉPOT SPÉCIAL DES VERRES A VITRE
de la Verrerie de JUMONT (Nord).

P. DURANTIN, BOUDET & PÈRE
15, rue des Argentiers, 15

Magasin, comptoir et dépôt, rue de la Cour des Aides, 12.

Glaces pour vitrages. — Grands verres pour devantures de magasins.
Dalles brutes ou *patent-glass*. — Diamants à couper le verre.
GROS, DÉTAIL, EXPORTATION.
Entreprise générale des travaux de vitrage.

COMPAGNIE ANONYME
de
MAGASINS PUBLICS ET GÉNÉRAUX
A BORDEAUX.

Siége social : à Paris, 45, rue de la Chaussée d'Antin.
Direction de l'Exploitation : à Bordeaux, 10, rue Foy.

Magasins, Chais et Salle de Ventes publiques,
10, rue Foy; 20 et 22, rue Ferrère,
ET A LA BASTIDE, QUAI DES QUEYRIES.

Les Magasins et Chais de La Bastide, sont reliés par des voies de fer d'un côté avec le Chemin de fer d'Orléans, et de l'autre côté avec la Garonne.

La Compagnie est autorisée à délivrer des récépissés à ordre avec warrants.

Un *récépissé* est un certificat de propriété. Une fois endossé, il donne au porteur le droit de disposer de la marchandise.

Un *warrant* ou *bulletin de gage* transmet au cessionnaire, par endossement, privilége sur la marchandise.

Pour emprunter sur la marchandise, il faut détacher le warrant, ou bulletin de gage, du récépissé à ordre, indiquer le montant de la somme que l'on emprunte et l'échéance à laquelle elle doit être remboursée, puis le remettre au prêteur.

S'adresser pour les renseignements, à Bordeaux, 10, rue Foy.

46, — rue Théodore-Ducos, — 46,

A. TERPEREAU
PHOTOGRAPHE
DE LA COMPAGNIE DES CHEMINS DE FER DU MIDI

Chargé par la ville de Bordeaux
de la reproduction des monuments, antiquités, etc.

Spécialement autorisé par la Société Philomathique
pour la reproduction des objets d'art figurant à l'Exposition.

SPÉCIALITÉ POUR GRANDES VUES.

PRODUITS ALIMENTAIRES

POUR APPROVISIONNEMENT DE NAVIRES

ET MARCHANDISES DIVERSES POUR EXPORTATION

CONSERVES ANGLAISES

E. CHANSAREL & FONTENEAU

7, rue Esprit-des-Lois, 7

AGENCES :
Paris : CHOLLET & Cie, M. DE LIGNAC ; — Montivilliers : G. HELLARD.

Poissons.

Sardines à l'huile...bte 1/2. » 90	Harengs....boîte de 24.... 4 50
— — — 1/4. » 60	— — de 12.... 2 50
Saumon......boîte de 1 ko. 5 »	Huîtres marinées, 1/2 boîte. 1 50
— — de 1/2 ko. 2 50	Thon mariné..........le ko. 3 80
Homard — de 1/3 ko. 1 50	

Conserves diverses, en boîtes.

Champignons de Paris... bte 2 »	Petits pois au gras, boîte 1/2. » »
— — 1/2. 1 10	Julienne fine......1/2. 1 25
— — 1/4. » 70	Cèpes à l'huile......boîte. 4 75
Haricots flageolets, 1/2 boîte. 1 50	— 1/2. 2 60
Artichauts en fonds — 2 60	Pâté de foies d'oies, truffés,
Asperges en branches — 2 60	boîte. 15 »
Choux-fleurs........boîte. 2 75	— — 1/2.. 8 »
— 1/2. 1 50	— — 1/4.. 4 50
Choux de Bruxelles..boîte 3 »	PROCÉDÉ FASTIER Bœuf en daube, le ko. 3 25
— 1/2. 1 75	Mouton rôti.....le ko. 4 25
Haricots verts.......boîte. 2 »	Volaille rôtie...le ko. 6 50
— 1/2. 1 10	Gelée de viande le ko. 5 »
Oseille...........boîte. 2 »	Bœuf bouilli........le ko. 1 42
— 1/2. 1 10	Soupe française, boîte de
Tomate...........boîte. 1 25	30 portions............ 1 80
— 1/2. » 75	Truffes.........1/2 boîte. 11 »
Petits pois au naturel...1/2. 1 25	— 1/4 — 5 75
au beurre...1/2. 1 25	

Chocolats CHOLLET et Cie.

N° 0 Vanillé. Papier blanc; vignette or, le k°. 10f »	N° 3 Pap. bl. q. lilas, le k°. 4f »
1 — — rose.... 7 50	3 bis. Papier blanc uni, vignette noire, le k°. 3 60
2 — — bleue.. 6 »	4 Papier blanc uni, vignette bistre....... 3 20
3 — — lilas.... 5 »	
0 Papier blanc quadrillé vignette or, le k°. 8 »	4 bis. Papier lilas, vignette noire....... 3 »
1 — — rose.... 6 50	5 Chocolat de santé, mélangé, le k°........ 2 60
2 — — bleue... 5 »	

Potages et Farines.

Semoule blanche.. 250 gr. »f 50	Sagou de l'Inde.... 250 gr. »f 75
Semoule Crécy.... 10 p°ns » 80	Tapioca du Brésil... — » 75
Semoule Julienne , — 1 25	Tapioca indigène.... — » 50
Tapioca Crécy..... — 1 25	Farine de lentille.... — » 40
Tapioca Julienne... — 1 35	Farine de haricots... — » 40
Fécule de pomme de terre, 250 gr. » 30	Farine de pois..... — » 40

Pâtes d'Italie.

Vermicelle blanc, 100 k°s logés. 80c	Lasagnetti..... 100 k°s logés, 90c
— jaune, — 75	Taillarini...... — 80
Macaroni blanc, — 85	Petites pâtes assties — 75
— jaune, — 80	Pour les paquets de diverses contenances, 10 en plus par 100 k°s.
Spaghetti..... — 90	

Articles anglais.

Moutarde .... flacon. 2f »	Soupe tortue........ flacon. »f »
— 1/2 1 20	— saumon..... — » »
— .... 1/4 » 75	— homard..... — » »
Sauces............ flacon. 3 50	— harengs..... — » »

Produits de M. de LIGNAC.

Lait concentré, boîte représentant 3 litres de lait frais, prix de la boîte................ 3f 50	Bouillon concentré, boîte représentant 3 litres de bon bouillon de bœuf................ 2f »

Chlore concentré gazeux de G. HELLARD.

La caisse de 6 b°lles assorties. 16f	La bouteille............... 3f

CITRONADE, le flacon.... 1f 50	ORANGEADE, le flacon.... 1f 50
— le 1/2 flacon. » 80	— le 1/2 flacon. » 80

MM. E. CHANSAREL et FONTENEAU sont dépositaires du **KAROUBA**, produit destiné à remplacer avantageusement la *chicorée* dans les mélanges avec le café. Le **Karouba**, par ses qualités rafraîchissantes et sa nature sucrée, a sur la chicorée une supériorité bien marquée au point de vue hygiénique et économique.

500 gr., 50 c.; — 250 gr., 25 c.; — 125 gr., 15 c.

DRAGÉES DE SALSEPAREILLE

composées, iodurées,

SUDORIFIQUES, DÉPURATIVES ET FONDANTES,

de MILLE, pharmacien-chimiste à Bourges (Cher).

Ces dragées, composées avec le plus grand soin, sont bien supérieures au Rob-Boyveau-Laffecteur, au sirop de Cuisinier, au sirop de Salsepareille et de Larrey; elles remplacent l'huile de foie de morue, et l'on peut tenir pour certain qu'elles guérissent radicalement de toutes les maladies contagieuses. En purifiant les humeurs elles régénèrent le sang.

Les flacons qui renferment les dragées-Mille offrent, pour le transport, les plus grandes commodités.

GRUTELLINE-MILLE

au Cacao Caraque,

préparée par MILLE, pharmacien-chimiste à Bourges (Cher).

Les personnes dont les fonctions digestives sont altérées par suite de gastrite ou par toute autre maladie de l'estomac et des intestins rencontreront, dans l'usage de la **Grutelline-Mille** au Cacao Caraque, un aliment essentiellement tonique et réparateur, qui laisse bien loin derrière lui les compositions du même genre qui ont jusqu'ici accaparé la faveur du public.

Les enfants, les valétudinaires, les personnes dont le tempérament nerveux, faible ou délicat est épuisé, délabré par de longues et graves maladies, se trouveront parfaitement bien de son usage continu; elles verront, par sa bienfaisante influence, revenir leurs forces avec le retour de leur santé. En même temps, ce sera pour ces convalescents au goût émoussé, au palais blasé, un repas du matin délicieux.

DÉPOT A BORDEAUX

des Dragées de Salsepareille et de la Grutelline-Mille :

Pharmacie RIVIÈRE, place Dauphine, 24
H. MASSICAULT
SUCCESSEUR.

DÉPOT GÉNÉRAL DE SPÉCIALITÉS

EXPÉDITION — EXPORTATION

FARINE MEXICAINE

du docteur BENITO DEL RIO, de Mexico.

MM. **BARLERIN** & Cie, chimistes à Tarare (Rhône), dépositaires généraux pour toute la France.

La **Farine mexicaine** est le spécifique certain pour la guérison de la phthisie pulmonaire, de la consomption, de la bronchite et du catarrhe chroniques. C'est un produit naturel et alimentaire qui s'emploie en potages.

La FARINE MEXICAINE coûte meilleur marché que n'importe quel remède.

CAFÉ HYGIÉNIQUE
DE SANTÉ

de R. BARLERIN, chimiste à Tarare.

C'est le meilleur marché et le plus agréable de tous les cafés de santé employés jusqu'à ce jour. Vingt mille guérisons obtenues dans les maladies de l'estomac, mauvaises digestions, gastrites, gastralgies, migraines, névralgies, irritations, toux, rhumes, catarrhes, rhumatismes, ont clairement prouvé les vertus de cette boisson.

80 Tasses pour 1 fr. 50 c.

SEUL DÉPOT A BORDEAUX

de la Farine mexicaine et du Café hygiénique :

Pharmacie RIVIÈRE, place Dauphine, 24

H. MASSICAULT
SUCCESSEUR

DÉPOT GÉNÉRAL DE SPÉCIALITÉS

EXPÉDITION — EXPORTATION

CAVE BORDELAISE

BORDEAUX, place de la Comédie.
PARIS, 11, rue Laffitte (cave Laffitte).

Maison fondée pour la **VENTE EN BOUTEILLES** des grands Vins et des Liqueurs des premières marques.

VINS de Bordeaux 1847, 1848, 1851, 1858, etc.
— de Bourgogne, et du Rhin.
— de Champagne, veuve Cliquot - Ponsardin, L. Rœderer, Moët, Montebello, Perrier, etc.
— de Madère, Malaga, Xérès, Porto, Alicante, Frontignan, etc.

DÉPOT

de la Grande-Chartreuse, Curaçao, Wynand, Focking, noyaux et kirsch d'Hoffmann Forty.

VINS des 1res côtes et du Bas-Médoc, depuis 1 fr.

7, rue du Château-Trompette, 7.

CABINET LITTÉRAIRE

Achats de livres
ET DE TIMBRES-POSTE ÉTRANGERS

GRAND CHOIX DE TIMBRES-POSTE POUR COLLECTION

FOURNITURES DE BUREAUX

Choix de 6,000 Romans

ABONNEMENT AU MOIS A 1 F. 50.

A. BOISSEAU

REPRÉSENTANT DE COMMERCE

22 bis, rue des Treilles

BORDEAUX

SEULE AGENCE ET SEUL DÉPÔT

DES FLEURS D'ORANGER ET EAU DE ROSE

de la Maison **Bernard ESCOFFIER**, de Grasse
(Alpes-Maritimes).

M. BOISSEAU tient à la disposition de MM. les Négociants des échantillons de **kirsch** en première qualité de la Maison Detries, Granjean, distillateurs à Saint-Loup (Haute-Saône).

DÉPÔT

des **absinthes** de **COUVET**, ainsi que des échantillons de **cognac** et d'**eau-de-vie fine Champagne**, de tous les âges, de la Maison Ménajer, négociant à Angoulême.

CANONVILLE

11, COURS DE L'INTENDANCE, 11

CHEMISES

GILETS DE FLANELLE ET VÊTEMENTS

sur mesure

BONNETERIE, GANTERIE

etc.

𝔅ordeaux

RESTAURANT B. LANTA

rue Montesquieu, 6, et rue Francklin, 14.

Ce Restaurant, nouvellement installé, et décoré avec luxe et élégance, est le plus bel établissement en ce genre qui existe à Bordeaux.

Quoique nouveau, il n'a pas sa réputation à faire, car **M. B. Lanta** est depuis longtemps avantageusement connu dans notre ville et dans les environs, et il peut compter d'être toujours suivi par sa clientèle.

Le Restaurant **Lanta**, vaste et bien aéré, compte trois salles au rez-de-chaussée, deux grandes salles pour dîners d'apparat et un grand nombre de cabinets et de salons.

USINE CARRÉ

14, avenue de la Porte-Maillot, à Paris,

BREVETÉ EN EUROPE,

Constructeur des serres monumentales de la ville de Paris, inventeur du siége élastique à lames d'acier adopté par l'administration municipale de Paris pour les promenades publiques.

SERRURERIE ARTISTIQUE
SERRES-VOLIÈRES
MEUBLES DE JARDIN

Les meubles en fer dont M. CARRÉ est l'inventeur et dont quelques charmants spécimens se trouvent à l'Exposition de Bordeaux, ont fait une véritable révolution dans ce genre d'industrie. Ce ne sont plus de ces siéges à mailles rigides, si désagréables au contact, et qui ne manquaient jamais de laisser des traces sur les robes et sur les mantelets, lorsqu'ils ne les déchiraient pas; formés de larges bandes d'acier gracieusement groupées, les meubles de l'USINE CARRÉ ont une élasticité et un moelleux si agréable, qu'on les préfère aux fauteuils rembourrés, car, à leur souplesse, ils joignent l'avantage de ne point s'échauffer.

L'administration municipale de Paris vient d'adopter ce système pour ses promenades publiques. Tout l'ancien matériel est remplacé aux Champs-Élysées, au Bois de Boulogne, sur les boulevards et dans un grand nombre de squares. Les grandes villes qui possèdent des promenades s'empresseront sans aucun doute de suivre cet exemple, qui fait honneur au bon goût et à l'esprit d'initiative de l'habile ingénieur en chef des promenades et plantations de la capitale. Déjà ces siéges ont été adoptés par l'Empereur, par le roi d'Italie, et par plusieurs cours étrangères. A toutes les Expositions où ils ont figuré, ils ont obtenu des médailles de premier ordre.

M. CARRÉ ne fabrique pas seulement les siéges sur lesquels nous insistons à cause de leur nouveauté et de leur supériorité notoire : on trouve encore dans son immense établissement tout ce qui a rapport à l'ornementation des parcs et des jardins. C'est dans l'USINE CARRÉ qu'ont été construites les serres monumentales de la ville de Paris, les plus vastes de France. L'importance de cet établissement lui permet d'offrir constamment, au choix du public, des serres, des jardins d'hiver, des kiosques, faisanderies, volières, poulaillers, etc., tout montés.

CHAUDRONNIERS-MÉCANICIENS

PRIVAT & Cie

passage Sainte-Colombe, 4, près de la place Sainte-Colombe, à Bordeaux

BREVETÉS

ATELIERS DE CONSTRUCTION :
30, route de Toulouse, 30.

Médaille d'Argent en 1849 et 1854
Mention honorable à l'Exposition universelle de 1855.
Médaille d'argent en 1859.

Cette Maison construit des appareils perfectionnés pour convertir l'eau de mer en eau douce, des caisses à eau, des pompes de toutes sortes, des machines hydrauliques, des conduits en cuivre, plomb et fonte, des ustensiles de cuisine, des appareils pour limonade gazeuse, eau de seltz, etc.; — des chaudières à vapeur, des appareils pour distiller les rhums, eaux-de-vie et trois-six, des poitrails et formes en tôles pour la bâtisse, etc.

Dépôt de machines à vapeur, pompes Japy,
et tuyaux en toile sans couture.

3, — place Saint-Rémi, — 3
(SUR LA RUE PONT-DE-LA-MOUSQUE)

MAISON MEUBLÉE

spécialement recommandée aux familles.

APPARTEMENTS ET CHAMBRES A DIVERS PRIX

STATION MÉDICALE D'ARCACHON

USINE DE LA FORÊT

SÈVE DE PIN MARITIME

BUVETTE DE LA CAOUDEYRE

avenue de Mentque.

BAINS D'EAU DOUCE
BAINS TÉRÉBENTHINÉS

Prix de la Sève (sans verre) :

A LA BUVETTE. — Le Verre....................	0f 10c
— — La Bouteille...............	0 30
A DOMICILE. — Le Flacon.....................	0 20
DANS ARCACHON. — La Bouteille............	0 35

EXPÉDITIONS POUR TOUS PAYS

Dépôts à Bordeaux, 19, rue Saint-Genès

ET DANS TOUTES LES PRINCIPALES VILLES DE FRANCE

BOULZAGUET AINÉ

rue Sainte-Catherine, 101.

GRAND ASSORTIMENT DE CHAUSSURES EN TOUT GENRE.

Nous recommandons particulièrement aux étrangers le nouveau magasin que vient d'établir M. Boulzaguet. La quantité considérable de chaussures qu'il contient, le bon goût qui a présidé à son installation doivent continuer à lui mériter la préférence de son ancienne et nombreuse clientèle. En se transportant de la rue du Pas-Saint-Georges, où elle avait subsisté pendant plus de vingt ans, dans la rue Sainte-Catherine, cette maison s'est placée au centre des affaires, et s'est mise en situation de satisfaire les plus difficiles par son assortiment et ses qualités.

Cours Napoléon, 101.

BREVET D'INVENTION

pour un nouveau **Bandage** pour la Guérison des hernies

DÉLIVRÉ A

M. VICTOR LONGERON

CHIRURGIEN DENTISTE ET BANDAGISTE

Pose de Dents artificielles

EN CAOUTCHOUC

Mme LONGERON donne des soins aux Dames.

ORFÉVRERIE CHRISTOFLE

Grande Médaille d'honneur à l'Exposition universelle de Londres 1862.

Maison de vente et seul Dépôt
CHEZ C. CLAVÉ

37 ET 49, COURS DE L'INTENDANCE

Succursale de la Maison Christofle et Cie

Couverts argentés sur métal extra-blanc et sur métal ordinaire, services de tables, petite orfèvrerie, coutellerie, services à thé et à café, surtouts, candélabres, articles pour hôtels, restaurants et cafés.

Grand assortiment d'articles de ménage métal anglais, caves à liqueurs, fournitures de navires.

GUÉRISON RADICALE

DES HERNIES OU RUPTURES

par le nouveau BANDAGE IMPERCEPTIBLE à pelote-régulateur,

breveté s. g. d. g. en France,

et qui a obtenu, pour sa perfection et sa solidité, 14 médailles aux expositions du pays et de l'étranger. Ne se trouve que

Chez Ch. de Thomis-Biondetti,

Fournisseur du Bureau de Bienfaisance, etc.,

rue Piliers-de-Tutelle, 24, à Bordeaux.

On y trouve également

LE VÉRITABLE IRRIGATEUR ÉGUISIER

CHOCOLATS, BONBONNERIE, CONSERVES

ANCIENNE MAISON TOURRETTE

MM. SARDA & Cie

Usine à Bègles

MAGASINS DE DEMI-GROS ET DE DÉTAIL :

rue Saint-Rémi, 16, 18 et 22,

A BORDEAUX

MM. SARDA et Cie, successeurs de M. TOURRETTE aîné depuis quelque temps, ont donné à cette Maison l'importance à laquelle elle pouvait légitimement prétendre. Ils ont joint à la fabrication du Chocolat, de la Bonbonnerie et de la Moutarde, la fabrication des Conserves au vinaigre et autres.

La réputation de cette Maison est depuis longtemps établie, et elle est à coup sûr une des mieux méritées de notre ville.

MÉDAILLE DE VERMEIL A L'EXPOSITION DE BAYONNE.

Rue St-Rémi,
35,
en face de la rue
des Lauriers,
BORDEAUX

Rue St-Rémi,
35,
en face de la rue
des Lauriers,
BORDEAUX

E. CORNU

MÉCANICIEN,

fabricant spécial de la MACHINE A COUDRE dite Ouvrière universelle,

AGENT DIRECT ET DÉPOSITAIRE

de la Maison ANDRÉ-FONTAINE, pour la seule véritable Machine américaine,

ELIAS HOWE J^r INVENTEUR.

Marque de fabrique déposée.

Grand assortiment
DE MACHINES
de tous
les Systèmes connus,
et pouvant
s'approprier à toutes
les industries.

**FOURNITURES
ET ACCESSOIRES**
pour
tous les Systèmes,
A navette
ou à chaînette.

Pas de véritable machine ELIAS HOWE sans
la marque de fabrique ci-dessus.

HUILE SPÉCIALE
POUR MACHINE.

Aiguilles,
Navettes, Canettes,
Crochets,
Bobines en bois,
Burette, Coudes.
Guides à broder, ourler,
soutacher et ganser,
s'adaptant
à tous les Systèmes.

**RÉPARATIONS
ET ENTRETIEN.**

SPÉCIALITÉ
DE DENTELLES
blanches et noires

RENATEAU
rue Ste-Catherine, 35, en face de la rue du Parlement,
BORDEAUX.

Choix varié. — Gros et détail. — Prix fixes marqués en chiffres connus.

Parmi les maisons de commerce d'une grande ville, celles qui possèdent réellement une spécialité, sont sûres d'offrir à leurs clients des avantages considérables et exceptionnels; mais ces maisons sont rares. A Bordeaux, la **maison Renateau** fait partie de ce petit nombre; et elle peut justement prétendre au titre de maison spéciale, car elle ne vend que de la dentelle. C'est grâce à cette combinaison, que M. RENATEAU a pu se mettre en relations directes avec les premières fabriques de tous les pays, et qu'il est dans des conditions favorables pour avoir toujours dans ses magasins les assortiments les plus variés, les plus beaux et les plus riches, dignes de rivaliser avec ceux de Paris. Le public aristocratique de notre ville connaît la nouveauté des articles de cette maison. Le public sait aussi que nulle part les marchandises ne sont livrées à des prix plus équitables.

28, allées de Tourny, 28
AU COIN DE LA RUE MICHEL-MONTAIGNE,

GRANDE FABRIQUE
DE
Parapluies, Cannes et Ombrelles.

Mme BLANCHÉ

Haute nouveauté en soieries pour parapluies et ombrelles.

ASSORTIMENT VARIÉ ET DU MEILLEUR CHOIX.

GRAND ASSORTIMENT DE CANNES ET CRAVACHES.

BON MARCHÉ.

Seule MAISON SPÉCIALE DE RUBANS vendant aux prix de fabrique
RUE PORTE-DIJEAUX, 23.

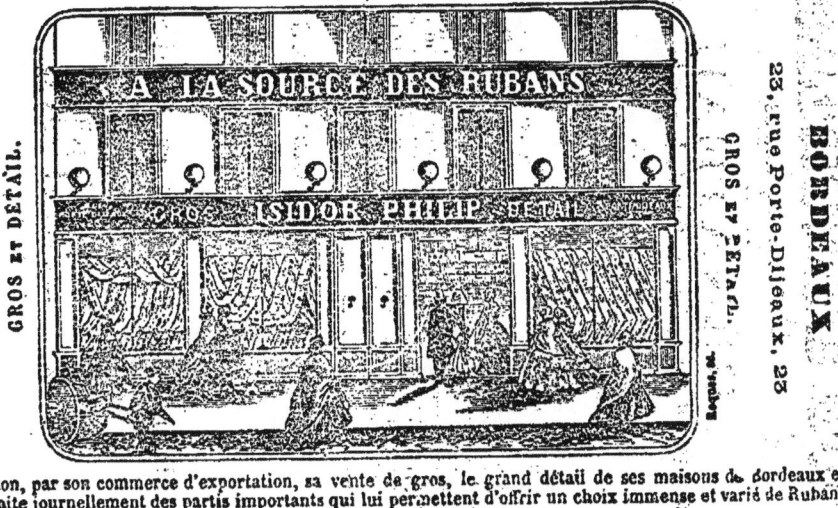

TOULOUSE, 18, rue des Changes, 18
I. PHILIP, V° JANIC & FILS
GROS ET DÉTAIL.

BORDEAUX
23, rue Porte-Dijeaux, 23
GROS ET DÉTAIL

Cette Maison, par son commerce d'exportation, sa vente de gros, le grand détail de ses maisons de Bordeaux et Toulouse, traite journellement des partis importants qui lui permettent d'offrir un choix immense et varié de Rubans en tous genres aux prix de fabrique.

AVIS A MM. LES PROPRIÉTAIRES ET AUX COMPAGNIES DE CHEMINS DE FER

Économie, Solidité.   *Économie, Élégance.*

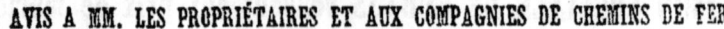

USINE	**CLOTURES DE LA GIRONDE**	COMPTOIR
A LA BASTIDE	**EN TREILLAGE A LA MÉCANIQUE**	A BORDEAUX
Quai Deschamps, 60.		Cours Napoléon, 132.

CE GENRE DE CLOTURE OFFRE LE DOUBLE AVANTAGE D'ÉCONOMIE ET DE DURÉE.

PRIX : *Depuis 55 c. le mètre courant à 1 fr. 15 c., suivant la hauteur.* ÉCRIRE *franco.*

Usines à Aire et à Bayonne.

Nous ne saurions trop recommander cette importante Maison, dont les usines se multiplient dans la Gironde, les Landes et les Basses-Pyrénées.

Les propriétaires qui font usage de ces clôtures se félicitent d'y trouver à la fois SOLIDITÉ, ÉLÉGANCE, ÉCONOMIE, solution d'un problème qui paraissait impossible. Nous pouvons à coup sûr prédire à l'inventeur : PROSPÉRITÉ.

D. SOYE

35, allées de Tourny, à Bordeaux.

MAISON DE CONFIANCE EXISTANT DEPUIS 1832

PIANOS

DES PREMIERS FACTEURS DE PARIS

Érard, Pleyel, Herz neveu, etc., etc.

PIANOS D'OCCASION

LOCATIONS, RÉPARATIONS ET ACCORDS

Cette Maison se recommande assez par son ancienneté et par la nombreuse clientèle qu'elle a su acquérir dans la population riche de notre ville. La bonne direction dont elle jouit ne peut qu'accroître ce renom.

IMPERMÉABLES, PEINTURES
TAPIS CIRÉS VERNET

ANCIENNE MAISON **FRITZ-SOLLIER**
breveté s. g. d. g.
4 Médailles :
1 Bronze. — 3 Or.

J. GRÉ & NUYENS
Manufacturiers

ANCIENNE MAISON **VERNET**
brevet d'importation
5 Médailles :
2 Br. — 1 Arg. — 2 Or.

Fournisseurs des Compagnies des chemins de fer d'Orléans du Midi, de Lyon-Méditerranée, Genève, Victor-Emmanuel, Nord-Espagne, etc., Compagnie des Messageries Impér., Comp. générale Transatlantique, Comp. d'omnibus, de camionnage, Établissements agricoles, Mines, etc., etc.

USINE	DÉPOT
7, — rue de Marseille, — 7	1, — rue de Condé, — 1

BORDEAUX

IMPERMÉABLES.

GRANDE CONFECTION DE BACHES, PRÉLARTS, TENTES.

Étoffes et Toiles imperméables de toutes sortes.

Spécialité de Vêtements en tous genres pour bourgeois, militaires, marins, mécaniciens, mineurs, employés de chemins de fer, travailleurs, etc., etc.

Étoffe cuir pour caparaçons.
Couvre-matelas pour hôpitaux.
Tabliers pour hôpitaux.
Tabliers de nourrice, de laboratoire.
Seaux à incendie.
Etc., etc.

CARTON ZINGUÉ ET SABLÉ POUR TOITURES PROVISOIRES.

ENDUIT FRITZ-SOLLIER

toujours souple, préparé pour l'imperméabilisation des toiles et tissus.

Enduction à façon par coupes d'au moins 20 mètres.

Location de Bâches.

PEINTURES.

Entreprise générale des Travaux de Peinture et Vitrerie.

Peintures à l'Enduit Fritz-Sollier,
Peintures ordinaires. — Intérieurs, Extérieurs, Bâtisses, Marine.
Travaux de ville et de campagne.

PEINTURES BROYÉES POUR L'EXPORTATION.

TAPIS CIRÉS VERNET.

Fabrication spéciale et seule à Bordeaux. — Ancienne réputation.
Supériorité reconnue.

Tapis d'appartements de très grandes dimensions en une seule pièce. — Passages d'escaliers. — Tapis de table en tous genres.

Souplesse et qualité supérieure.

VENTE AU DÉTAIL. — EXPORTATION.

USINE DE LAUBARDEMON

PRÈS COUTRAS

BACHAN & Cie

Minoterie — Distillerie

GRAINS et FARINES

MAISON A BORDEAUX
quai de Bourgogne, 39

VINS et EAUX-DE-VIE

Nous ne pouvons mieux faire, pour faire connaître cette utile usine, que de transcrire ici l'intéressant article qui lui a été consacré par un des meilleurs journaux agricoles, la *Mercuriale des Halles et Marchés* :

« En passant par Bordeaux, nous avons tenu à visiter la fabrique de farine d'armement la plus renommée dans le Midi. M. le Commissaire général de la marine, à Bordeaux, nous a désigné celle de Laubardemont.

» Cet établissement, entièrement neuf, comporte neuf paires de meules, montées à l'ancien système et réduisant chacune, et par heure, 100 kilogrammes de blé en farine. Les pierres proviennent des carrières de Bergerac ; elles ont 1 m. 30 de diamètre. La meule inférieure gisante est à surface plane, non sillonnée, mais pleine d'éveillures ; la meule supérieure tournante est partagée en huit segments ayant chacun trois sillons. Elles sont repiquées l'une et l'autre tous les huit jours à l'aide de marteaux tranchants. La farine brute qu'elles produisent est très brisée et très chaude en sortant des meules.

» Ce qui attire plus particulièrement l'attention dans ce moulin, c'est la bonne disposition des bluteries destinées à épurer les farines à divers taux, et notamment de celles destinées aux farines d'armement, dont le degré d'épuration est porté à 55 p. 100.

» En sortant des bluteries, la farine d'armement est conduite dans une étuve composée de conduits superposés dans lesquels tournent des vis sans fin. Ces vis font parcourir à la farine ces divers conduits, dont la longueur développée atteint environ 140 mètres ; la durée du parcours est de 75 minutes. Le local dans lequel est placée l'étuve est maintenu à une chaleur de 75°, à l'aide d'un calorifère dans lequel on consomme en moyenne 4 hectolitres de charbon par vingt-quatre heures.

» En sortant de l'étuve, la farine arrive dans un conduit refroidisseur qui la fait parvenir à l'endroit où elle doit être embarillée, après avoir perdu 3 à 4 p. 100 de son poids primitif. Une petite bluterie à emotter est fixée à l'une des extrémités du refroidisseur ; la farine y reçoit une dernière fois une aération complète, elle tombe de là dans un récipient rectiligne, et elle est aussitôt mise en quarts de la contenance de 100 kilogrammes.

» L'embarillage s'opère d'une manière simple et expéditive. On place sur le baril vide un anneau en bois ayant une hauteur égale au quart de la hauteur du baril, de façon à augmenter du quart la capacité de celui-ci. On remplit le tout de farine et on le place sous un piston manœuvré par un levier ; on pèse sur le levier jusqu'à ce que toute la farine soit entrée dans le baril, ce qui correspond par conséquent à une réduction d'un quart du volume primitif. Le levier remonte aussitôt pour recommencer la même opération cinq minutes après, temps nécessaire pour embariller et presser 100 kilogrammes de farine.

» L'usine de Laubardemont est en mesure de confectionner, en dehors des farines de commerce, deux cent cinquante quarts de farine d'armement par jour. »

EXPOSITION DE LONDRES 1862.

Mention honorable, quatre médailles, argent et bronze.

MAISON
CHEVÉNEMENT

FONDÉE EN 1815

rues Maucoudinat, 18, et du Pas-St-Georges, 44.

GRANDE FABRIQUE
D'ENCRES ET CIRAGES

par procédé mécanique et machine à vapeur.

La Maison CHEVÉNEMENT se recommande par une réputation de *cinquante ans,* ses immenses relations sur tous les points du globe, et son Usine modèle à TALENCE, qui, par son importance, est unique en son genre.

Sa production journalière est de 1,000 kilog. de **cirage** en pâte, et de 1,000 à 1,200 litres d'**encres** noires, de couleurs et à copier.

Son nombreux personnel, joint à une installation hors ligne, la met à l'abri de toute concurrence, soit comme qualité, soit comme prix.

MAISON FONDÉE EN 1815

FABRIQUE DE COUVERTS D'ARGENT

R^d BELLIÉ

ORFÈVRE

20, — rue Montméjean, — 20

BORDEAUX

Petite orfévrerie. — Achats d'or et d'argent. — Exportation.

ROLLET (Félix)

propriétaire, rue Michel-Montaigne, 5, à Bordeaux.

USINE A MONSALAT,
près la station de Gazinet (chemin de fer de Bordeaux à Bayonne).

Briques rouges et blanches de formes variées pour chalets. — Briques ordinaires. — Briques de cloison ou de plâtrier. — Graviers argileux, dits *graviers de Gazinet*, pour consolider les chemins des landes, employés à Arcachon, dans la forêt et dans la ville d'hiver.

USINE A PEY-MARTIN,
près la station de Gazinet.

Briques réfractaires ordinaires, cimentées, au ciment et au quartz, de forme anglaise, en coin, en couteau, ou de toute autre forme, sur modèle et commande, parfaitement blanches. — Terres réfractaires très riches, pour creusets et poteries. — Sable plastique argileux, réfractaire, pour la construction des fourneaux.

EAU SULFUREUSE NATURELLE

de CADÉAC (rive gauche).

Cette source, spécifique pour les maladies de la peau et les affections de poitrine, voit chaque jour sa supériorité sur ses rivales constatée par les premiers médecins.

M. Filhol, professeur de chimie à la Faculté de Médecine de Toulouse, reconnaît l'Eau de Cadéac comme la plus sulfureuse et la plus alcaline de la chaîne des Pyrénées et celle qui, dans le transport, perd le moins de sa richesse minérale.

M. Fourquet, médecin en chef des hôpitaux de Toulouse, déclare que : « L'analyse exacte des Eaux de Cadéac, chauffées au degré convenable pour les bains et les douches, a prouvé qu'elles conservent un degré de sulfuration, d'alcalinité et une proportion de chlorure de sodium supérieurs à ceux des eaux les plus chaudes et les plus sulfureuses des Pyrénées. »

M. Levasseur, docteur-médecin à Rio-Janeiro, dit à la fin de son dernier rapport : « Un des agents les plus précieux qui nous soient venus de France cette année, est bien certainement l'Eau de Cadéac. Cette eau, la plus sulfureuse et la plus stable que nous ayons eue, a déjà rendu d'éminents services dans les maladies de la peau, les affections de poitrine, le lymphatisme, etc. »

Dépôt dans toutes les pharmacies de Bordeaux.

LIQUEUR DU PÈRE KERMANN

Cet élixir, longtemps propriété exclusive de quelques établissements religieux où il n'était employé que comme médicament, ne parut sur la table du riche, comme tonique et digestif, que vers la fin du siècle dernier, lorsque le Père KERMANN en eut modifié la formule pour en rendre la fabrication plus facile et le goût plus agréable. Depuis ce moment, sa puissante action tonique, sans avoir le principe irritant des autres préparations alcooliques, s'appréciant davantage, le fit bientôt répandre dans toutes les classes de la société.

Pendant la guerre d'Italie, le comte de Cavour en demanda 6 caisses pour être distribuées dans les ambulances ; aux diverses expositions où il a été présenté, il lui a toujours été accordé les plus fortes récompenses données à ce genre de produit : médaille d'argent, de bronze et mentions honorables.

Dépôt principal : rue Fondaudège, 41.

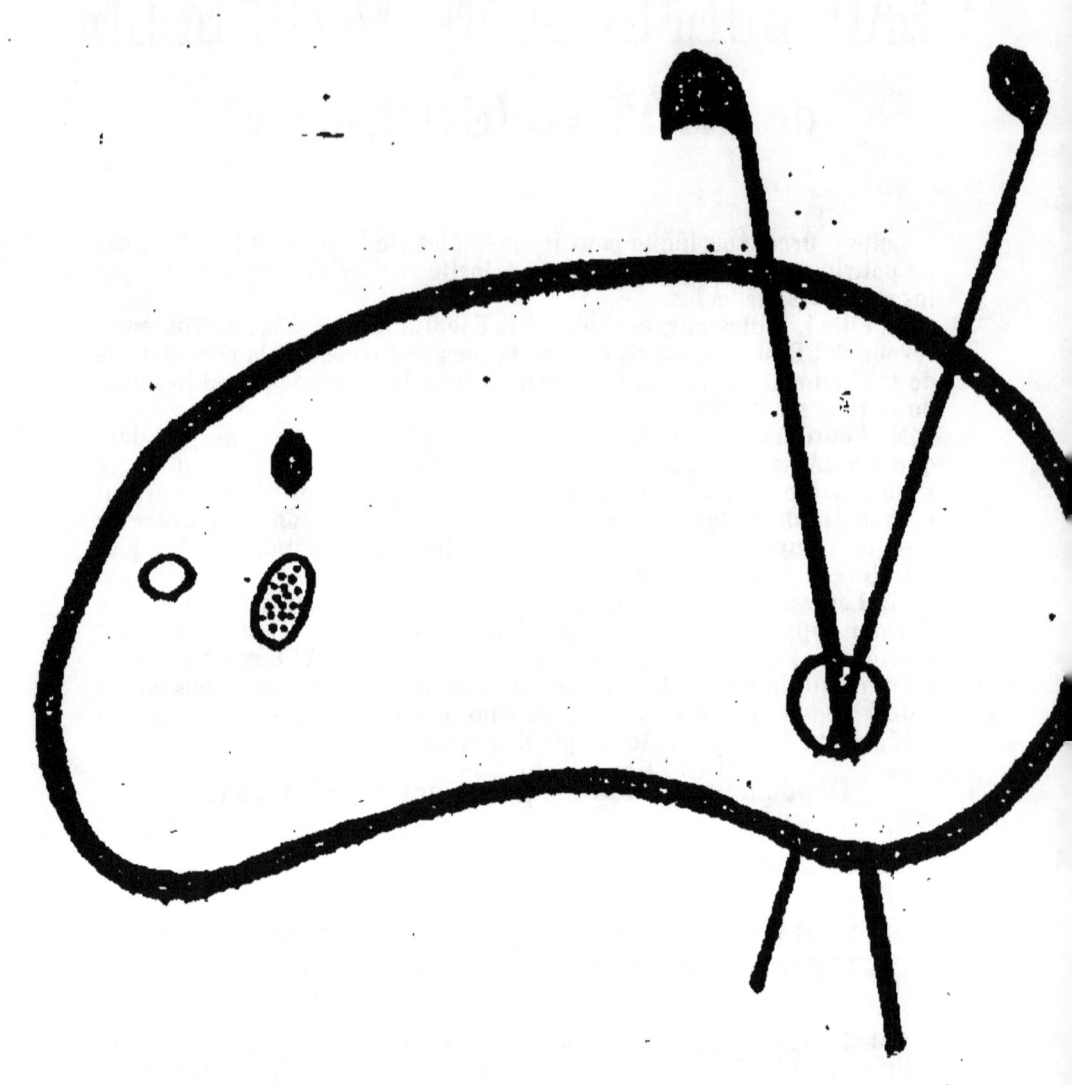

FIN D'UNE SERIE DE DOCUMENTS EN COULEUR

www.ingramcontent.com/pod-product-compliance
Lightning Source LLC
Chambersburg PA
CBHW060328170426
43202CB00014B/2709